# Analytische Psychologie C. G. Jungs in der Psychotherapie

Herausgegeben von Ralf T. Vogel

Christian Roesler

# Das Archetypenkonzept C. G. Jungs

Theorie, Forschung und Anwendung

Verlag W. Kohlhammer

Dieses Werk einschließlich aller seiner Teile ist urheberrechtlich geschützt. Jede Verwendung außerhalb der engen Grenzen des Urheberrechts ist ohne Zustimmung des Verlags unzulässig und strafbar. Das gilt insbesondere für Vervielfältigungen, Übersetzungen, Mikroverfilmungen und für die Einspeicherung und Verarbeitung in elektronischen Systemen.

Die Wiedergabe von Warenbezeichnungen, Handelsnamen und sonstigen Kennzeichen in diesem Buch berechtigt nicht zu der Annahme, dass diese von jedermann frei benutzt werden dürfen. Vielmehr kann es sich auch dann um eingetragene Warenzeichen oder sonstige geschützte Kennzeichen handeln, wenn sie nicht eigens als solche gekennzeichnet sind.

1. Auflage 2016

Alle Rechte vorbehalten
© W. Kohlhammer GmbH, Stuttgart
Gesamtherstellung: W. Kohlhammer GmbH, Stuttgart

Print:
ISBN 978-3-17-028416-6

E-Book-Formate:
pdf: ISBN 978-3-17-028417-3
epub: ISBN 978-3-17-028418-0
mobi: ISBN 978-3-17-028419-7

Für den Inhalt abgedruckter oder verlinkter Websites ist ausschließlich der jeweilige Betreiber verantwortlich. Die W. Kohlhammer GmbH hat keinen Einfluss auf die verknüpften Seiten und übernimmt hierfür keinerlei Haftung.

# Geleitwort

Dieser Buchreihe gebe ich sehr gerne ein Geleitwort mit auf den Weg. Dies geschieht heute an einer Station in der psychotherapeutischen Landschaft, von der aus man fast verwundert zurück blickt auf die Zeit, in der sich Angehörige verschiedener »Schulen« vehement darüber stritten, wer erfolgreicher ist, wer die besseren Konzepte hat, wer zum Mainstream gehört, wer nicht, und – wer, gerade weil er nicht dazu gehört, deshalb vielleicht sogar ganz besonders bedeutsam ist. Unterdessen wissen wir aufgrund von Studien zur Psychotherapie, dass die allgemeinen Faktoren, wie zum Beispiel die therapeutische Beziehungsgestaltung, verbunden mit der Erwartung auf Besserung, wie die Ressourcen der Patienten, wie das Umfeld, in dem die einzelnen leben und in dem sie behandelt werden, eine grössere Rolle spielen als die verschiedenen Behandlungstechniken. Zudem – und das zeigen auch Forschungen (PAPs Studie, Praxisstudie Ambulante Psychotherapie Schweiz) – werden heute von den Therapeutinnen und Therapeuten neben den schulspezifischen viele allgemeine Interventionstechniken angewandt, vor allem aber auch viele aus jeweils anderen Schulen als denen, in denen sie primär ausgebildet sind.

Gerade aber, weil wir unterdessen so viel gemeinsam haben und unbefangen auch Interventionstechniken von anderen Schulen übernehmen, wächst auch das Interesse daran, wie es denn um die Konzepte der »jeweils Anderen« wirklich bestellt ist. Als Jungianerin bemerke ich immer wieder, dass Theorien von Jung als »Steinbruch« benutzt werden, dessen Steine dann in einer neuen Bauweise, beziehungsweise in einer neuen »Fassung« erscheinen, ohne dass auf Jung hingewiesen wird. Das geschah mit der Jungschen Traumdeutung, von der viele Aspekte überall dort übernommen werden, wo heute mit Träumen gearbeitet wird. Dass C.G. Jung zwar auch nicht der erste war, der mit Imaginationen intensiv gearbeitet hat, Imagination aber zentral ist in der Jungschen Theorie, wurde gelegentlich »vergessen«; die Schematheorie kann ihre Nähe zur Jungschen Komplextheorie, die 100 Jahre früher entstanden ist, gewiss nicht verbergen.

Vieles mag geschehen, weil die ursprünglichen Konzepte von Jung zu wenig bekannt sind. Deshalb begrüsse ich die Idee von Ralf Vogel, eine Buchreihe bei Kohlhammer herauszugeben, bei der grundsätzliche Konzepte von Jung – in ihrer Entwicklung – beschrieben und ausformuliert werden, wie sie heute sich darstellen, mit Blick auf die Verbindung von Theorie und praktischer Arbeit. Ich bin sicher, dass von der Jungschen Theorie mit der grossen Bedeutung, die Bilder und das Bildhafte in ihr haben, auch auf Kolleginnen und Kollegen anderer Ausrichtungen viel Anregung ausgehen kann.

Verena Kast

# Inhaltsverzeichnis

Geleitwort .................................................... 5

1 Einführung .............................................. 11

2 Die klassische Definition und Theorie des
  Archetypenkonzepts bei Jung ......................... 16
  2.1 Definition ........................................... 16
  2.2 Archetypen im Leben des Individuums ........... 19
  2.3 Äußerungsformen von Archetypen ............... 24
  2.4 Das Kollektive Unbewusste ...................... 28
  2.5 Der Individuationsprozess ....................... 30
      2.5.1 Die zwei Lebenshälften und die
            Lebensmittekrise ......................... 31
      2.5.2 Die Persona ............................. 33
      2.5.3 Der Schatten ............................ 34
      2.5.4 Das Seelenbild: Anima und Animus ........ 36
      2.5.5 Exkurs: Kritik am Anima/Animus Konzept
            und zeitgemäße Konzeptionen ............. 39
      2.5.6 Der alte Weise und die Große Mutter (die
            Mana-Persönlichkeiten) .................. 41
      2.5.7 Das Selbst .............................. 44
      2.5.8 Abschließendes zum Individuationsprozess
            in seiner Gesamtheit .................... 46
  2.6 Klassische Arbeiten zu zentralen Archetypen ... 48
  2.7 Darstellungen weiterer Archetypen von
      Nachfolgern Jungs ............................... 51
  2.8 Zur Begriffsgeschichte .......................... 52

2.9 Verwandte Konzepte in der allgemeinen
Psychoanalyse ................................. 56
2.10 Parallelen zum Kollektiven Unbewussten in anderen
Therapieschulen ............................... 57

## 3 Kritik am klassischen Archetypenkonzept und Erweiterungen ...................................... 62
3.1 Probleme und Widersprüche im Jung'schen Archetypenkonzept ............................. 63
    3.1.1 Biologistische Definition .................. 64
    3.1.2 Empirisch-statistische Definition .......... 65
    3.1.3 Transzendentale Definition ............... 65
    3.1.4 Kulturpsychologisches Verständnis ......... 67
3.2 Erweiterungen des Archetypenkonzepts durch unmittelbare Schüler Jungs ...................... 73
    3.2.1 Michael Fordhams Theorie des Prozesses von Deintegration und Reintegration als Erweiterung von Jungs Theorie des Selbst ... 73
    3.2.2 Erich Neumanns »Ursprungsgeschichte des Bewusstseins« ....................... 74
    3.2.3 Die Archetypenpsychologie von James Hillman ................................ 75

## 4 Forschung zum Archetypenkonzept und sich daraus ergebende Weiterentwicklungen der Theorie ............ 80
4.1 Wissenschaftlich überprüfbare Bestandteile des Archetypenbegriffs ............................ 83
4.2 Empirische Evidenz für Archetypen .............. 85
    4.2.1 Assoziationsstudien: Interindividuell übereinstimmende Komplexkerne .......... 85
    4.2.2 Belege für angeborene psychische Strukturen 86
    4.2.3 Anthropologische Forschung .............. 88
    4.2.4 Forschung zu veränderten Bewusstseinszuständen .................... 89

| | | |
|---|---|---|
| 4.2.5 | Experimentelle Studien zum Archetypenkonzept – Studien zum archetypischen Gedächtnis .............. | 92 |
| 4.2.6 | Forschung mit dem Archetypenkonzept .... | 97 |
| 4.2.7 | Diskussion der empirischen Evidenz ....... | 99 |
| 4.3 | Erklärungsansätze für das Zustandekommen und die Weitergabe von Archetypen ................ | 104 |
| 4.3.1 | Aktueller Stand der Humangenetik und Epigenetik .............................. | 104 |
| 4.3.2 | Endophänotypen ......................... | 110 |
| 4.3.3 | Konzepte und Forschungsergebnisse aus der Gestaltpsychologie, den Kognitions-und Neurowissenschaften .................... | 111 |
| 4.3.4 | Archetypen als emergente Strukturen ....... | 113 |
| 4.3.5 | Spiegelneurone und der »intersubjektiv geteilte Raum« .......................... | 116 |
| 4.3.6 | Eine Reformulierung der Archetypentheorie | 119 |
| 4.4 | Forschung zum Kollektiven Unbewussten im Sinne einer unbewussten Verbindung zwischen Menschen ................................... | 125 |

# 5 Anwendung der Archetypentheorie .................... 130
## 5.1 Die Methodik der Amplifikation ................ 131
## 5.2 Klinische Anwendung ......................... 133
### 5.2.1 Charakter – Identität – Lebensweg ........ 133
### 5.2.2 Die Bedeutung von Archetypen im psychotherapeutischen Prozess ............. 143
### 5.2.3 Fallbeispiel für die therapeutische Arbeit mit einem archetypischen Traumelement ....... 152
### 5.2.4 Archetypische Übertragung ............... 158
### 5.2.5 Der Archetyp des verwundeten Heilers als Orientierung für die Haltung des Psychotherapeuten ....................... 160
### 5.2.6 Die Verwendung des Archetypenkonzepts für die Erklärung der Dynamik in Paarbeziehungen und sein Einsatz in der Paartherapie ............................. 166

5.2.7 Die Verwendung des Archetypenkonzepts in pädagogisch-selbsterfahrungsorientierten Gruppenkonzepten am Beispiel eines Selbsterfahrungsgruppenkonzepts für Männer ................................. 174
5.3 Kulturwissenschaftliche Anwendungen ............ 175
    5.3.1 Kulturpsychologische Analysen mythologischer Narrative ................. 176
    Die Odyssee – eine Irrfahrt durchs Unbewusste und ein Prozess der Selbstwerdung ........................... 180
    Der Archetyp des Heldenmythos .......... 187
    Spielfilme – die Mythen der Spätmoderne ............................ 192
    Eine exemplarische Produktanalyse: James Bond – der moderne Heros ............... 194
    5.3.2 Archetypen als Analyseinstrument einer politischen Psychologie ................... 199

6 Ist die Archetypentheorie noch zeitgemäß? – Ein vorläufiges Fazit ..................................... 203

Literaturverzeichnis ............................................ 207

Stichwortverzeichnis ........................................... 217

Personenverzeichnis ............................................ 221

# 1 Einführung

Als Hinführung zum Thema Archetyp möchte ich das folgende Fallbeispiel vorstellen, das sich vor einigen Jahren in meiner psychotherapeutischen Praxis zugetragen hat. Ich hatte damals einen jungen Mann Anfang 20 in Psychotherapie, der sich bei mir angemeldet hatte vor allem wegen einer wiederkehrenden Depression. Hinzu kam, was sich allerdings erst nach einiger Zeit und einer von seiner Seite zögerlichen Offenlegung herausstellte, ein Missbrauch von Cannabis, der solche Ausmaße angenommen hatte, dass mein Klient über längere Zeiten des Tages im Dösen verbrachte. Er wies schon kognitive Störungen wie z. B. Konzentrations- und Merkfähigkeitsschwächen auf, was im Zusammenspiel mit seiner Depression zur Folge hatte, dass er in seiner beruflichen Situation und Ausbildungsperspektive stagnierte.

In der Vorgeschichte hatte mein Klient im Alter von sieben Jahren den Tod seiner Mutter erlebt, die an einer Blutvergiftung im Zusammenhang mit einer Krankenhausbehandlung starb. Er lebte dann weiter mit seinem Vater und seiner viele Jahre älteren Schwester zusammen, wobei die Schwester in der Zeit, in der sie zuhause lebte, quasi Mutterfunktion für ihn übernahm. Als mein Klient 14 Jahre alt war, erkrankte auch der Vater an Krebs und es war bald abzusehen, dass auch er an der Erkrankung sterben würde. Zu diesem Zeitpunkt war die ältere Schwester schon ausgezogen und lebte selbst in Ehe mit eigener Familie in größerer Entfernung vom Wohnort meines Klienten. Mein Klient musste nun als Jugendlicher den langsamen Verfall und das Sterben seines Vaters mitverfolgen und blieb schließlich völlig allein im Hause seiner Eltern zurück. Das zuständige Jugendamt entschied dann, dass er in der Lage sei, seinen Lebensalltag alleine zu bewältigen. So lebte mein Klient seit dem Tode seines Vaters allein im elterlichen Haus, schloss seine Schulausbildung und eine Berufsausbildung ab und arbeitete zu dem Zeitpunkt, an dem er zu mir kam, schon einige Jahre in einem Lehrberuf. In seinem Elternhaus, in dem er nach wie vor lebte, hatte er praktisch alles so belassen, wie die Eltern es eingerichtet hatten – mir drängte sich manchmal der Gedanke auf, das Ganze wirkte wie ein Mausoleum, in dem der verlorenen Eltern gedacht wird, und das weniger ein Ort zum wirklichen Leben ist.

Die Depression meines Klienten kehrte in Schüben immer wieder, insbesondere verstärkte sie sich in der Zeit kurz vor dem Todestag seiner Mutter. Es war offensichtlich, dass der Klient viel zu früh in seinem Leben von diesen Verlusten betroffen worden war und diese auch angesichts der kargen Lebenssituation in keiner Weise psychisch verarbeitet hatte. Die Erfahrung des Verlustes seiner emotionalen Basis, des Alleingelassenseins und der Überforderung wurde dann sicherlich durch den ebenfalls vorzeitigen Tod seines Vaters noch einmal verstärkt. Psychodynamisch ist in diesen frühen Verlusten sicherlich der genetische Hintergrund für seine Depressionen zu sehen. Der exzessive Missbrauch von Cannabis, mit dem er sich über weite Strecken des Tages in eine Art Trancezustand versetzte, stand für mich offensichtlich in dem Zusammenhang, sozusagen eine gewisse Nähe im Jenseits mit den verlorenen Eltern wiederherzustellen. Auf der bewussten Ebene rationalisierte mein Klient den Cannabismissbrauch mit einer libertinären Lebenseinstellung, und betonte, dass er es sehr schätze, dass er schon als Jugendlicher habe machen können, was er wolle. Insofern war der Klient in einer Überhöhung eines Zustandes von jugendlicher Freiheit und Verantwortungslosigkeit stehen geblieben. Gleichzeitig litt mein Klient deutlich an den ihn verfolgenden Zuständen von depressiver Gefühllosigkeit, Verlassenheit und Antriebslosigkeit und haderte mit seiner beruflichen Stagnation. Eigentlich wollte er seine Ausbildung fortführen und auf ein höheres Niveau heben, wozu er aber die Energie nicht aufbrachte.

Wir hatten nun schon über ein Jahr miteinander gearbeitet, was sich als relativ zäh erwies, da der Klient zum einen sich vehement gegen eine kritische Betrachtung seines Cannabismissbrauchs wehrte, und zum anderen die wiederkehrenden depressiven Zustände kaum beeinflussbar erschienen. Es hatte sich allerdings eine gute therapeutische Arbeitsbeziehung zwischen uns entwickelt, der Klient kam gern zu den Sitzungen und brachte auch zunehmend Themen, die ihn aktuell emotional beschäftigten (wie z. B. aktuelle Paarbeziehungen) in die Psychotherapie ein. Auf diesem Hintergrund hatte mein Klient nun folgenden Traum, den er sichtlich erregt in der nächsten Therapiesitzung erzählte:

Ich bin in einem fremden Land und werde von Leuten eines mir fremden Volkes sehr brutal behandelt. Sie ziehen mir die Kleider aus und malen mich mit einer Art heller Farbe oder auch Ton bzw. Schlamm an. Dann schlagen und pieken sie mich mit kleinen Stöcken, was sehr schmerzhaft ist. Sie packen mich an den Armen und Beinen und schleifen mich durch den Staub und schließlich zu einer Art Altar. Auf diesem Altar ist ein großer Stein mit einem runden Loch darin. Ich werde von den Männern mit meinem ganzen Körper durch dieses Loch hindurch gezogen, was ebenfalls sehr schmerzhaft ist. Danach aber werden die Leute sehr freundlich zu mir, sie tanzen einen Freudentanz um mich herum, tragen mich auf den Armen und wir gehen zu einer Art Fest, an dem ich gefeiert werde. Ich fühle mich jetzt sehr angenommen und euphorisch.

Der Traum, der für einen unbefangenen Betrachter zunächst einmal etwas fremdartig wirkt, hatte auf mich eine ungeheuer wuchtige Wirkung: Ich war so betroffen, dass ich kaum etwas sagen konnte. Ich beschäftigte mich zu dieser Zeit für eine Prüfung in Ethnologie mit Initiationsriten verschiedener Völker. Es sprang mir sofort ins Auge, dass der Traum meines Klienten bis ins Detail Elemente von Initiationsriten beschreibt, wie man sie bei verschiedenen Völkern, z. B. in Ostafrika, findet. Hätte ich mich zu dieser Zeit nicht mit entsprechender ethnologische Literatur beschäftigt, wäre mir der Zusammenhang vielleicht nicht so deutlich aufgefallen. Interessant ist nun, dass der Traum meines Klienten derartige Initiationsriten dermaßen detailgetreu beschreibt, obwohl ich mit an Sicherheit grenzender Wahrscheinlichkeit annehme, dass mein Klient kein diesbezügliches Wissen besaß und auch mit entsprechender Fachliteratur nicht in Kontakt gekommen war. Darüber hinaus war überaus interessant, dass der im Traum beschriebene Vorgang der Initiation im Grunde genau das war, was mein Klient in seiner damaligen Lebenssituation brauchte. Initiationsriten bei den Völkern dienen immer dazu, Heranwachsenden den Übergang von der Kindheit zum Erwachsenenalter zu ermöglichen. Die teilweise schmerzhaften und auch ängstigenden Prozeduren, denen sich die Initianten unterziehen müssen, dienen nach dem Verständnis traditioneller Völker, so weit die Ethnologie dies rekonstruieren kann, dazu, »das Kind in der Person zu töten«, also den Abschied und das Loslassen von kindlichen Bindungen insbesondere an die Mutter, aber auch an die Ursprungsfamilie im allgemeinen, zu erleichtern. Erst wenn das Kind in der Person auf diese Weise, so das Verständnis der Ethnologie, beseitigt ist, kann der Heranwachsende in sich Platz schaffen für eine Orientierung an der Welt und den Werten der Erwachsenen und in dieser Erwachsenenwelt Verantwortung übernehmen. Viele Initiationsriten beinhalten dementsprechend auch den Vorgang einer symbolischen Wiedergeburt oder Neugeburt, z. B. durch Taufe, also durch Eintauchen, Untertauchen in einem Wasser, in dem die alte Person stirbt, und Wiederauftauchen als eine neue Person, ein neugeborener Mensch, hier ein Erwachsener. Im Traum meines Klienten war dies das Hindurchgezogen-Werden durch den »Geburtskanal« des Steins auf dem Altar. Der Altar im Traum markiert dabei, dass es sich hier um einen quasi sakralen Kontext handelt. Typisch für Initiationsriten ist auch die Feier der Initianden, nachdem sie die schwierigen Prozeduren der Initiation überstanden haben und sich als mutig erwiesen haben, Schmerz und Angst auszuhalten, sowie ihre Aufnahme in die Gemeinschaft der Erwachsenen, der dann in der Regel eine Zeit der Unterweisung in die Regeln und das Wissen der Älteren folgt.

Dieser Traum an genau diesem Punkt der Behandlung war für mich deshalb auch so verblüffend, weil eine Initiation im Grunde genau das war, was mein Klient brauchte. Aufgrund seiner frühen Verlusterfahrungen war es ihm nicht möglich, sich beizeiten von den Bindungspersonen seiner Kindheit zu lösen und diese zu verabschieden, sondern er konservierte im Grunde die Bindung an die Eltern durch das Leben in deren »Mausoleum« und stellte mit seinem Cannabiskonsum immer wieder quasi eine trancehafte Verbindung zu seinen Eltern im Jenseits her. Das Ganze war rational überhöht durch Werte von jugendlicher Freiheit und Verantwortungslosigkeit. Auch aus meiner Sicht als Psychotherapeut bedurfte es hier einer Verabschiedung der Kindheit, was natürlich hier abweichend von einem üblichen Initiationsritus auch ein Betrauern der frühen Verluste bedeutet hätte, sowie den bewussten Schritt in eine erwachsene Verantwortung für sein Leben.

# 1 Einführung

Als ich mir diese Zusammenhänge bewusst gemacht hatte, erzählte ich meinem Klienten längere Zeit von Initiationsriten und deren Funktion bei verschiedenen Völkern. Auch wenn ihm dies einleuchtete, so bewirkte dies natürlich nicht sofort eine umfassende Veränderung bei ihm. Für mich aber gab der Traum deutliche Hinweise auf die weitere Entwicklung und Zielrichtung der therapeutischen Arbeit und es war auch zu bemerken, dass in der Folge des Traumes es deutlich leichter fiel, mit dem Klienten schwierige Themen wie z. b. die Konservierung des Andenkens seiner Eltern oder seinen exzessiven Cannabiskonsum zu thematisieren. Die Therapie setzte sich dann noch für etwa zwei Jahre fort, wobei es schließlich gelang, dass der Klient die Verluste seine Eltern betrauerte, seine depressiven Schübe überwand, eine neue Ausbildung begann und schließlich auch aus dem Haus seiner Eltern in eine für ihn angemessenere, kleine Wohnung zog. Insgesamt war das Ergebnis der Therapie insofern sehr erfolgreich.

Die Initiation, die im Traum meines Klienten auftaucht und die er hier durchlaufen muss, kann zurecht als ein Archetyp bezeichnet werden. Dieses Beispiel enthält die wesentlichen Elemente, die das Konzept des Archetypus ausmacht: es ist ein universelles Muster, das sich zu allen Zeiten bei allen Völkern in strukturell ähnlicher Weise findet; es taucht spontan aus dem Unbewussten der Person, wie hier z. B. in einem Traum, auf; in der Regel kann davon ausgegangen werden, dass die Person kein Wissen um das Muster aus der Erfahrung erhalten hat, es scheint sozusagen in der Person angelegt zu sein; das Auftauchen des Archetypus ist mit einer psychischen Energie verbunden, die eine Transformation bewirkt – bei der Initiation geht es darum, den Übergang von der Kindheit ins Erwachsenenalter zu bewirken; insofern zeigen sich Archetypen insbesondere in Transformationsprozessen, wie z. B. in der Psychotherapie, als spontaner seelischer Ausdruck, der festgefahrene seelische Prozesse wieder in Bewegung bringt und insofern heilsame Wirkung entfaltet; oft macht einen das Auftauchen von Archetypen ehrfürchtig, was Carl Gustav Jung als Numinosum bezeichnet hat. Jung hat das Konzept des Archetypus für die Psychologie ausformuliert. Diese Konzeption und seine Weiterentwicklung sowie seine Anwendungsbereiche sind Gegenstand dieses Buches.

# 2 Die klassische Definition und Theorie des Archetypenkonzepts bei Jung

Der Begriff Archetyp, in Kombination mit dem Begriff des Kollektiven Unbewussten sowie dem des Individuationsprozesses, ist sicherlich das zentrale Konzept der Analytischen Psychologie Carl Gustav Jungs. Die Archetypen bilden das theoretische Fundament der Jung'schen Psychologie, sie machen ihre Besonderheit gegenüber allen anderen psychotherapeutischen Schulen aus, und bedingen im Grunde die spezifische Vorgehensweise in der Psychotherapie mit ihren verschiedenen Methoden der Traumdeutung, Arbeit mit Bildern und anderem symbolischem Material, der aktiven Imagination usw. Das Konzept der Archetypen war – neben persönlichen Konflikten – ein hauptsächlicher Grund für die theoretischen Differenzen und den nachfolgenden Bruch zwischen Freud und Jung und markieren den Beginn der Ausformulierung von Jungs eigenem psychologischen Theoriegebäude.

## 2.1 Definition

Der Begriff Archetyp lässt sich am besten mit dem Wort Urbild übersetzen. Diese Urbilder, so nimmt Jung an, gehören quasi zur Ausstattung der menschlichen Psyche (Jungs eigene Publikationen zum Konzept des Archetypus finden sich hauptsächlich im Band 9/1 der gesammelten Werke). Archetypen sind Strukturelemente der kollektiven Psyche und geben psychischer Energie eine bestimmte Form, wobei sie selbst unanschaulich und gestaltlos sind. Als selbst inhaltsleere Gestaltungsfaktoren liegen sie vor jeder Erfahrung und präformieren menschliche Vorstellungen, Erleben und Handeln. Archetypen kreisen um die elementaren und allgemeinen Erfahrungen des Lebens wie Geburt, Ehe, Mutterschaft, Tod, Trennung, Krisen usw. Sie haben dabei folgende Merkmale:

1. Nach Jungs Verständnis sind Archetypen angeborene Muster des Erlebens und Verhaltens, die er sich in Analogie zu den Instinkten bei Tieren vorstellt (zur Frage des Angeborenseins der Archetypen siehe ausführlicher ▶ Kap. 4.3.1). Sie sind sozusagen apriorischen Formen der Wahrnehmung und Organisationen von Welterfahrung des Menschen, das heißt sie steuern das Erleben des Menschen in seiner Umwelt. Als Beispiel sei hier genannt: ein Kind kann eine Betreuungsperson als Mutter bzw. mütterlich erfahren, nicht nur weil diese Person sich in einer bestimmten Weise verhält, sondern weil im Kind eine Bereitschaft vorhanden ist, die Erfahrung mit dieser Person in einer bestimmten Weise, eben als Mutter, zu organisieren. Hier wird deutlich, dass Jung explizit die Auffassung der behavioristischen Lerntheorie, die zu seiner Zeit im Aufstreben begriffen war und in den folgenden Jahrzehnten praktisch die Herrschaft über die wissenschaftliche Psychologie erlangte, ablehnte, dass nämlich ein Kind eine »Tabula rasa« sei, also eine leere Tafel. Damit ist gemeint, dass das Kind bei seiner Geburt keine spezifischen Eigenschaften oder Vorstrukturierung mitbringt, sondern alles, was die Psyche später ausmacht, durch Erfahrung und Lernen in sie hinein kommt. Hier war Jung dezidiert anderer Auffassung, seine Psychologie markiert sozusagen den Gegenpol zum Behaviorismus. Sein Archetypenkonzept besagt, dass Menschen schon bei der Geburt mit einem umfassenden Wissen sowie einer Art und Weise, wie sie psychisches Erleben organisieren, ausgestattet sind. Diese Ausstattung der Psyche manifestiert sich im Lebensverlauf in typischen menschlichen Verhaltensweisen, z. B. der Tendenz, sich monogam an einen Partner zu binden, dies mit einem Ritus, genannt Heirat, zu formalisieren und auf dieser Basis eine Familie zu gründen. Diese Grundausstattung der Psyche des Menschen führt dazu, dass es bei allen Menschen in allen Völkern zu allen Zeiten typische menschliche Verhaltensweisen, Entwicklungsverläufe, Riten, Symbole und Überzeugungen gibt.

2. Dies ist gleichbedeutend damit, dass Archetypen universell sind, d. h. sie sind kulturunabhängig und finden sich sowohl in den Verhaltenswei-

sen als auch den Überzeugungen und dem innerpsychischen Erleben aller Menschen an allen Orten der Welt zu allen Zeiten in gleicher Form.

3. Nach Jung sind Archetypen stark affektiv aufgeladen, das heißt, wenn wir sie erleben, sind sie mit spezifischen und deutlich spürbaren Emotionen verbunden. Man könnte sogar sagen, dass sie Emotionen strukturieren und kanalisieren. Wenn wir archetypische Erfahrungen machen, erleben wir dies häufig als, wie Jung es nennt, »numinos«, d. h. irgendwie machtvoll, ehrfurchtgebietend, sogar beängstigend. Wir sind auf eine gewisse Weise überwältigt von der Erfahrung und empfinden eine Art Ehrfurcht wie vor religiösen Dingen. Die Erfahrung erscheint uns beeindruckend und übermächtig, ja geradezu übermenschlich. Ein gutes Beispiel dafür ist die in der Einleitung beschriebene Erfahrung der Initiation im Traum meines Klienten, von der sowohl er selbst als auch ich äußerst beeindruckt waren.

4. Die Archetypen sind uns unbewusst, sie kommen aus dem Unbewussten und wirken auch aus dem Unbewussten auf das bewusste Erleben. Jung geht sogar davon aus, dass der Archetyp an sich als solcher für das menschliche Bewusstsein niemals zugänglich ist, nur seine Manifestationen in Form von Bildern, Symbolen und ähnlichem.

5. Archetypen sind autonom, was sich hauptsächlich auf ihr Verhältnis zum Bewusstsein bezieht. Sie sind für das bewusste Ich weder machbar noch steuerbar, sondern entspringen dem Unbewussten, aus dem sie spontan hervorgehen und aus dem sie steuernd bzw. strukturierend auf das Bewusstsein wirken.

6. Archetypen drücken sich häufig in der Form von Symbolen aus, manifestieren sich aber auch in menschlichen Handlungen und Verhaltensweisen, sozialen Phänomenen und anderem. Für eine ausführliche Darstellung des Symbolbegriffs in der Analytischen Psychologie siehe Dorst (2014).

Ein Beispiel ist das Symbol des Kreuzes: Kreuzesdarstellungen finden sich bereits in der Jungsteinzeit; in vielen Kulturen auf der ganzen Welt und in unterschiedlichen Epochen findet sich das Kreuz als ein religiöses Symbol, z. B. bei den Germanen in Form der Swastika (Hakenkreuz, ein Symbol der Verehrung der Sonne), ebenso aber auch in Indien, natürlich als das zentrale Symbol des christlichen Abendlandes, aber auch auf Felszeichnungen der Ureinwohner Australiens. Das Kreuz konnte aber auch außerhalb von Religionen in der Moderne in Form des Hakenkreuzes der Nationalsozialisten Massen ergreifen und Verehrung auslösen. Offenbar drückt sich im Kreuz ein sehr umfassender, ergreifender Inhalt aus, der sich nur schwer in Worte fassen lässt. Genau dies charakterisiert einen Archetyp.

Für die klassische Definition des Archetypus bei Jung muss an dieser Stelle auch hervorgehoben werden, dass in seiner ausdifferenzierten Konzeption Jung Wert darauf legt, dass der Archetyp als solcher inhaltsleer ist und nur eine allgemeine Struktur darstellt, die Inhalte bzw. Information organisiert, man könnte es auch einen allgemeinen Attraktor nennen. Jung benutzt zur Illustration dieses Aspektes das Bild der Kristallstruktur: wenn in einer Lösung sich ein Festkörper herauskristallisiert, so ist die Form oder Gestalt dieses Festkörpers jeweils individuell und einzigartig, auf der molekularen Ebene ist aber das Kristallgitter immer dasselbe. »Ihre Form ist etwa dem Achsensystem des Kristalls zu vergleichen, welches die Kristallbildung in der Mutterlauge gewissermaßen präformiert (der Archetypus per se), ohne selber eine materielle Existenz zu besitzen. Diese Existenz erscheint erst in der Art und Weise des Anschießens der Ionen und dann der Moleküle. Das Achsensystem bestimmt somit bloß die biometrische Struktur, nicht aber die konkrete Form des individuellen Kristalls. ... und ebenso besitzt der Archetypus ... zwar einen invariablen Bedeutungskern, der stets nur im Prinzip, nie aber auch konkret, seine Erscheinungsweise bestimmt« (Jung GW 9/1, § 95).

## 2.2   Archetypen im Leben des Individuums

»Archetypische Muster warten darauf, in einer Persönlichkeit verwirklicht zu werden; sie sind unendlicher Variationen fähig und auf individuellen Ausdruck angewiesen. Sie üben eine Faszination aus, die durch traditionell und kulturell bedingte Erwartungen verstärkt wird; so sind sie

Träger eines starken und möglicherweise überwältigenden Energiebetrages, dem – abhängig vom jeweiligen Entwicklungsstadium und dem Grad an Bewusstheit – schwer zu widerstehen ist. Archetypen wecken Affekt, machen realitätsblind und Ergreifen Besitz vom Willen. Archetypisch Leben heißt, ohne Begrenzung leben (Inflation). Irgendetwas aber archetypischen Ausdruck zu verleihen, kann eine bewusste Interaktion mit dem kollektiven, historischen Bild bedeuten, die dem Spiel elementarer Polaritäten Raum gibt: Vergangenheit und Gegenwart, persönlich und kollektiv, typisch und einzigartig (Gegensätze)« (Samuels et al. 1991, S. 44).

Mit diesem Zitat aus dem »Wörterbuch Jungscher Psychologie« werden zahlreiche wichtige Aspekte des Archetypenbegriffs thematisiert. Jung war der Auffassung, dass sich in den Archetypen eine transzendentale Sinnebene im menschlichen Leben manifestiert und hier zum Ausdruck kommen will. In diesem Sinne würden für jeden Menschen bestimmte Archetypen lebensbestimmende Themen darstellen, mit denen sich diese Person zu verschiedenen Zeiten und auf verschiedenen Ebenen auseinandersetzen muss. Archetypen wären in diesem Sinne menschliche Lebensthemen. Jung versuchte hiermit eine Erklärung dafür zu finden, warum manche Menschen in ihrem Leben sich mit bestimmten Themen – auch leidvoll – auseinandersetzen müssen. Jungs Schüler, James Hillman, hat dies später in seiner »Archetypischen Psychologie« noch zugespitzt, indem er sagte, das Leben bestehe daraus, den archetypischen Kern, der in einem angelegt ist, zu verwirklichen. Jung hat mit diesem Begriff aber auch in den Blick genommen, was auch im obigen Zitat anklingt, dass manche Menschen in geradezu übermäßiger Weise von einem Archetyp ergriffen sind bzw. sich mit diesen identifizieren, was man in der Analytischen Psychologie als Inflation bezeichnet. Dies kann sich z. B. darin äußern, dass eine Person mit dem Archetyp der Gerechtigkeit und Solidarität mit den Unterdrückten so identifiziert ist, dass sie zum Rebell gegen die bestehenden Autoritäten wird und dabei auch zu Gewalt greift, und letztlich daran auch zugrunde geht. Das Konzept der Inflation war ein früher Versuch von Jung, individuelle Psychopathologie zu erklären. Jung hatte ja seine klinische Karriere in der Psychiatrie begonnen und hier die psychiatrische Behandlung mit dem Konzept revolutioniert, dass in den Phantasiebildungen der Psychotiker ein verborgener Sinn enthalten sein müsse und es sich hier nicht um rein sinnlose Produktionen eines

## 2.2 Archetypen im Leben des Individuums

organisch kranken Gehirns handle. Beim Psychotiker, so Jung, habe eine massive Inflation stattgefunden, d. h. dem Bewusstsein gelingt es nicht mehr, sich gegen die Inhalte des Unbewussten, insbesondere die Archetypen, genügend abzugrenzen. Archetypische Inhalte dringen dann in das Bewusstsein ein und überschwemmen dieses, übernehmen teilweise komplett die Steuerung über die Persönlichkeit. Damit ließen sich psychotische Wahnbildungen recht gut erklären. Die Frage in einer analytische Psychotherapie wäre dann an dieser Stelle: Mit welchem Archetyp bist du übermäßig identifiziert? Welcher Archetyp bestimmt unbewusst dein Leben, ohne dass du dich genügend von ihm distanzierst? Es ginge dann in einer Psychotherapie darum, zunächst das lebensbestimmende Motiv als ein archetypisches zu erkennen, um sich dann reflektierend von diesem zu distanzieren und zu deidentifizieren. Dies wäre dann eine bewusste Auseinandersetzung mit dem Archetyp, der im eigenen Leben eine Rolle spielt, und in einer gelungenen Psychotherapie würde man schließlich diesen Aspekt als einen bewusst reflektierten Bestandteil der eigenen Persönlichkeit integrieren, anstatt von diesem unbewusst gesteuert zu werden. Jung meint dazu immer wieder lakonisch: Menschen sind nun mal keine Götter und das schadet ihnen, wenn sie sich mit diesen identifizieren. Es wird in Kapitel 5.2.1 noch ausführlicher dargestellt, dass man derartig lebensbestimmende archetypische Muster in den Biographien von Menschen tatsächlich auch empirisch nachweisen kann.

Schließlich wird im obigen Zitat ein weiterer wesentlicher Aspekt von Archetypen angesprochen, nämlich dass sie aus Gegensätzen bestehen. Dies war eine der Grundannahmen Jungs über die menschliche Psyche, dass sie in Gegensätzen aufgebaut ist. In seinen frühen Assoziationsstudien an der psychiatrischen Universitätsklinik in Zürich konnte er dies auch empirisch nachweisen, indem er die Persönlichkeitsdimension Introversion vs. Extraversion identifizierte. Jung war überzeugt, dass es zu jedem Persönlichkeitsmerkmal, jeder psychischen Qualität, jeder Eigenschaft in der Persönlichkeit eines Menschen einen Gegenpol gibt, und dass aus der Spannung zwischen diesen Polen die psychische Energie entsteht. Als Beispiel soll hier die stärkste Polarität in der Psyche überhaupt dienen, nämlich die zwischen Männlichem und Weiblichem. Diese Energie manifestiert sich in der Dynamik von Liebe und Hass,

Anziehung und Trennung, Bindung und Autonomie zwischen den Geschlechtern. Jung hat das zwar selbst nie so explizit getan, aber im Grunde könnte man seine Archetypenpsychologie als eine Liste zentraler Gegensatzpaare formulieren, die die menschliche Psyche bzw. das menschliche Leben an sich ausmachen. Im Folgenden soll eine – keineswegs abschließende – Auflistung solcher zentraler Gegensatzpaare im menschlichen Leben dargestellt werden:

**Gegensatzpaare auf körperlicher Ebene:**

- Einatem – Ausatem
- Wachen – Schlafen
- Arbeit – Erholung
- Systole – Diastole

**Gegensatzpaare auf psychischer und Beziehungsebene:**

- Nähe – Distanz
- Hingabe – Abgrenzung
- Bindung – Autonomie
- Abhängigkeit – Unabhängigkeit
- Schwäche – Stärke
- Unterwerfung – Dominanz (Macht)
- Grandiosität – Minderwertigkeit (Selbstwert)
- Gemeinschaft – Eigensinn
- Introversion – Extraversion
- Veränderung – Beständigkeit
- Irrational – rational
- Gefühl – Vernunft
- Loslassen – Kontrolle
- Akzeptanz – Konfrontation
- Kooperation – Konkurrenz
- Verschmelzung – Trennung

## 2.2 Archetypen im Leben des Individuums

In der Mythologie und Religionsgeschichte finden wir diese archetypischen Gegensatzpaare personifiziert in der Gestalt von Göttern, Fabelwesen oder mythischen Helden. Deshalb auch wird in der Analytischen Psychologie eine intensive Beschäftigung mit Mythologie, vergleichender Religionswissenschaft, Ethnologie und anderen Kulturvergleichenden Wissenschaften betrieben, weil in der psychologischen Analyse solcher mythischer Figuren Erkenntnisse über Grundqualitäten, eben archetypische Eigenschaften, der menschlichen Psyche gewonnen werden können.

Hierzu ein Beispiel: In den Göttergestalten, die in der Vorstellung des antiken Griechenlands den Olymp bewohnten, ist die Göttin der Liebe, Aphrodite, offiziell verheiratet mit dem Gott Hephaistos, dem Gott der Schmiedekunst und des Handwerks. Tatsächlich aber hat sie ein geheimes Liebesverhältnis mit dem Gott des Krieges, Mars. In einem berühmten Mythos gelingt es dem Gott Hephaistos, die beiden beim Liebsakt mit einem metallenen Netz einzufangen und sie den Göttern vorzuführen, wobei diese nur mit dem berühmten olympischen Gelächter reagieren. Der psychologisch interessante Gehalt dieses Mythos ist aber, dass es eine geheime Verbindung oder Anziehung zwischen Liebe und Aggression gibt. Dies lässt sich so interpretieren, dass es einer Liebesbeziehung gut tut, wenn es in ihr auch ein gewisses Maß an Aggression gibt, sei es im Sinne einer guten Abgegrenztheit voneinander, vielleicht auch in einem gewissen Maß von Konflikten, die bewusst ausgetragen werden. Der Jungianer Peter Schellenbaum (1994) hat dies weiter ausgeführt.

Jung hat auch eine Methode entwickelt, um den psychologischen Sinngehalt von Archetypen zu identifizieren oder zumindest einzukreisen. Diese Methode wird als Amplifikation bezeichnet. Dabei werden für ein bestimmtes archetypisches Motiv oder Symbol alle kulturellen Parallelen herangezogen, d. h. seine Verwendung in verschiedenen Kulturen, in der Mythologie, in religiösen Vorstellungen usw., um auf diese Weise das Bedeutungsfeld des archetypischen Symbols abzustecken. In der Praxis der Jung'schen Psychologie werden hierzu in der Regel bestimmte Symbollexika verwendet, die aber nicht einem Symbol eine eindeutige Bedeutung zuordnen, sondern vielmehr einen Überblick über die Verwendung eines Symbols in verschiedenen Kulturen, Religionen, Traditionen usw. geben. Auch Märchen und Mythen werden in dieser Weise verwendet (▶ **Kap. 5.1**). Es geht bei der Amplifikation eines archetypischen Symbols nicht darum, eine ganz spezifische Deutung für das Symbol festzulegen, sondern vielmehr durch das Aufzeigen des Bedeutungsfeldes in der Person, die mit dem Archetyp beschäftigt ist, Bedeutungen in Schwingung zu bringen. »Die Grundprinzipien, die archetypoi, des Unbewussten sind wegen ihres Beziehungsreichtums unbeschreibbar, trotz ihrer Erkennbarkeit. Das intellektuelle Urteil sucht natürlich immer ihre Eindeutigkeit festzustellen und gerät damit am Wesentlichen vorbei, denn, was vor allem als das einzige ihrer Natur entsprechende festzustellen ist, das ist ihre Vieldeutigkeit, ihre fast unabsehbare Beziehungsfülle, welche jede eindeutige Formulierung verunmöglicht« (Jung GW 9/1, § 80).

## 2.3 Äußerungsformen von Archetypen

Archetypen können sich auf ganz unterschiedlichen Ebenen und in unterschiedlichen Formen äußern:
1. Primitiver Wahrnehmungsmodus: Es war schon oben erwähnt worden, dass alle menschlichen Neugeborenen mit einer Erwartung auf die Welt kommen, die Erfahrung einer mütterlichen Figur bzw. von Bemutterung zu machen. Konkret äußert sich dies hier z. B. im Suchen des Säuglings nach der Mutterbrust unmittelbar nach der Geburt – das Neugeborene muss dies also nicht erst lernen, sondern bringt bereits eine präformierte Erwartung mit. Dies wäre ein Beispiel für einen offenbar biologisch angelegten, primitiven Modus, wie menschliche Wesen ihre Erfahrung der Welt organisieren. Die Bindungsforschung hat bestätigt, dass alle menschlichen Säuglinge eine Bindung zu mindestens einer erwachsenen Bezugsperson aufbauen und die dabei entstehenden Bindungsmuster universell sind. Ebenfalls hierzu ließen sich zuordnen die frühe Fähigkeit zur Gesichtserkennung, die besondere Aufmerksamkeit von Neugeborenen für menschliche Reize wie z. B. die menschliche Stimme und anderes mehr (vgl. Knox 2003).
2. Bilder und Formen: Als Beispiel für eine abstrakte Form mit archetypischem Charakter war oben schon das Kreuz erwähnt worden.

Ein weiteres, von Jung häufig verwendetes abstraktes Muster ist das so genannte Mandala, ein Begriff, der aus dem tibetischen Buddhismus stammt. Dort wird in zum Teil mehrtägigen Zeremonien aus farbigem Sand ein abstraktes Bild auf dem Boden gezeichnet, das meist eine runde oder quadratische Grundform hat und in verschiedenen Achsen spiegelbildlich ist. Im Verständnis des tibetischen Buddhismus repräsentiert ein Mandala die kosmische Ordnung und dient häufig als Objekt für die Meditation, um sich selbst daran innerlich zu zentrieren und zu ordnen. Dieselbe Idee findet man am anderen Ende des Globus, nämlich bei dem indianischen Volk der Navaho im Südwesten der USA. Dort vollziehen Schamanen in rituellen Zeremonien, die zur Heilung von Krankheiten oder psychischen Störungen dienen, die kunstvolle Zeichnung eines Sandbildes aus verschiedenfarbigem Sand auf den Boden, häufig begleitet von zeremoniellen Gesängen. Es gibt verschiedene Grundmuster dieser Sandzeichnungen, die für unterschiedliche Zwecke bzw. als Heilungszeremonie für unterschiedliche Probleme und Störungen vorgesehen sind und die ein Schamane dieses Volkes bei seiner Ausbildung erlernen muss, ebenso wie die begleitenden Gesänge. Auch hier wieder dient die Sandzeichnung, die ebenfalls in der Regel kreisrund ist, als Ausdruck der kosmischen Ordnung, und der betroffene Kranke soll durch Teilnahme an der Zeremonie und Betrachtung des Sandbildes wieder zur Zentrierung und inneren Ordnung finden. Schließlich findet sich eine ähnliche Idee im christlichen Abendland, nämlich in den kunstvollen farbigen und kreisrunden Rosettenfenstern der gotischen Kathedralen. Auch hier war die Idee, dass das Fenster in seiner Gestaltung das Himmelreich Gottes, also ebenfalls die kosmische Ordnung, zum Ausdruck bringt und für die Gläubigen anschaulich macht. Dabei kann angenommen werden, dass diese Kulturen miteinander wohl kaum Austausch über derartige Konzepte hatten.

3. Lebewesen und Objekte: In vielen Kulturen haben bestimmte Tiere, Pflanzen oder Unbelebte Objekte übereinstimmende symbolische Bedeutung. So werden in vielen Kulturen Vögel als Manifestationen des Geistes betrachtet, weswegen auch Schamanen und Heiler in verschiedenen Kulturen sich traditionell mit Vogelfedern schmücken, weil dies ihre Verbindung zur geistigen Welt ausdrückt. In gleicher Weise ist der Baum in vielen Kulturen übereinstimmend ein Symbol sowohl für das Heran-

wachsen des Menschen als auch für die Verbindung zwischen Erde und Himmel. Als Beispiel für ein Tier mit archetypischer Bedeutung soll an dieser Stelle die Schlange erwähnt werden. Im antiken Griechenland war die Schlange, die sich um einen Stab windet, das Symbol des Gottes Äskulap, der als Gott der Heilkunde verehrt wurde. Noch heute ziert die Schlange, die sich um den Stab windet, die Apotheken. Aber auch im Alten Testament findet sich dieselbe Bedeutung dieses Symbols, nämlich in Form der Ehernen Schlange im zweiten Buch Mose. Auf Gottes Geheiß hin errichtet Mose eine Eherne Schlange, zu der die Israeliten aufschauen sollen und damit geheilt werden von einer unbekannten Krankheit, die sie in der Wüste befallen hat. Auch in vielen anderen Kulturen gilt die Schlange als ein Symbol für Heilungsvorgänge, oder vielmehr allgemeiner gesagt für Transformationen, vermutlich weil die Schlange sich regelmäßig häutet und aus diesem Vorgang jeweils als neue hervorgeht.

4. Soziale Muster, Regeln und Rituale: Als ein Ritual mit archetypischem Charakter war oben schon der Initiationsritus erwähnt worden. An dieser Stelle soll ein weiteres soziales Muster bzw. Rituale als Beispiel für einen Archetyp ausgeführt werden, nämlich die Heirat. Wir finden bei allen Völkern in der ganzen Welt und den unterschiedlichen Epochen, von unter primitiven Bedingungen lebenden traditionellen Völkern bis hin zu hoch differenzierten spätmodernen Gesellschaften übereinstimmend das soziale Handlungsmuster, dass sich ein Mann und eine Frau in ritualisierter und vom menschlichen Kollektiv allgemein geregelter Weise zu einem Paar verbinden. Ethnologen haben darüber hinaus festgestellt, dass auch die sozialen Regeln und rituellen Abläufe um die Heirat herum sich in vielen Kulturen in frappierender Weise ähneln. So hat der französische Ethnologe Claude Levy-Strauss (1976) eine bei vielen traditionellen Völkern in ganz unterschiedlichen Erdteilen vorhandene Regel entdeckt, die als Oheimsregel bezeichnet wird: Vor dem eigentlichen Ritus der Verheiratung führt der Bruder der Mutter der Braut (der Oheim) diese aus ihrem Elternhaus und bringt sie zu ihrem Bräutigam. Auch hier wieder ist anzunehmen, dass diese unterschiedlichen Kulturen wohl kaum kulturellen Austausch über derart spezifische Regeln und Rituale hatten.

5. Narrative Muster: Geschichten in der Form von Märchen, Mythen und Legenden können ebenfalls archetypischen Charakter haben – »Götter sind Metaphern archetypischen Verhaltens, Mythen sind arche-

typische Inszenierungen« (Samuels et al. 1991, S. 44). Jung selbst hat schon früh darauf hingewiesen, dass Märchen eine Verkörperung von Archetypen in narrativer Form darstellen. Vor allem seine Schülerin Marie-Louise von Franz hat sich intensiv mit der Untersuchung des archetypischen Gehalts von Märchen beschäftigt und die Verwendung von Märchen in der Psychotherapie beschrieben. In seinem Buch »Wandlungen und Symbole der Libido« von 1912 (Jung GW 5), das der Auslöser zum Bruch mit Freud war, hat Jung sich ausführlich mit den psychotischen Phantasien einer jungen Frau beschäftigt, wie er sie in deren Tagebuchaufzeichnungen vorfand. Kern des Buches ist die Argumentation, dass diese Phantasien parallel zu mythologischen Motiven verlaufen. Insbesondere das Motiv des Heldenmythos konnte Jung in verschiedenen dieser Phantasiebildungen nachweisen. Das Motiv des Helden, der mutig zu einer großen Fahrt aufbricht, um sein Volk oder auch die ganze Welt von einer Bedrohung, z. B. durch einen Drachen, zu befreien, durchzieht die Märchen und Mythen aller Völker. Insofern kann der Mythos des Helden als ein archetypisches Narrativ bezeichnet werden (▶ Kap 5.3).

6. Religiöse und philosophische Ideen, weltanschauliche Überzeugungen, politische Ideologien: Auch auf der Ebene von abstrakten Ideen, Weltanschauungen und Überzeugungen finden sich archetypische Strukturen. Als ein Beispiel soll hier das Motiv von Tod und Auferstehung genannt werden. Die früheste, schriftlich niedergelegte Form dieser religiösen Idee findet sich schon im alten Ägypten im Mythos vom Tod und der Zerstückelung des Gottes Osiris durch seinen Widersacher Seth; die Schwester des Osiris, Isis, sammelt den zerstückelten Leib wieder ein und setzt ihn zusammen, sie begräbt den toten Bruder, der wieder zum Leben erwacht und mit ihr den Sohn Horus zeugt. Dasselbe Motiv von Tod und Auferstehung findet sich darüber hinaus in der altpersischen Religion von Zarathustra, im Mythos vom Phönix, der aus der Asche steigt, und natürlich im christlichen Glauben an den Tod und die Auferstehung Jesu. Im antiken Griechenland war das bedeutendste religiöse Ereignis die sich jährlich wiederholenden Eleusinischen Mysterien. Wie sie im Detail abliefen, ist nicht gänzlich gesichert, weil die Teilnehmer der Mysterien zum strengen Stillschweigen verpflichtet waren. Man geht heute aber davon aus, dass im Kern der Mysterien ein Getreidekorn vergraben wurde, aus dem dann ein Keim hervorging, und dies als

Verheißung eines Lebens nach dem Tode für die Adepten galt. Am Höhepunkt der Mysterien wurde angeblich vom ausführenden Priester der Satz gesprochen: »Wer stirbt, bevor er stirbt, der stirbt nicht, wenn er stirbt«.

7. Psychische Prozesse: Schließlich können auch Entwicklungen in der Psyche des Menschen, insbesondere Wandlungsprozesse, archetypischen Charakter haben. Das zentrale Beispiel hierfür ist der Individuationsprozess, der archetypisch in jedem Menschen angelegt ist und darauf abzielt, im Verlaufe des Lebens die Einzigartigkeit der Person zum Ausdruck zu bringen und die Persönlichkeit in Richtung auf ihre Ganzheit zu bewegen (► Kap. 2.5).

Die hier aufgeführten unterschiedlichen Formen, in denen sich Archetypen manifestieren können, sind ein Versuch, die verschiedenen Beschreibungen von und Abhandlungen über Archetypen in der Literatur der Analytischen Psychologie zu systematisieren und zu konzeptualisieren. Gleichzeitig wird hier auch ein Problem deutlich, auf das später ausführlicher eingegangen werden soll, dass nämlich der Gebrauch des Begriffs Archetyp in der Analytischen Psychologie durchaus als inflationär bezeichnet werden kann, wie z. B. im folgenden Zitat aus dem »Wörterbuch Jungscher Psychologie« (Samuels et al. 1991, S. 44) deutlich wird: »Die Anzahl der Archetypen ist theoretisch unbegrenzt«. Die oben aufgeführten Ebenen unterscheiden sich zum Teil drastisch voneinander und es bleibt unklar, was denn nun im Kern einen Archetypen ausmacht und wie er transportiert wird. Aus meiner Sicht ist dies in der Analytischen Psychologie ein bisher ungelöstes Problem. Hierzu hat auch Jung selbst durch seine Verwendung des Begriffs durchaus beigetragen.

## 2.4 Das Kollektive Unbewusste

Zum Begriff des Archetyps gehört unbedingt das Konzept des Kollektiven Unbewussten. Jung nimmt an, dass über das persönliche Unbewusste hinaus, wie es bei Freud beschrieben ist, ein überpersönliches, also Kollektives Unbewusstes existiert, an dem alle Menschen Anteil haben, das allen Menschen gemeinsame psychische Erbe. Dieses Kollektive Unbewusste enthält die Archetypen und ist eben gerade darin kollektiv, da die Archetypen ja universell sind und somit allen Menschen gemeinsam. Das Kollektive Unbewusste ist durch die Gesamtheit der existierenden Archetypen strukturiert und besitzt somit eine innere Ordnung. In der Psychologie Jungs wird dem Unbewussten im Allgemeinen und insbesondere dem Kollektiven Unbewussten eine positive Rolle in der Entwicklung des Menschen zugesprochen. Insbesondere bei Krisen und psychischen Störungen, so Jungs Annahme, stellt das Unbewusste archetypische Bilder und Strukturen dem Bewusstsein zur Verfügung, um diesem Anhaltspunkte für eine neue Ausrichtung und Zentrierung zu geben. In diesem Sinne enthalten die Archetypen Grundmuster für heilsame Entwicklungsprozesse der Persönlichkeit, die gerade in Krisen, bei Belastungen und in Situationen, in denen die Psyche aus dem Gleichgewicht geraten ist, wirksam werden. Dieses Zur-Verfügung-Stellen von Archetypen geschieht auf unterschiedliche Weise: Zum einen in Träumen, Tagträumen und Visionen oder spontanen Phantasiebildungen, zum anderen kann es auch gezielt gefördert werden, in dem die Person z. B. Bilder oder andere Gestaltungen produziert, in denen unbewusste Inhalte zum Ausdruck kommen können; schließlich enthalten auch die Symptome der psychischen Krise oder Störung Hinweise auf den zugrunde liegenden Archetyp. Dabei kann der Archetyp gerade dadurch heilend wirksam werden, indem er die Ganzheit des Gegensatzpaares verkörpert. Hat sich also die Persönlichkeit bzw. das Ich-Bewusstsein einseitig orientiert, z. B. übermäßig rational, so wäre zu erwarten, dass das Unbewusste den Gegenpol des betreffenden Archetypus aktiviert und dies könnte sich darin äußern, dass die betroffene Person Symptome von ausgeprägter Irrationalität entwickelt. Dies wäre also zugleich Ausdruck der Einseitigkeit der bewussten Persönlichkeit, als dass es auch die Lösung, das was fehlt oder unterentwickelt ist, in sich enthält.

Diese Konzeption des Kollektiven Unbewussten mit seinen Inhalten, den Archetypen als Gegensatzpaaren oder Polaritäten, hat Jung dann in späteren Jahren insbesondere in seinem Diskurs mit dem Quantenphysiker Wolfgang Pauli zum Konzept des so genannten Unus Mundus weiterentwickelt. Damit meint Jung die Hypothese einer Einheitswirklichkeit, die hinter der erfahrbaren Wirklichkeit liegt bzw. ihr zugrunde liegt, in der alles Seiende in seiner Ganzheit, also die Gegensätze umfassend, enthalten ist, allerdings nur potenziell. Im Grunde ist diese Hypothese einer Einheitswirklichkeit eine transzendentale Konzeption, weswegen Jung sie auch als »Psychoid« bezeichnet, also nur »Psyche ähnlich«. Diese Einheitswirklichkeit manifestiert sich dann in der erfahrbaren Realität, allerdings kann hier immer nur ein Pol des Gegensatzes realisiert werden. Zu dem noch nicht realisierten, nur potenziell vorhandenen Gegenpol entsteht ein Spannungsverhältnis, das im Grunde die Entwicklung der Psyche, ja des ganzen Lebens vorantreibt. Diese Konzeption hat Jung in enger Anlehnung an die Theoriebildungen in der Quantenphysik, so wie sie in seiner Zeit bekannt war, entwickelt. Diese Konzeptionen wurden in jüngerer Zeit in Form der generalisierten Quantentheorie wieder aufgenommen und weiterentwickelt (siehe hierzu ausführlich Roesler 2013, 2015).

## 2.5 Der Individuationsprozess

Ebenso gehört zum Begriff des Archetypus das Konzept des Individuationsprozesses. Dieser Prozess kann ebenfalls als archetypisch angesehen werden. Jung nimmt an, dass es in der Psyche des Menschen eine angelegte Tendenz gibt, sich im Verlaufe der Entwicklung über die Lebensspanne in Richtung auf die potenzielle Ganzheit der Persönlichkeit hin zu bewegen, und dabei gleichzeitig die Einzigartigkeit des persönlichen Wesens immer mehr zum Ausdruck zu bringen. »Ich gebrauche den Ausdruck Individuation im Sinne jenes Prozesses, welcher ein psychologisches Individuum, das heißt eine gesonderte, unteilbare Einheit, ein Ganzes, erzeugt« (Jung GW 9/1, § 490). Im Zentrum der Psyche kann eine archetypische Struktur angenommen werden, die Jung als das Selbst bezeichnet. Dieses Selbst wäre sozusagen eine Struktur, die sowohl Ganzheit als auch individuelle Einzigartigkeit ausdrückt. Insofern das Selbst sowohl als

Zentrum der Person als auch als deren Ganzheit definiert ist, ist dies eine paradoxe Beschreibung, die Jung aber ganz bewusst so vornimmt. Das Konzept des Selbst wäre hier auch ein ganz deutliches Beispiel dafür, dass Jung Archetypen als transzendental konzeptualisiert.

Vom Selbst geht im Verlaufe des Lebens eines Menschen eine Bewegung aus, die die Person über eine Reihe von archetypischen Stationen mit Lebensthemen und auch -konflikten konfrontiert, und im Prozess der Auseinandersetzung damit formt sich zum einen die Einzigartigkeit der Person immer mehr heraus, zum anderen gelingt es idealerweise, bislang nicht verwirklichte Anteile oder Potenziale der Person zunehmend zu integrieren. Dieser Individuationsprozess, sein Verlauf und seine typischen Stadien haben Jung in der zweiten Hälfte seines Lebens im Grunde am meisten beschäftigt und er hat der Erforschung dieses Prozesses den größten Teil seiner Zeit und Energie gewidmet. Insbesondere seine Beschäftigung mit der Alchemie, ihren Vorstellungen, Bildern und Konzepten lieferte ihm Hinweise auf die archetypische Struktur dieses Prozesses.

## 2.5.1 Die zwei Lebenshälften und die Lebensmittekrise

Dabei teilt sich dieser Prozess zunächst einmal in zwei unterschiedliche Hälften: in der ersten Lebenshälfte geht es für die Persönlichkeit darum, sich an die Anforderungen der äußeren und auch sozialen Wirklichkeit anzupassen, d. h. eine stabile Identität zu entwickeln, eine klare Lebensorientierung zu entwickeln (z. B. eine Berufswahl, Ausbildung und Aufbau beruflicher Kompetenz), soziale Regeln auch im Sinne von Rollenverhalten zu erlernen, beziehungsfähig zu werden und eventuell auch eine Familie zu gründen. Zusammenfassend könnte man sagen, dass in dieser ersten Hälfte des Prozesses eine Anpassung an die soziale Gemeinschaft und die Anforderungen der äußeren Realität stattfinden soll. Allerdings kommt es im Verlaufe dieser ersten Hälfte des Prozesses notwendigerweise zu Einseitigkeiten. Zum einen bringen praktisch alle Menschen in bestimmten Bereichen besondere Begabungen oder Talente sowie spezifische Neigungen zu bestimmten Tätigkeiten oder Beschäftigungen mit, die aufgrund der Anpassung an Leistungsanforderungen in dieser ersten Lebenshälfte in der Regel dann besonders stark ausgebildet werden. Zum anderen wird dieser Prozess von Sozialisationsinstanzen, z. B. den Eltern, auch noch gefördert, darüber hinaus können Erzieher und andere sozialisatorische Leitfiguren aufgrund eigener persönlicher Vorlieben oder Bewertungen bestimmte Qualitäten in der heranwachsenden Persönlichkeit besonders betonen. All dies führt aber letztlich dazu, dass andere Qualitäten, Eigenschaften und Potenziale der Persönlichkeit, die nicht in dieser Weise gefördert werden, die aber dennoch zumindest potenziell in der Person angelegt sind, unbewusst und undifferenziert bleiben oder sogar unterdrückt werden. Dies ist aus Jungs Sicht zunächst einmal ein ganz natürlicher Vorgang, der allerdings, wenn die Einseitigkeiten ein besonders starkes Ausmaß annehmen bzw. die Spannung zwischen dem Gelebten und dem Ungelebten besonders groß ist, auch das Ausmaß einer Neurose annehmen kann. Jung sagte dazu: Der neurotische Mensch ist ein in sich entzweiter Mensch.

Jungs Entdeckung war es nun, dass er regelmäßig bei den Menschen, die zu ihm in Behandlung kamen, etwa in der Mitte des Lebens eine Krise feststellte, in dem der bisherige Entwicklungsweg der Person und auch die Orientierungen und Werte, die sich die Person angeeignet hatte, fundamental infrage gestellt wurden. In extremer Form stellten die Betroffenen den Sinn ihres Lebens infrage. Diese von Jung postulierte Lebensmittekrise ist mittlerweile ein so bekanntes Konzept geworden, dass der Begriff, vor allem in seiner englischen Form als Midlife crisis, in den allgemeinen Sprachgebrauch übergegangen ist. Auch diese Krise ist aus Jungs Sicht aber kein Unfall oder eine Störung, sondern notwendiger Bestandteil des hier beschriebenen Individuationsprozesses. In der Mitte des Lebens, wenn die Anpassung an die äußeren Anforderungen und Realitäten gelungen sein sollte und sich die Person in ihren sozialen Zusammenhängen und ihren Rollenbildern gefestigt hat, setzt ausgehend vom Selbst ein umgekehrter Prozess ein, in dem in der Psyche sozusagen die Frage auftaucht, was über die äußeren Anpassungen und Leistungen für die Person eigentlich wesentlich ist und sie überdauern wird. Auch hier bringt Jung diese Tendenz wieder prägnant auf den Punkt in der Formulierung »Bin ich auf Ewiges bezogen?«.

Wie schon gesagt, hat sich Jung in großen Teilen seines Werkes vor allem für diese zweite Hälfte des Individuationsprozesses interessiert und sowohl durch seine Arbeit mit Psychotherapiepatienten als auch durch Kulturvergleichende Forschung die Inhalte und Ablaufmuster dieses Prozesses in einer allgemein gültigen Form versucht zu beschreiben. Im Folgenden sollen die archetypische Stationen des Individuationsprozesses in ihrer idealtypischen Abfolge beschrieben werden (eine Zusammenfassung findet sich in Jung (1928/1989) »Die Beziehungen zwischen dem Ich und dem Unbewussten«, GW 7)

## 2.5.2 Die Persona

In der oben beschriebenen ersten Hälfte des Individuationsprozesses und seiner Betonung auf Anpassung an soziale und äußere Anforderungen entwickelt sich ein Bestandteil der Persönlichkeit, den Jung als Persona bezeichnet (von lateinisch personare – hindurch klingen). Damit ist ganz explizit auch so etwas wie eine Maske der Persönlichkeit gemeint, im Sinne von Rollenbildern und eingefahrenen, teilweise auch schematischen Mustern des eigenen Verhaltens, die aber für das Funktionieren der Persönlichkeit z. B. in beruflichen oder sozialen Zusammenhängen unabdingbar sind. Es ist sehr wichtig zu betonen, dass Jung ein solches maskenhaftes Rollenverhalten nicht als solches verurteilt oder als gestört bezeichnet, sondern geradezu als notwendig ansieht. Allerdings wird die Persona zum Problem, wenn sie in der Persönlichkeit überbetont ist, d. h. eine übermäßige Anpassung an das Außen stattgefunden hat und das Ich die Anbindung an die tieferen Schichten der Persönlichkeit, des eigenen Wesens verloren hat. Dies war zumindest zu Jungs Zeiten ein häufiger Anlass, warum ihn Patienten aufsuchten, um bei ihm Psychotherapie zu machen. Eine Überbetonung der Persona und ein Verlust des Bezuges zum eigenen Inneren wird, so beschreibt Jung, von den Betroffenen häufig als Sinnverlust erlebt, und kann sich in vielfältigen Symptomen wie z. B. der Depression äußern, oder aber auch zum unbewussten Ausagieren im Sinne eines Ausbruchsversuchs aus dem eigenen Rollenkorsett führen, z. B. in Form von erotischen Affären, die dann die besagte Krise herbeiführen. In diesem Sinne ist aber das Auftauchen der Lebensmittelkrise ein notwendiger und letztlich auch sinnvoller Zustand, weil die Person an diesem Punkt der eigenen Selbstwerdung und der Beschäftigung mit dem eigenen Inneren und dem eigenen Wesen nicht mehr ausweichen kann.

## 2.5.3 Der Schatten

Lässt sich die Person an diesem Punkt der Krise auf die Auseinandersetzung mit dem eigenen Inneren bewusst ein, z. B. im Rahmen einer Psychotherapie, so taucht typischerweise als nächste Station des Individuationsprozesses die Auseinandersetzung mit dem so genannten Schatten auf. Als Schatten bezeichnet Jung all die Persönlichkeitsanteile, die vom Bewusstsein bisher als wertlos, schädlich oder peinlich bewertet und deshalb unterdrückt oder gar abgespalten wurden. Zum Schatten gehört all das, was wir zwar als irgendwie zu uns gehörig, als persönliche Eigenschaften oder Merkmale erleben, wofür wir uns aber schämen oder dies bewusst ablehnen (z. B. Geiz, Aggressivität, Habsucht usw.). Jung definiert den Schatten schlichtweg als das, was ein Mensch »nicht sein möchte« (Jung GW 16, § 470). Die Bildung des Schattens ist natürlich stark durch den Sozialisationsprozess beeinflusst, in der Regel lernt ein Mensch durch Erziehung bzw. generell durch die gesamte Anpassung an soziale Normen und Werte im Zuge der ersten Hälfte des Individuationsprozesses, welche eigenen Qualitäten und Eigenschaften erwünscht und akzeptiert sind und welche nicht. Insofern finden sich im Schatten immer auch die Spuren der eigenen Erziehungserfahrungen, Strenge, Ablehnung und Kritik, die man von den Bezugspersonen und Erziehern in der Kindheit und Jugend erfahren hat und die man als solche verinnerlicht hat.

Beim Konzept des Schattens hat Jung immer Freuds Beitrag zur Untersuchung des persönlichen Unbewussten rühmend hervorgehoben und man kann im Grunde den Schatten bei Jung mit dem Verdrängten bei Freud gleichsetzen. Allerdings hebt Jung deutlicher als Freud hervor, dass im persönlichen Schatten immer auch ein ungelebter Wert, ein Potenzial steckt. Im Verlaufe des Individuationsprozesses geht es bei der Auseinandersetzung mit dem Schatten gerade darum, den Wert des bisher Verleugneten und Verdrängten zu erkennen und im Zuge dessen die eigenen Wertmaßstäbe zu transformieren, das bisher Abgelehnte zu entwickeln und in die eigene Persönlichkeit zu integrieren.

## 2.5 Der Individuationsprozess

Der Schatten als Archetyp bildet ein archetypisches Gegensatzpaar mit der Persona als Gegenpol. Persona und Schatten stehen in einem Wechselverhältnis in dem Sinne, dass all das, was in der Persona abgelehnt und ausgeblendet wird, dem Schatten zufällt und hier aber nicht verschwindet, sondern eine Eigendynamik erhält. Die Schattenanteile der Persönlichkeit drängen danach, mitleben zu dürfen (Kast 1999). Wie schon oben erwähnt, wird diese Dynamik insbesondere in der Lebensmittekrise und zu Beginn des Individuationsprozesses in der zweiten Lebenshälfte relevant. Die eigene Schattenproblematik wird dabei, solange sie unbewusst ist, mit dem Mechanismus der Projektion bewältigt, d. h. die an sich selbst abgelehnten Eigenschaften werden anderen zugeschrieben und hier verurteilt oder sogar verfolgt. Dies ist wahrscheinlich einer der gängigsten Mechanismen der zwischenmenschlichen Regulation der eigenen Identität und des eigenen Selbstwerts. Schattenprojektionen können auch kollektive Ausmaße annehmen mit teilweise äußerst destruktiven Auswirkungen, ein herausragendes Beispiel hierfür ist der europäische Antisemitismus, der in der Vernichtung von Millionen jüdischer Menschen während des Nationalsozialismus gipfelte. Grundsätzlich können aber alle Prozesse von Fremdenfeindlichkeit, ja das Sündenbockprinzip insgesamt, mit der Schattenproblematik und dessen Projektion schlüssig erklärt werden.

Bei stark unbewussten Schattenanteilen besteht außerdem die Gefahr, dass diese bei einem Nachlassen der bewussten Kontrolle plötzlich ins bewusste Handeln einbrechen und sich hier in der Regel destruktiv auswirken. Plötzliche aggressive Ausbrüche bei Menschen, die ansonsten sehr angepasst und kontrolliert sind, sind hierfür ein typisches Beispiel. Gerade von Amokläufern, die während ihres Gewaltausbruchs teilweise viele Menschen und schließlich oft sich selbst töten, ist bekannt, dass sie vorher häufig sehr unauffällig und angepasst waren. Ein solches Phänomen lässt sich ebenfalls sehr gut mit Jungs Schattenkonzept erklären. Zur Bearbeitung des eigenen Schattens gab Jung den durchaus ernst gemeinten Hinweis: jeden Tag eine böse Tat. Dies soll dazu dienen, sich der Existenz des eigenen Schattens kontinuierlich bewusst zu sein und sich letztlich darum zu bemühen, ihm einen Platz im eigenen Leben zu geben.

»Jedermann ist gefolgt von einem Schatten, und je weniger dieser im bewussten Leben des Individuums verkörpert ist, umso schwärzer und dichter ist er. Wenn eine Minderwertigkeit bewusst ist, hat man immer die

Chance, sie zu korrigieren. Auch steht sie ständig in Berührung mit anderen Interessen, so dass sie stetig Modifikationen unterworfen ist. Aber wenn sie verdrängt und aus dem Bewusstsein isoliert ist, wird sie niemals korrigiert. Es besteht dann überdies die Gefahr, dass in einem Augenblick der Unachtsamkeit das Verdrängte plötzlich ausbricht. Auf alle Fälle bildet es ein unbewusstes Hindernis, dass die bestgemeinten Versuche zum Scheitern bringt« (Jung GW 11, § 131).

Neben diesem persönlichen Schatten beschreibt die Analytische Psychologie darüber hinaus einen archetypischen Schatten, womit Jung einer bei allen Menschen vorhandenen allgemeinen Tendenz zum Bösen und Destruktiven Rechnung trägt. Dieser archetypische oder kollektive Schatten, das allgemeine Böse, bildet mit dem Guten ein weiteres archetypisches Gegensatzpaar. Mit dieser Konzeption versuchte Jung darauf hinzuweisen, dass wir Menschen zu allen Zeiten und in allen Kulturen immer mit dem Bösen rechnen müssen und es ein reines Gutsein als solches nicht gibt. Diese notwendige Dualität in jedem Gottesbild ist das zentrale Thema von Jungs Buch »Antwort auf Hiob« (Jung GW 11), in dem er sich mit der Ausblendung des Bösen im christlichen Gottesbild intensiv auseinandersetzte. In der Kultur- und Religionsgeschichte wurde dieses allgemeine Böse häufig als Teufel oder Satan ausgedrückt bzw. es erscheint in den vielfältigen Darstellungen von Hexen, Dämonen, bösen Geistern usw. Die Charakterisierung als Archetyp ist insofern gerechtfertigt, als es praktisch keine Religion oder religiöses System gibt, das nicht ein Konzept des absoluten Bösen enthält.

### 2.5.4 Das Seelenbild: Anima und Animus

Die nächste archetypische Station auf dem Individuationsweg stellt die Begegnung mit dem so genannten Seelenbild dar. Jung postuliert hier, dass in jedem Menschen innerseelisch ein gegengeschlechtliches Gegenstück vorhanden ist, dass psychologisch gesehen die Aufgabe der Vermittlung zwischen dem Bewusstsein und dem Unbewussten hat. Beim Mann hat also dieses Seelenbild weiblichen Charakter und wird als Anima bezeichnet, bei der Frau hat es männlichen Charakter und wird als Animus bezeichnet. Im Grunde ist allein schon die Behauptung der Tatsache, dass jeder Mensch in sich auch gegengeschlechtliche psychische Anteile trägt, ein epochaler Beitrag Jungs zur Psychologie, der wie viele andere mittlerweile ins Allgemeinwissen übergegangen ist. Anima und Animus stellen jeweils für sich Archetypen dar, das heißt sie tragen auch jeweils in sich selbst eine Polarität zwischen positiv und negativ. Jung postuliert, dass die Anima beim Mann seine Emotionalität bzw. präziser seine Einstellung zum eigenen Gefühlsleben ausdrückt, während der Animus bei der Frau das geistige Prinzip darstellt bzw. ihre generelle Einstellung und Zugänglichkeit zu geistigen Inhalten und Qualitäten. Dies ist natürlich aus heutiger Sicht eine äußerst problematische Setzung, da dies ja implizieren würde, dass dem Manne grundsätzlich Gefühle nicht per se zu eigen, sondern etwas fremdes sind, während für die Frau dasselbe mit dem Geistigen der Fall sein sollte. Diese Konzeption von Anima und Animus bei Jung ist in der weiteren Entwicklung der Analytischen Psychologie auch vielfach und heftig kritisiert worden und es hat sich im Verlaufe dieser Debatte eine neue Konzeption dieser Seelenbilder herausgebildet, die in Kapitel 2.5.5 ausführlicher dargestellt wird. An dieser Stelle soll zunächst einmal festgehalten werden, dass Jung mit der Beschreibung dieser Archetypen die Erfahrungswerte und kulturellen Normen seiner eigenen Zeit absolut gesetzt hat und dies auch, das muss man deutlich sagen, nicht wirklich reflektiert hat.

Zugleich gilt nach wie vor, dass die Begegnung mit diesem inneren gegengeschlechtlichen Seelenbild und dann vor allem die Erarbeitung einer Einstellung, in der das Seelenbild ernst genommen, ja zu ihm eine kontinuierliche persönliche Beziehung aufgebaut wird, geradezu die entscheidende Etappe des Individuationsprozesses darstellt. Gelingt es, in dieser Auseinandersetzung sich des gegengeschlechtlichen inneren Anteils und allem, was dazugehört, bewusst zu werden, so fungiert dies als Türöffner für die tieferen Schichten des Unbewussten.

Die Anima beim Mann zeigt sich in der Regel zunächst z. B. in Träumen als eine unbekannte, aber faszinierende Frauengestalt. Sie hat einen starken Einfluss auf die emotionale Gestimmtheit des Mannes und kann in ihrer negativen Gestalt zu durchaus heftigen Verstimmungen im Sinne von schlechter Laune oder emotionaler Labilität bis hin zu regelrechten Depressionen führen, in ihrem positiven Aspekt dagegen zur Animiertheit und Inspiration bis hin zu äußerst produktiver kreativer Energie.

Archetypische Bilder für die Anima in ihrem negativen Aspekt wären die Hexe oder die destruktive Verführerin (wie z. B. in dem Film »Der blaue Engel« eindrücklich gezeigt; eine neuere filmische Darstellung dieser Thematik wäre z. B. »Femme fatale«), in ihrem positiven Aspekt die Geliebte, Muse und Seelenführerin (das vielleicht berühmteste Beispiel in der Kulturgeschichte ist die Figur der Beatrice in der Göttlichen Komödie von Dante). Gelingt es dem Mann, zur Anima eine positive Beziehung aufzubauen und sie so weit möglich zu integrieren, so macht ihm dies den Zugang zu seinen eigenen Gefühlen, seiner weiblichen Seite, zur Beziehungsfähigkeit, seinem kreativen Potenzial und darüber hinaus zum Kern seiner Person, dem Selbst möglich. Jung beschreibt vier verschiedene Stufen in der Entwicklung des Animabildes: die erste Stufe stellt den rein biologischen, erdhaften Aspekt des Weiblichen da und manifestiert sich in der Urmutter oder der Eva; auf der zweiten Stufe ihrer Entwicklung wirkt die Anima vor allem sexuell-erotisch anziehend; auf der dritten Stufe wird der Eros vergeistigt, z. B. in Gestalt der Maria; auf der vierten Stufe schließlich findet sich das Weibliche in Form der Weisheit, der Sophia.

Der Animus bei der Frau zeigt sich ebenfalls zunächst als eine faszinierende männliche Gestalt, die vor allem auf der geistig-intellektuellen Ebene anziehend und einflussreich erscheint. Darüber hinaus wird in der Analytischen Psychologie postuliert, dass der Animus die Tendenz habe, in einer Vielzahl zu erscheinen. In seinem negativen Aspekt erzeugt der Animus bei der Frau irrationale Meinungen und Überzeugungen, die dann geradezu gewalttätig vertreten werden. In seinem positiven Aspekt eröffnet er der Frau Zugang zur geistigen Welt und zu ihrem eigenen intellektuellen Potenzial. Archetypische Bilder für den negativen Aspekt des Animus sind mythische Gestalten des Frauenmörders, wie z. B. der Blaubart im Märchen, für den positiven Aspekt Heldenfiguren wie der edle Ritter Lancelot oder geistige und religiöse Führer wie z. B. Mahatma Gandhi. So wie Jung selbst die Entwicklung des Animabildes anhand von vier Stufen ausdifferenziert hat, so hat seine Frau Emma Jung (1967) dasselbe für die Entwicklung des Animus vorgenommen. Auch sie unterscheidet vier Aspekte oder Stufen: auf der ersten Stufe verkörpere der Animus Kraft, z. B. in der Figur des Naturburschen oder Abenteurers; auf der zweiten Stufe erscheint der Animus als Tat, z. B. als tatkräftiger Held, Sportler usw.; auf der dritten Stufe manifestiert er sich in der Kunst des

## 2.5 Der Individuationsprozess

Wortes, z. B. im begabten Redner, Schauspieler oder Dichter; schließlich auf der vierten Stufe als Geist, z. B. in Form des Guru.

Auch hier, wie schon beim Schatten, gilt die Regel, dass diese archetypischen Bilder in der eigenen Seele oftmals zunächst in der Projektion auf andere Menschen erscheinen. Bei der Projektion von Anima bzw. Animus ist dies in der Regel gleichbedeutend mit einer heftigen Verliebtheit und Faszination durch eine Person des anderen Geschlechts. Insofern eignet sich die Psychologie von Anima und Animus hervorragend für eine Beschreibung der Dynamik in Paarbeziehungen (eine sehr gute und umfangreiche Darstellung dieser klassischen Sichtweise von Anima-/Animus-Projektion findet sich bei Sanford (1991)). Jung betont darüber hinaus, dass das eigene innere Seelenbild auch stark geprägt wird durch die Erfahrungen mit dem gegengeschlechtlichen Elternteil. Die Hauptfunktion des Seelenbildes besteht aber in ihrer Vermittlungsfunktion zwischen dem Ich und der Innenwelt, so wie die Persona zwischen dem Ich und der Außenwelt vermittelt.

Mit den Figuren von Anima und Animus hat Jung sich in einem großen Teil seines Werkes intensiv beschäftigt, dasselbe gilt für seine unmittelbaren Schüler, wie z. B. Marie-Louise von Franz, James Hillman und andere. In Relation dazu steht die Bedeutung der Auseinandersetzung mit dem Seelenbild im Rahmen des Individuationsprozesses. Während die Auseinandersetzung mit dem Schatten und seine Integration zwar durchaus das ganze Leben durchziehen kann, letztendlich aber doch im Gesamt des Individuationsprozesses eine überschaubare Stufe darstellt, gilt bei Jung und in der Analytischen Psychologie überhaupt die Auseinandersetzung mit und die Integration des Seelenbildes als sehr viel anspruchsvoller und überdauert einen sehr viel größeren Teil des Lebens (Jung charakterisiert dementsprechend die Integration des Schattens als »Gesellenstück«, die Integration von Anima/Animus demgegenüber als »Meisterstück«).

### 2.5.5 Exkurs: Kritik am Anima/Animus Konzept und zeitgemäße Konzeptionen

Wie schon oben erwähnt, wurde in der Analytischen Psychologie und auch außerhalb von ihr Jungs Konzeption von Anima und Animus zum

Teil heftig kritisiert und kontrovers diskutiert. Jungs Beschreibungen, die zudem in der Gesamtheit seines Werkes immer wieder auch widersprüchlich und verwirrend sind, bieten hierfür eine große Angriffsfläche, da er, wie gesagt, kulturell und zeitgeschichtlich bedingte Vorstellungen von männlichen und weiblichen Eigenschaften aus seiner Epoche und Kultur in seiner Konzeption des Seelenbildes als Archetyp absolut gesetzt hat. Es wurde ihm vorgeworfen, damit im schlimmsten Falle sexistische und chauvinistische Werturteile bedient zu haben. Aus heutiger Sicht ist auch tatsächlich nicht einzusehen, warum der Frau das Geistige zunächst nicht unmittelbar zugänglich oder zugehörig sein sollte, genauso wie dasselbe für den Mann und sein Verhältnis zu seinen Gefühlen gilt. Daher haben innerhalb der Analytischen Psychologie verschiedene Autoren die Ansicht vertreten, Anima und Animus als archetypische Strukturen zu betrachten, die bei beiden Geschlechtern in gleicher Weise vorhanden sind und daher logischerweise auch von beiden Geschlechtern auszudifferenzieren und zu entwickeln sind (Hillmann 1981, Heisig 1996, Kast 1984, Whitmont 1989). Diese Konzeption würde aus meiner Sicht außerdem ermöglichen, die Bezeichnung von Anima respektive Animus als weibliche respektive männliche Qualitäten zu klassifizieren bzw. präziser zu fassen als spezifische psychische Qualitäten, die als solche nicht unbedingt mit konkreten Männern oder Frauen verknüpft sind; es wurde innerhalb der Analytischen Psychologie auch schon der Vorschlag gemacht, diese Prinzipien mit Begriffen aus der Alchemie zu bezeichnen, nämlich als Sol und Luna (Schwartz-Salant 1998). Dies würde dabei helfen, die Verwirrung zwischen der Beschreibung dieser psychischen Qualitäten und realen Männern und Frauen aufzulösen. Annette und Lutz Müller haben darüber hinaus in ihrem Wörterbuch der Jungschen Psychologie einen weiteren Klärungsvorschlag gemacht: »Ein vorläufiger Kompromiss zwischen beiden Positionen könnte darin bestehen, zwischen einem weiblichen und männlichen Prinzip einerseits und den Anima/Animus Aspekten andererseits zu unterscheiden. Danach wäre weibliches wie männliches prinzipiell in beiden Geschlechtern in jeweils individuellen Ausprägungen und Variationen vorhanden und die Begriffe Anima /Animus blieben den jeweils geschlechtsspezifischen Varianten der Prinzipien vorbehalten. Die Anima bezeichnet dann die spezifische Gesamtheit aller bewussten und unbewussten Aspekte des weiblichen Prinzips im Mann, der Animus die spezifische Gesamtheit aller bewussten und unbewussten Aspekte des männlichen Prinzips in der Frau. In dieser Definition könnte sowohl das gemeinsame als auch das unterschiedliche zwischen Frau und Mann gefasst werden.« (Müller & Müller 2003). Eine sehr ausführliche Diskussion der Thematik findet sich in Samuels (1989).

### 2.5.6 Der alte Weise und die Große Mutter (die Mana-Persönlichkeiten)

Hinter der Auseinandersetzung mit den Archetypen des Seelenbildes tauchen nun schon mit dem alten Weisen und der großen Mutter diejenigen archetypischen Figuren auf, die sich unmittelbar im Umfeld des Selbst befinden, d. h. des Zentrums der Psyche. Der alte Weise ist dabei in der klassischen Jung'schen Definition charakterisiert als Personifikation des geistigen Prinzips, als grenzenloses Wissen und Verstehen, als Weisheit und Erkenntnis über die Natur des Seins. Der Archetyp der großen Mutter hingegen wird bei Jung und seinen unmittelbaren Schülern charakterisiert als die sachliche Wahrheit der Natur bzw. als Archetyp des stofflichen Prinzips. Beide Archetypen werden von Jung auch als Mana-Persönlichkeiten bezeichnet, womit das »außerordentlich Wirkungsvolle« gemeint ist. Die Auseinandersetzung mit diesen Figuren, wobei in der klassisch jungianischen Definition sich der Mann mit dem alten Weisen und die Frau mit der großen Mutter auseinandersetzen muss, bewirkt im Grunde den entscheidenden Schritt der Selbstwerdung und der Bewusstwerdung der eigenen Individualität. Im Zuge dessen soll es hier auch zu einer wahrhaften Ablösung von den realen Elternfiguren kommen und zur Verwirklichung der jeweils eigenen männlichen bzw. weiblichen Identität. Die Figur des alten Weisen erscheint sowohl in der Mythologie als auch in der persönlichen Erfahrung häufig in der Figur des Zauberers, Propheten, Magiers oder Führers durch das Totenreich. Als ein herausragendes kulturgeschichtliches Beispiel kann hier der blinde Seher Theiresias gelten, der den Helden Odysseus in die Unterwelt einführt sowie ihm den Weg zurück nach Hause weist (symbolisch betrachtet also zum Selbst). Die große Mutter dagegen erscheint als Fruchtbarkeitsgöttin, Sybille, Priesterin, das Mütterliche schlechthin oder in ihrer geistigen Form als Mutter

Kirche bzw. Sofia, Mutter der Weisheit; die Universität wird z. B. auch als Alma Mater bezeichnet. Der Jung-Schüler Erich Neumann hat den Manifestationen des Archetypus der großen Mutter eine umfangreiche kulturgeschichtliche Untersuchung gewidmet (Neumann 1974), in der die unterschiedlichen Erscheinungsformen dieses Archetypus von seinen primitiven Anfängen als Herrin der Tiere bis hin zur Erscheinung der Sophia als tiefste weibliche Weisheit z. B. im orthodoxen Christentum dargestellt sind. Beide Archetypen tragen in sich wiederum den Gegensatz von positivem und negativem Pol: so kann der alte Weise in seiner negativen Form als böser Zauberer und Magier oder finsterer Herrscher der Unterwelt erscheinen, der die Psyche in seinem Bann gefangen hält; die Große Mutter erscheint in ihrem negativen Aspekt als die festhaltende und ihre Kinder verschlingende Zerstörerin, die keine Unabhängigkeit ihrer Abkömmlinge von sich duldet; dies manifestiert sich z. B. in der indischen Göttin Kali oder in den verschlingenden Monstern der Mythologie wie Skylla und Charybdis.

Beispiele für die persönliche Erfahrung dieser archetypischen Figuren sind in Jungs eigener Auseinandersetzung mit seinem Unbewussten die Figur des Philemon, der ihm in seinen Träumen und Visionen als ein alter, bärtiger, weiser Mann erschien und ihn durch seine eigene Innenwelt geleitete und ihm diese erklärte; analog findet sich dies bei Dante in der »Göttlichen Komödie« in der Figur des Vergil. Häufig projizieren Menschen diese Figuren auf reale Personen, die sie dann als geistige Führer, Gurus oder religiöse Lehrer verehren. Hier wird auch deutlich, welch ungeheure Macht und Einfluss diese Figuren, gerade auch in der Projektion, auf die Persönlichkeit ausüben können; im ungünstigen Falle werden Menschen dabei in hohem Maße verführbar, wie man z. B. am fundamentalistischen Terrorismus deutlich sehen kann, bei dem junge Menschen unter der Führung eines selbst ernannten geistlichen Führers wie z. B. Osama bin Laden (der interessanterweise auch optisch exakt dem Archetyp des alten Weisen entspricht) bereit sind, sogar ihr Leben zu opfern; im günstigen Falle können Menschen durch die Projektion dieser Figuren auf einen unterstützenden Lehrer und geistlichen Führer zu tiefen religiösen Erfahrungen und Selbsterkenntnis gelangen.

Schließlich ist auch festzuhalten, dass diese beiden Archetypen insbesondere in der Kindheit sehr stark das Erleben des realen Vaters und der realen Mutter prägen und diese vor allem in der frühen Kindheit zu quasi gottähnlichen Figuren machen, die einen fast unbegrenzten Einfluss auf die Ausprägung der kindlichen Psyche haben können. Umso wichtiger ist dann im Verlaufe des Individuationsprozesses die Ablösung dieser Projektion der Mana-Persönlichkeit von den konkreten Elternfiguren und ihre Integration in die eigene Psyche, da sonst eine erwachsene, selbstbestimmte Unabhängigkeit kaum möglich ist.

Auch hier wieder findet sich dieselbe Problematik wie schon bei den Archetypen des Seelenbildes und ihrer Verknüpfung mit dem jeweils männlichen und weiblichen Geschlecht in Jungs Setzung. Wenn Jungs Schülerin Jolande Jacobi formuliert: »Der Mann ist Stoff gewordener Geist, die Frau geistdurchtränkter Stoff; der Mann ist also in seinem Wesen geist-, die Frau stoffbestimmt« (Jacobi 1978, S. 126), dann sind dies aus heutiger Sicht äußerst problematische Zuschreibungen, die das schon bei Anima bzw. Animus gesagte wiederholen, dass nämlich der Frau angeblich der Geist wesensfremd sein soll. Daher auch haben moderne Jungianer argumentiert, dass der Archetyp der großen Mutter ebenfalls ein Weisheitsprinzip beinhaltet, aber eben unter weiblichen Vorzeichen (Riedel 1989).»Sie weiß noch um die archetypischen Lebensgesetze, ist manchmal eine Gestalt der Mutternatur selber. Hinter ihr schimmert noch eine göttliche Wesenheit. Die alte Weise kann in vielerlei Gestalt auftreten, z. B. als Kröte, als weise Schlange ... In ihrem dunklen Aspekt ist sie mit der Gestalt der Hexe kontaminiert. Doch kann sie aufgrund ihrer Weisheit auch gegenüber den dunklen Aspekten immer wieder Abstand bewahren und kann gerade deshalb in den Bund mit den Helden treten und sie vor den dunklen Absichten ihrer Gegenspieler bewahren. Jeweils am Ende der Märchen beweist sich: ohne die Begegnung mit der weisen alten Frau wären Heldin und Held nicht auf die Entwicklungsebene gekommen, auf der sie nun stehen. ... Sie gibt keine fertigen Ratschläge, was zu tun sei, sondern bringt die Heldin – gelegentlich auch einen männlichen Helden – auf den eigenen Erfahrungsweg. Sie mischt sich nicht ein, sondern will aufgesucht und aufgefunden werden. In Analogie zum alten Weisen erscheint die alte Weise als Seelenführerin, als Ärztin, Therapeutin, als Lehrerin, Meisterin, Priesterin und als Großmutter. Der geistige Aspekt erscheint in weiblicher Qualität als weibliche Weisheit, die um das rechte Kraut, um die rechte Zeit weiß und die den Ruf der Dinge hört, die getan sein wollen … Was die alte Weise im gegenüber zum alten Weisen besonders auszeichnet, ist ihr besonderes weibliches Wissen um Eros und Beziehung, dass sie der Märchenheldin vermittelt.« (Riedel in Müller & Müller 2003, S. 231).

## 2.5.7 Das Selbst

Die letzte Station des Individuationsprozesses und gleichzeitig auch dessen Endpunkt in der Vollendung der Selbstwerdung ist der Archetyp des Selbst, das als Zentrum der Psyche und zugleich seine Totalität definiert ist. »Das Selbst ist nicht nur der Mittelpunkt, sondern auch der Umfang, der Bewusstsein und Unbewusstes einschließt; es ist das Zentrum der psychischen Totalität, wie das Ich des Bewusstseinszentrum ist« (Jung GW 12, § 59). Dies ist eine paradoxe Definition, die Jung aber bewusst so vorgenommen hat, um den numinosen und transzendenten Charakter dieses Archetypus zu kennzeichnen. »(Das Selbst) ist uns fremd und doch so nah, ganz uns selber und doch uns unerkennbar, ein virtueller Mittelpunkt von geheimnisvoller Konstitution … Die Anfänge unseres ganzen seelischen Lebens scheinen unentwirrbar aus diesem Punkt zu entspringen, unsere allerhöchsten und letzten Ziele scheinen auf ihn hinauszulaufen. Ein Paradoxon, das jedoch unausweichlich ist, wenn wir etwas kennzeichnen wollen, was jenseits des Vermögens unseres Verstandes liegt« (Jung GW 7, § 260). In diesem Sinne ist das Selbst zugleich Kern der Individualität, das ganz einzigartige der Person und zugleich doch etwas Kollektives und Transzendentales, die Ganzheit der Persönlichkeit, ja im Grunde die Ganzheit und Verwirklichung des Menschseins an sich. In gewissem Sinne ist das Selbst die Basis aller Archetypen, es ist der grundlegende Archetyp, aus dem die anderen im Verlaufe des Individuationsprozesses hervorgehen. Die Tatsache, dass jeder Mensch diesen Archetyp in sich trägt, begründet die allgemein menschliche Sehnsucht nach Religion bzw. religiöser Erkenntnis und Gottessuche.

Man kann sich das Selbst in diesem Sinne als den Mittelpunkt der Psyche vorstellen, in dem Bewusstsein und Unbewusstes eine Verbindung eingehen und der Gegensatz zwischen beiden ausbalanciert wird. Überhaupt vermittelt die Auseinandersetzung mit dem Selbst die Lösung der

## 2.5 Der Individuationsprozess

Gegensatzproblematik bzw. die Verbindung und Ausbalancierung der Gegensätze von Subjektivität und Objektivität, den Ansprüchen der äußeren Realität und der inneren Wirklichkeit, dem Transzendenten und dem Konkreten, dem Archetypischen und dem Persönlichen. Insofern kann das Selbst auch als archetypisches Bild des vollständigen Potenzials des Menschen und der Einheit der Persönlichkeit als Ganzes verstanden werden.

Jungs Schüler Erich Neumann hat später die Theorie des Selbst weiterentwickelt zur so genannten Ich-Selbst-Achse. In seiner Theorie geht es im Individuationsprozesses darum, dass Ich mit dem Selbst als den Kern der Persönlichkeit in einer fruchtbaren Weise zu verbinden, so dass das Ich als Zentrum des Bewusstseins immer aus dem Selbst als dem Zentrum der Gesamtpsyche schöpft, sich an diesem orientiert und erneuert. Dies ist dann gleichbedeutend mit der Verwirklichung der eigenen Individualität, die sich dann eben auch im Ich zeigt.

Der Begriff des Selbst bei Jung steht in engem Zusammenhang mit dem Gottesbild. Das Selbst wird von Jung auch häufig als »Gott in uns« oder »unser Anteil an Gott« bezeichnet. In den etablierten Religionen ist daher die Symbolik des Selbst immer gleichbedeutend mit der Gottesvorstellung. In seiner Arbeit »Aion« (GW 9/2) hat Jung sich intensiv mit der Christusfigur als Symbol des Selbst (»der Menschensohn«) in der christlichen Religion beschäftigt. In diesem Sinne könnte man die Begegnung mit dem Archetyp des Selbst im religiösen Kontext auch mit dem Konzept der Erleuchtung bzw. der Gottesschau gleichsetzen.

Da das Selbst einen Mittelpunkt bzw. das Zentrum der Psyche darstellt, ist die Symbolik des Selbst auch von entsprechenden Mittelpunkts- bzw. Zentraldarstellungen gekennzeichnet. Die bekannteste, die von Jung auch selbst umfassend behandelt wurde, ist die schon erwähnte Mandala-Symbolik. »Sie sind betontermaßen alle auf eine Mitte bezogen und befinden sich in einem Kreis oder Vieleck (gewöhnlich Viereck), wodurch die ›Ganzheit‹ versinnbildlicht werden soll. Viele von ihnen haben Blumen-, Kreuz-oder Radform mit deutlicher Neigung zur Vierzahl« (Jacobi 1971, S. 136). Symbole oder Darstellungen, die vier Elemente enthalten, können ebenfalls als typische Symbole des Selbst bezeichnet werden: die vier Windrichtungen des Kompass, die vier Jahreszeiten, die vier Evangelisten, die die Christusfigur umgeben usw. Typische symbolische Darstellungen für das Selbst sind darüber hinaus die Rose der Rosenkreuzer, die himmlische Stadt mit quadratischem Grundriss als Darstellungen des Mittelpunkts des Paradieses (z. B. das himmlische Jerusalem) usw. In der Alchemie, mit der Jung sich ausführlich beschäftigte, ist das zentrale Symbol für das Selbst der so genannte »Stein der Weisen«, der die »Quadratur des Kreises« ermöglicht (die rein mathematisch unmöglich ist), womit die Vereinigung der Gegensätze gemeint ist. Analog dazu steht in den Märchen und Mythen häufig die Suche des Helden nach der schwer zu erreichenden Kostbarkeit im selben Zusammenhang, psychologisch betrachtet handelt es sich hier um die Suche nach dem Selbst.

## 2.5.8 Abschließendes zum Individuationsprozess in seiner Gesamtheit

Eine exemplarische Darstellung eines individuellen Individuationsprozesses anhand von klinischem Material und Träumen aus einer persönlichen Analyse findet sich in Jungs Publikation »Traumsymbole des Individuationsprozesses« (GW 12). Ein weiteres Beispiel für die individuelle Ausformung des Individuationsprozesses im Leben einer Person findet sich in Jungs Arbeit »Zur Empirie des Individuationsprozesses« (GW 9/1), in der Jung den Individuationsprozess einer Frau anhand einer von dieser gemalten Bilderserie illustriert. Diese Bilder stellen zugleich typische Beispiele für Mandala-Symbole dar.

Eine Darstellung der Gegensatzvereinigung als Kulminationspunkt des Individuationsprozesses findet sich in Jungs Arbeit »Die Psychologie der Übertragung« (GW 16). Es ist wichtig zu betonen, dass der Individuationsprozesses, der selbst einen archetypischen Ablauf im menschlichen Leben darstellt, in seiner vertieften Form wohl nur von wenigen Menschen durchlaufen wird und im Prinzip niemals an sein Ende kommt. Jung hat selbst betont, dass dieser Prozess eher in Form einer spiralförmigen Entwicklung vorzustellen ist, bei dem man zwar im Verlaufe des Prozesses immer wieder an dieselben Punkte gerät, diese aber dann auf einer jeweils höheren Stufe bearbeitet. Der Individuationsprozess als eine Bewegung auf die Ganzheit der Person gibt im Grunde die Richtung für die

Entwicklung vor, es kann aber wohl niemand von sich sagen, dass er dieses Ziel jemals gänzlich erreicht hat.

Es muss hierbei noch auf die wichtige Unterscheidung zwischen dem Begriff der Individualität und dem des Individualismus eingegangen werden. Es besteht ja tatsächlich die Gefahr, dass bei der intensiven Beschäftigung mit dem eigenen Inneren dieses Unternehmen einen narzisstischen, um sich selbst kreisenden Charakter erhält. Das ist bei Jung aber nicht gemeint. »Ich sehe immer wieder, dass der Individuationsprozess mit der Bewusstwerdung des Ich verwechselt und damit das Ich mit dem Selbst identifiziert wird, woraus natürlich eine heillose Begriffsverwirrung entsteht. Denn damit wird die Individuation zu bloßem Egozentrismus und Autoerotismus ... Individuation schließt die Welt nicht aus, sondern ein.« (Jung GW 8, § 432).

Bedeutet Individuation zum einen eine Abgrenzung, zumindest in der zweiten Lebenshälfte, von einer reinen Anpassung an äußere und soziale Anforderungen und Maßstäbe, so beinhaltet eine gelungene Individuation aber ebenso eine Abgrenzung gegenüber der Macht archetypischer Bilder, mit denen sich die Person ja gerade nicht identifizieren soll. Vielmehr soll es in einer bewussten Auseinandersetzung mit diesen Bildern gelingen, das was wirklich zum eigenen Wesen gehört, in bewusster Weise in die Persönlichkeit zu integrieren. Dies wäre sozusagen das Gegenstück zu der oben beschriebenen Inflation, in der das Ich mit einem Archetyp sich identifiziert und damit verschmilzt, was regelmäßig die Persönlichkeit sprengt. »Der Zweck der Individuation ist nun kein anderer, als das Selbst aus den falschen Hüllen der Persona einerseits und der Suggestivgewalt unbewusster Bilder andererseits zu befreien« (Jung GW 7, § 269).

Die Konzeption des Individuationsprozesses und der Lebensmittekrise war für Jungs Psychologie so wesentlich, dass man im Grunde eine Psychopathologie bzw. Neurosenlehre anhand des Individuationsprozesses bzw. eines Steckenbleibens der Persönlichkeit darin formulieren kann. Dies war für die Analytische Psychologie lange so maßgeblich, dass es explizit die Empfehlung gab, Jung'sche Analyse nur bei Problemen der zweiten Lebenshälfte zu betreiben.

Eine exemplarische Darstellung des Individuationsprozesses am Beispiel der Odyssee findet sich in Kapitel 5.3.

## 2.6 Klassische Arbeiten zu zentralen Archetypen

Jung selbst hat sich in seinem Werk mit verschiedenen zentralen Archetypen ausführlicher beschäftigt: dem Mutter-Archetypus, dem Archetypus des (göttlichen) Kindes, der Tricksterfigur, den schon erwähnten Mandalas, und der Wiedergeburt. Diese zentralen Arbeiten sollen hier kurz umrissen werden.

In seiner Arbeit »Die psychologischen Aspekte des Mutterarchetypus« (GW 9/1) geht Jung allerdings auf den eigentlichen Archetyp der Mutter nur kurz ein, um dann im Folgenden Entstehung und Ausformung des Mutterkomplexes ausführlicher zu behandeln. Er verweist an dieser Stelle auf seine ausführliche Darstellung des Mutterarchetypus und seiner Auswirkungen auf die Gestaltung der psychotischen Phantasien einer jungen Frau in seinem Werk »Symbole der Wandlung«. Der Mutterarchetyp kann in der persönlichen Mutter bzw. Großmutter erlebt werden, sowie in der Stief- und Schwiegermutter, als auch allen weiblichen Erzieherfiguren. Im überpersönlichen Sinne wird der Archetyp der Mutter verkörpert in der Mutter Gottes, der Jungfrau Maria, der Sofia oder den typischen polytheistischen Muttergottheiten wie Kybele, Demeter etc. Allerdings kann sich der Mutterarchetyp auch in unpersönlichen Bildern äußern wie dem Paradies, der (Mutter) Kirche, der Universität (Alma Mater), der Stadt, dem Land (z. B. Mütterchen Russland) oder noch abstrakter der Erde, der Materie, dem Mond, der Höhle usw. Alle diese Äußerungsformen können in einem positiven, aber auch einem negativen Aspekt auftreten. Der positive Aspekt hat grundsätzlich den Charakter des Nährenden, Schützenden, Geborgenheit spendenden, des Fördernden (Sozialisation und Erziehung) sowie überhaupt der mütterlichen Liebe. Insbesondere die Schicksalsgöttinnen Parzen oder die indische Kali verkörpern den verschlingenden und destruktiven Aspekt. Darüber hinaus können abstrakte Bilder wie das Grab, die Tiefe, der Tod oder verschlingende Monster wie Skylla und Charybdis den negativen Mutterarchetyp verkörpern. Eine im europäischen Kulturkreis häufig auftretende Form des negativen Aspektes des Mutterarchetyps ist die Hexe oder die böse Stiefmutter im Märchen.

Sehr viel ausführlicher noch als Jung selbst hat aber sein Schüler Erich Neumann sich in einem umfangreichen Werk (mit zahlreichen bildlichen Darstellungen) mit der unendlichen Vielfalt von Äußerungsformen des Mutterarchetypus beschäftigt. Er beschreibt hier einen kollektiven Differenzierungsprozess, den der Archetyp des Mütterlichen bzw. Weiblichen in kulturellen Vorstellungen wie z. B. in Religionen durchlaufen kann, angefangen von dem erdhaft-materiellen, chthonischen, bis hin zur Verkörperung der höchsten weiblichen Weisheit, der Sofia. Diese Darstellung geht in ihrer Differenziertheit noch deutlich über Jung selbst hinaus, da sie im Grunde einen Differenzierungsmaßstab zur Einordnung verschiedener Verkörperungen des Mutterarchetyp liefert.

In seiner Arbeit »Über Wiedergeburt« (GW 9/1) tut Jung dann etwas Ähnliches für den Mythos von der Wiedergeburt, indem er verschiedene Stufen oder Stadien der Entwicklung dieses Archetypus aufzeigt, z. B. Identifikation mit einer Gruppe, Identifikation mit dem Kulturheros, magische Prozeduren usw. Er exemplifiziert dann diese verschiedenen Stufen an der Figur des Chadir, des Grünenden, aus der 18. Sure des Korans, die ein Wiedergeburtsmysterium beschreibt, und parallelisiert dies darüber hinaus mit zahlreichen kultur- und religionswissenschaftlichen Beispielen.

Jungs Arbeit über die Psychologie des Kindarchetypus war ursprünglich Bestandteil einer gemeinsamen Publikation mit Karl Kerenyi über »Das göttliche Kind« (Jung GW 9/1). Hier zeigt Jung detailliert die universelle Grundstruktur der Bedeutung des »göttlichen« Kindes auf, das als das unansehnliche und entwertete beginnt, an einem unansehnlichen und unwahrscheinlichen Orte geboren wird (z. B. Zeus in der Höhle, Jesus im Stall), das vor Verfolgung versteckt werden muss (z. B. durch Herodes) und dem am Anfang häufig nichts zugetraut wird, wobei gerade aus diesem Unansehnlichen der Erlöser des kommenden Zeitalters hervorgeht. Diese Grundstruktur belegt Jung dann im Folgenden mit zahlreichen Mythen und religiösen Motiven aus aller Welt. Dies ist meines Erachtens eine sehr gelungene, weil strukturelle Beschreibung des Inhalts und der Äußerungsform eines Archetypus. Darüber hinaus kann

Jung hier zeigen, wie das Motiv des Kindes z. B. auch in den Träumen moderner Klienten in der Psychotherapie auftaucht und hier ähnliche Bedeutungen erhält, die sich zusammenfassen lassen als »das Kind ist das, was Zukunft hat« – das Auftauchen des Kindmotives gerade in der Psychotherapie ist deshalb eine Vorwegnahme künftiger Entwicklungen und daher therapeutisch höchst bedeutsam. Typischerweise wird hier vom Träumer das Kind anfänglich abgelehnt, weil es unansehnlich und wertlos erscheint (typisches Beispiel hierfür ist die Christophorussage, in der der Hühne das Gewicht des kleinen Kindes anfänglich maßlos unterschätzt). Es symbolisiert aber häufig diejenigen Anteile und Potenziale des Klienten, aus denen die entscheidende Wandlung der Persönlichkeit geschieht. Typisch für das Motiv des Kindes sind weiterhin die wunderbare Geburt sowie die Verlassenheit und Ausgesetztheit des Kindes (siehe auch das Motiv des Kindes in der Traumserie im Fallbeispiel in Kapitel 5.2.3).

Schließlich hat sich Jung noch ausführlich mit der Figur des Tricksters oder Schelmen beschäftigt (»Zur Psychologie des Tricksterfigur«, Jung GW 9/1). Im europäischen Kulturkreis taucht dieser Archetyp häufig in der Form des Narren auf bzw. als Dümmling, dummer Hans oder Hanswurst in den Märchen. Jung zeigt aber in seiner Abhandlung auf, dass diese Figur geradezu religiöse Bedeutung hat und in vielen Kulturen in sakralen Handlungen eine wesentliche Rolle spielt; als Beispiel seien hier die heiligen Clowns bei den Zeremonien der Pueblo-Indianer im Südwesten der USA genannt. Diese Figuren haben häufig die Funktion, den Finger auf wunde Punkte und Tabus in einer Gesellschaft zu legen, diese offen anzusprechen und dadurch potenziell heilsame Wandlungen in Gang zu setzen. Auch der Trickster hat aber deutlich ambivalenten Charakter, so kann er durchaus bei seinen Streichen deutlich destruktive Züge erhalten, er beinhaltet aber auch das Potenzial, die Realität unvoreingenommen bzw. aus einer neuen Perspektive zu betrachten und dadurch notwendige Veränderungen anzustoßen. Ähnlich wie der Schatten wird der Trickster also zunächst als abstoßend erlebt und abgelehnt, beinhaltet aber unerkannte Werte und ein wichtiges Veränderungspotenzial.

## 2.7 Darstellungen weiterer Archetypen von Nachfolgern Jungs

Es war schon oben erwähnt worden, dass verschiedene Grundformen wie der Kreis (Mandala), das Kreuz, Spirale und Quadrat ebenfalls archetypische Bedeutungsträger darstellen. Mit diesen Grundformen und ihrer Symbolik hat sich Ingrid Riedel (1985a) ausführlich beschäftigt. Dieselbe Autorin (Riedel, 1985b) hat sich darüber hinaus mit der Symbolik der Farben und ihren archetypischen Bedeutungen in einer weiteren Monographie auseinandergesetzt. In vergleichbarer Weise tragen die Zahlen in sich archetypische Bedeutungen: So symbolisiert z. B. die vier Ganzheit oder kosmische Ordnung (die vier Jahreszeiten, die vier Himmelsrichtungen, die vier Evangelisten umgeben die Christusfigur usw.). Der Symbolik der Zahlen sind ebenfalls Einzeldarstellungen gewidmet, z. B. von Betz (1989).

Jungs Schülerin Marie-Louise von Franz (1986) hat sich in einer Monographie mit dem Archetyp des Ewigen Jünglings oder Puer aeternus beschäftigt. Dieser Archetyp findet sich im Leben von Menschen, die beispielsweise als ewige Studenten leben, erwachsener Verantwortung und Bindungen aus dem Weg gehen und Schwierigkeiten haben, ihren Platz im Leben zu finden. Ein Beispiel für diesen Archetyp in einem kulturellen Narrativ ist die Geschichte von Peter Pan.

Weitere Einzeldarstellungen finden sich zu den folgenden Archetypen: Symbolik von Pflanzen (Brosse 1992) und Bäumen (Brosse 1994), von Tieren (Zerling & Bauer 2003), der Archetyp des Gartens (Teichert 1986) und des Labyrinths (Kern 1999), der heiligen Hochzeit als Verbindung von Männlichem und Weiblichem (Wehr 1998) sowie der Archetyp des Drachenkampfes (Steffen 1989). Die amerikanische Jungianerin Jean S. Bolen hat zwei umfangreiche Abhandlungen den Göttinnen (1984) und Göttern (1989) als Personifikationen archetypischer Wirkkräfte gewidmet; sehr empfehlenswert ist auch die Interpretation der Götter und Heldenfiguren der griechischen Mythologie durch den New Yorker Jungianer Edward Edinger (1994), welche allerdings nicht in deutscher Übersetzung vorliegt. Eine neuere umfassende Darstellung und Interpretation archetypischer Symbole stammt von den Autoren des Archive of Research in Archetypal Symbolism (ARAS) (2011) am Jung Institute von Los Angeles. ARAS stellt auch eine hervorragende Website zur Verfügung, in der über 17 000 Abbildungen von Symbolen gespeichert sind und über eine Suchfunktion gezielt ausgewählt werden können; hinzu kommen zahlreiche Artikel und Abhandlungen über einzelne Symbole, Bilder und archetypische Darstellungen (www.aras.org). Eine ältere umfassende Darstellung von unmittelbaren Schülern Jungs findet sich im Sammelband »Der Mensch und seine Symbole« (Jung et al. 1968).

## 2.8 Zur Begriffsgeschichte

Jung war keineswegs der erste, der die Idee von Archetypen formulierte. Schon bei Goethe findet sich in seinen naturwissenschaftlichen Schriften eine ausdifferenzierte Theorie von Archetypen im Sinne von Ordnungsprinzipien in der Natur und in der Folge von Darwins Theorie zur Evolution der Arten hat der englische Biologe Richard Owen 1848 eine Theorie biologischer Archetypen formuliert (Übersicht bei Hogenson 2001). Der Psychologiehistoriker Sonu Shamdasani (2003) zeigte detailliert auf, dass zu Beginn des 20. Jahrhunderts die Idee von Archetypen sozusagen in der Luft lag (s. a. Lesmeister 2002). Jung kannte bspw. die Debatte in der Ethnologie um Bastians Konzept der »Völkergedanken« (1881). In der Völkerkunde war nämlich schon länger die hochgradige Übereinstimmung in den Erzählmotiven weit voneinander entfernt lebender Ethnien aufgefallen und hatte etwa ab 1880 eine noch Jahrzehnte anhaltende Debatte darüber in Gang gesetzt, wie man diese Übereinstimmungen in den Märchen und Mythen erklären könnte (Eisenstädter 1912). Hier nur einige Belege zur Illustration: In einer vergleichenden Untersuchung über 50 zufällig ausgewählter Kulturen zeigte sich in der Mythologie in 39 von ihnen das Inzestmotiv (Kluckhohn 1960); die Mehrzahl der auf der Welt bekannten Volksmärchen ließen sich zu einer Typologie mit einer zweistelligen Zahl an Typen ordnen, und zu jedem Typus finden sich Exemplare aus völlig unterschiedlichen Erdteilen (Aarne & Thompson 1964); zu den praktisch bei allen Völkern übereinstimmend vorkommenden mythologischen Motiven gehören: das uranfängliche Chaos, die Trennung von Himmel und Erde, eine verheerende Flut als Strafe für die Menschen, der Inzest der uranfänglichen göttlichen Geschwister, der Raub des Feuers von den Göttern u. a. m.

In der Ethnologie konkurrierten um 1900 herum vor allem zwei Erklärungsmodelle: Die Diffusions-oder Übertragungstheorie ging davon aus, dass die Ursache der Übereinstimmung in tatsächlichem physischem Kontakt zwischen den Völkern bzw. Wanderungsbewegungen liege (Eisenstädter 1912). Manche Autoren in dieser Fraktion gingen so weit anzunehmen, dass alle Völker dieser Erde von einem einzigen Ursprungsvolk, der so genannten »Urhorde« abstammten, welche man in einem Gebiet zwischen dem Kaukasus und Zentralasien vermutete. Vertreter dieser Theorie des physischen Kontaktes zwischen weit entfernten Völkern versuchten noch bis weit ins 20. Jahrhundert hinein Belege für ihre Sichtweise zu finden. Hierzu gehört z. B. der Anthropologe und Abenteurer Thor Heyerdahl, der aufgrund von akribischen archäologischen Recherchen urzeitliche Boote nachbaute und mit diesen von Ägypten nach Amerika (»Ra«) bzw. von Peru zu den Osterinseln (»Kon Tiki«) segelte, um zu beweisen, dass dieser physische Kontakt über so weite Entfernungen schon in prähistorischer Zeit möglich war.

Die Gegenthese war die Theorie der Elementargedanken (Bastian 1881), die aussagte, dass die mythologischen Übereinstimmungen Ausdruck der psychologischen Gleichartigkeit aller Menschen seien. »Von allen Seiten, aus allen Kontinenten tritt uns unter gleichartigen Bedingungen ein gleichartiger Menschengedanke entgegen, mit eiserner Notwendigkeit, wie die Pflanze je nach den Phasen des Wachstums Zellgänge oder Milchgefäße bildet, Blätter hervor treibt, Knoten ansetzt, Blüten entfaltet. Allerdings ist unter klimatischen oder lokalen Variationen anders die Tanne des Nordens, anders die Palme der Tropen, aber in beiden schafft ein gleiches Wachstumsgesetz« (ebd. S. 14). Genau diesen Gedanken, der um 1900 in der Wissenschaft außerordentlich populär war, nahm Jung mit seiner Theorie der Archetypen für die Psychologie auf.

## 2 Die klassische Definition und Theorie des Archetypenkonzepts bei Jung

1912 verwendete Jung in »Wandlungen und Symbole der Libido« (GW 5) erstmals den Begriff Urbilder, was dann auch den Anlass zum Bruch zwischen Jung und Freud darstellte. Jung untersucht in dieser Publikation die Parallelen zwischen den psychotischen Phantasiebildungen einer jungen Frau und mythologischen Themen, z. B. dem Heldenmythos. 1917 bezeichnete Jung das Konzept als unpersönliche Dominanten in der Psyche, die das Verhalten beeinflussen. 1919 erschien bei ihm erstmals der Begriff Archetyp: »In diesem tieferen stratum finden wir auch die apriorischen, angeborenen Formen der Intuition, nämlich die Archetypen der Wahrnehmung und Auffassung, welche die notwendigen a priori Determinanten aller psychischen Prozesse sind« (Jung 1919, in GW 9/1).

Hier zeigt sich Jung stark beeinflusst von der Philosophie Kants, der ebenfalls betonte, dass Zeit, Raum und Kausalität als apriorische Formen der Apperzeption jeglicher menschlichen Wahrnehmung voraus lägen. In gleicher Weise ist Jung beeinflusst von Platos Ideenkonzept. Hierzu schreibt Jungs Schülerin Jolande Jacobi (1986) in ihrer Überblicksdarstellung der Jung'schen Psychologie:

> »Man könnte die archetypischen Vorstellungen als Selbstabbildungen der Instinkte in der Psyche bezeichnen, als Bild gewordene psychische Abläufe, als Grundmuster menschlicher Verhaltensweisen. Der aristotelische Mensch würde sagen: die Archetypen sind Vorstellungen, entstanden aus der Erfahrung an den wirklichen Vätern und Müttern. Der platonische Mensch würde sagen: aus den Archetypen sind Väter und Mütter erst geworden, weil jene die Urbilder sind, die Vorbilder der Erscheinungen. Die Archetypen sind für das Individuum a priori bestehend, dem kollektiven Unbewussten entstammend und daher dem individuellen Werden und Vergehen entzogen.« (S. 51).

Jung ist in seiner Psychologie, insbesondere im Archetypenkonzept, also ausgesprochener Platoniker, in dem er die Archetypen analog zu den platonischen Ideen als vorgängig vor jeder Erfahrung betrachtet. Die Ideen respektive Archetypen bringen sozusagen erst die Erfahrung von Wirklichkeit hervor, indem sie Wirklichkeitserfahrung organisieren.

Prägend für Jungs Weg zum Archetypenkonzept waren seine Erfahrungen mit psychiatrischen Patienten und deren Phantasiebildungen an der Psychiatrischen Universitätsklinik Burghölzli in Zürich sowie seine Studien mit dem Assoziationsexperiment an Patienten und Gesunden. Jung entdeckte, dass die Bildersprache dieser psychotischen Phantasien sich an Mustern orientierte, die in z. T. hochgradiger Übereinstimmung mit Mythen und religiöser Bildersprache standen, und dass dieses Material nicht dem Bereich der Erinnerung oder Erfahrung der Patienten entstammte – zumindest nahm Jung das an (Jung 1968, GW 3). Den wichtigsten Fall stellt hier der so genannte Sonnenphallus-Mann dar: ein Patient im Burghölzli berichtete, er sehe aus der Sonne eine Röhre bzw. einen Phallus herauskommen und dieser mache, dass der Wind wehe. Diese Phantasie stimmte in frappierender Weise mit einem mythologischen Bild aus einem antiken Kodex überein. Auch hier nahm Jung also an, dass hinter beiden Äußerungsformen ein Urbild stehen müsse, und da der Patient keinerlei Kenntnis des antiken Mythos habe, das Bild also nicht durch Erfahrung erworben haben könne, müsse es eingeboren sein (vgl. Bair 2003, Shamdasani 2003).

In seinen Assoziationsstudien (GW 2) untersuchte Jung unter experimentellen Bedingungen die Reaktionen von Probanden auf bestimmte emotional bedeutsame Begriffe und konnte zeigen, dass es in der menschlichen Psyche unbewusste, affektiv aufgeladene und teilautonome Wirkfaktoren gibt, die Komplexe. Dabei fiel ihm auf, dass es eine Reihe von Komplexen gab, die bei vielen Probanden bestanden und die in ihrem Erleben, ihrem emotionalen Gehalt und in den Bildern und Erinnerungen, die mit ihnen assoziiert waren, sich sehr ähnelten (z. B. negativer Mutterkomplex). Den übereinstimmenden, inhaltlichen Kern dieser Komplexe bezeichnete Jung als Urbild oder Archetyp.

1947 nahm Jung eine Unterscheidung vor zwischen dem Archetyp an sich, der unanschaulich sei, und dem archetypischen Bild, seinem konkretem Ausdruck, das subjektiv erfahrbar sei. Der Archetyp sei eine Form ohne Inhalt, vergleichbar mit der Kristallstruktur, die in einer Lösung zur Ausformung eines Kristalls führt. Der konkrete Kristall ist jeweils unterschiedlich, aber die allgemeine Struktur der Anordnung der Moleküle ist bei allen Kristallen immer gleich. Analog ging Jung davon aus, dass die konkreten Inhalte der archetypischen Äußerungen von kulturellen Einflüssen bedingt seien.

## 2.9 Verwandte Konzepte in der allgemeinen Psychoanalyse

Wie schon erwähnt führte Jungs Ausformulierung seines Archetypenkonzepts zum Bruch mit Freud. Insofern wäre eigentlich zu erwarten, dass hier ein grundsätzlicher Unterschied zwischen der Freud'schen und der Jung'schen Tradition liegt. Ein den Archetypen ähnliches Konzept ist der Psychoanalyse aber nicht fremd. Schon Freud beschrieb eine begrenzte Anzahl an sog. Urphantasien, von denen die sog. Urszene die bedeutendste sei. Freud nahm an, dass das Kind schon vor aller Erfahrung bestimmte innere Bilder oder Phantasien mitbringt, z. B. über die sexuelle Vereinigung der eigenen Eltern. Die britische Psychoanalytikerin Melanie Klein formulierte diese Annahme noch weiter aus und vermutete ein ganzes System von archaischen Bildern beim Säugling, z. b. das Bild einer Mutter, die den Säugling verschlinge (Klein 1957). Diese Bilder seien insbesondere bei der Entstehung von Psychopathologien bedeutsam. Die Freud'sche Tradition geht aber nicht wie die Jungianer davon aus, dass sich diese archaischen Bilder heilsam im therapeutischen Prozess auswirken, eher im Gegenteil, sie können beim Kind zu Entwicklungsstörungen führen, wenn sie stimuliert werden. Allerdings gab es aufgrund dieser doch immerhin verwandten Konzepte zwischen der britischen Schule der so genannten Objektbeziehungstheorie, zu der auch die besagte Melanie Klein gehörte, und den britischen Jungianern sehr früh eine durchaus intensive Zusammenarbeit (z. B. zwischen dem britischen Objektbeziehungstheoretiker Donald Winnicott und dem britischen Jungianer Michael Fordham), die die Entwicklung der britischen Richtung der Analytischen Psychologie, der so genannten Entwicklungspsychologischen Schule, entscheidend prägte (vgl. Samuels 1989).

In aktuellen Konzepten der psychodynamischen Therapie kann man aber eine grundsätzliche Annäherung der Traditionen beobachten. So gehen moderne psychodynamische Theorien davon aus, dass alle Kinder ein Set an Grundbedürfnissen mitbringen (z. B. das Bindungsbedürfnis) und gesunde Entwicklung davon abhängt, ob und wie diese Bedürfnisse beantwortet bzw. angeregt werden. Gerade das Bindungskonzept stellt hier eine wichtige Brücke zwischen den Traditionen dar, ja scheint sogar zu einer neuen Grundlagentheorie für alle psychodynamischen Verfahren zu werden (vgl. z. B. Rudolf 2000). Der Jungianer Anthony Stevens (2003) wiederum sieht im Bindungskonzept einen empirischen Beleg für Jungs Archetypen.

## 2.10 Parallelen zum Kollektiven Unbewussten in anderen Therapieschulen

Freud stellte in seiner Strukturtheorie fest, dass die individuelle Psyche »Erinnerungsspuren an das Erleben früherer Generationen umfasst« (Freud 1939, S. 546). Mittlerweile gibt es in der Freud'schen Tradition verschiedene Konzepte, die dem Konzept eines Kollektiven Unbewussten sehr nahe kommen, zumindest in seiner Bedeutung als ein gemeinsames Unbewusstes, dass verschiedene Personen miteinander teilen, z. B. in einer Familie. Zu nennen wäre hier z. B. das Konzept eines interpersonellen Unbewussten, wie es bei den amerikanischen Psychoanalytikern und Paartherapeuten Scharff und Scharff (2014) formuliert ist:

> »In der Gesamtschau gelangen wir zu der Erkenntnis, dass wir in einem unbewussten Feld leben. Jeder von uns trägt seinen Teil dazu bei, jeder von uns erhält dadurch Struktur und Bereicherung. Unser eigenes unbewusstes und affektives Leben setzt sich aus vielen verschiedenen Komponenten zusammen, es ist eine Mischung aus dem, womit wir geboren und den Gegebenheiten, in die wir hineingeboren werden, sowie den Interaktionen mit anderen, die wir im Laufe unseres Lebenszyklus erfahren – mit Eltern, Geschwistern, der erweiterten Familie, Lehrern, Freunden, Kollegen und schließlich der weiteren sozialen und kulturellen Umwelt. Das Unbewusste ist nichts Individuelles, wie Freud annahm: es ist in einem grundlegenden Sinne interpersonell, während wir zugleich das Empfinden haben, dass es ganz wesentlich zu uns gehört. Wir sind soziale Wesen, nicht nur, was unser Verhalten und unsere Interaktion betrifft, sondern bis hinein in die tiefsten Schichten unseres Geistes und unserer Psyche … Das dynamische Unbewusste ist in jeder Hinsicht interpersonell. Es bildet sich im Rahmen einer interpersonellen Matrix, es ist als ein dynamisches System innerer Beziehungen konstruiert und drückt sich in persönlichen Entscheidungen, Verhaltensweisen und Beziehungen aus. Wir können das Unbewusste heute

nicht mehr – entsprechend dem topographischen Modell der menschlichen Psyche bzw. der Strukturtheorie, wie sie ursprünglich von Freud konzipiert wurde – als ausschließlich dem Individuum zugehörig auffassen. Obgleich mein Unbewusstes einzigartig und nur mir zugehörig ist, teilen wir es auch mit unseren engsten Lebenspartnern, den Arbeitsgruppen und anderen sozialen Einheiten, mit denen wir in wechselseitigen Beziehungen stehen. Das Unbewusste entwickelt sich in dynamischer Interaktion mit dem unbewussten Feld, in dem es sich befindet. Das Feld besteht aus den gemeinsamen unbewussten Vorannahmen in Familie und Gesellschaft bzw. den verdrängten oder ignorierten Aspekten des sozialen Lebens, der Kultur und Geschichte, der Werte und der familiären Beziehungen, in die wir hineingeboren werden. Kinder werden hineingeboren in all das, was frühere Generationen erlitten und verdrängt haben.« (Scharff & Scharff 2014, S. 18 ff.).

Das klingt doch überraschenderweise fast schon so, als hätte Jung es formuliert.

Verwandte Begriffe in der Psychoanalyse wären also das Interpersonelle Unbewusste, das Feld, der Link sowie die Konzeptionen eines gemeinsamen Unbewussten in der psychoanalytischen Paar- und Familientherapie (Dicks, Willi, Baranger). Insbesondere in der Paartherapie hat man schon länger die Konzeption eines in der Paarbeziehung entstehenden gemeinsamen Unbewussten mit geteilten Phantasien sowie einer unbewussten Dynamik entwickelt, wofür im deutschen Sprachraum der Begriff »Kollusion« steht (siehe dazu ausführlich Scharff & Scharff 2014). Darüber hinaus wäre hier das Konzept des sozialen Unbewussten zu nennen, womit die mentale Repräsentation der kolossalen Kräfte von Geschichte und Kultur und ihres Einflusses auf das Individuum gemeint sind. Dies hat eine große Nähe zu dem Konzept des kulturellen Komplexes in der Konzeption von Singer (▶ Kap. 6).

Schon Freud hat sich darüber hinaus, obwohl er den parapsychologischen Interessen Jungs immer äußerst skeptisch gegenüber stand, mit Phänomenen einer unbewussten Übertragung unter dem Stichwort Telepathie befasst, wie folgendes Zitat zeigt:

»Man weiß bekanntlich nicht, wie der Gesamtwille in den großen Insektenstaaten zustande kommt. Möglicherweise geschieht es auf dem Wege solch direkter psychischer Übertragung. Man wird auf die Vermutung geführt, dass dies der ursprüngliche, archaische Weg der Verständigung unter den Einzelwesen ist, der im Lauf der phylogenetischen Entwicklung durch die bessere Methode der Mitteilung mithilfe von Zeichen zurückgedrängt wird, die man mit

## 2.10 Parallelen zum Kollektiven Unbewussten in anderen Therapieschulen

den Sinnesorganen aufnimmt. Aber die ältere Methode könnte im Hintergrund erhalten bleiben und sich unter gewissen Bedingungen noch durchsetzen, z. B. in leidenschaftlich erregten Massen.« (Freud 1933, S. 59 f.).

Später prägte der Psychoanalytiker René Spitz (1965), der sich in den 1950er und 1960er Jahren mit der Psychologie der frühen Mutter-Kind-Beziehung befasste, den Begriff der koenästhetischen Wahrnehmung. Damit ist gemeint, dass insbesondere der Säugling, der ja nur über wenige Möglichkeiten der Kommunikation mit seiner Bezugsperson verfügt, mit seiner Mutter über verschiedene nonverbale Sinneskanäle in Kontakt steht, wie z. B. Hautkontakt, Geruch, Wahrnehmung der Muskelspannung, und auf diese Weise relativ komplexe Informationen über den jeweiligen Zustand der Mutter wahrnehmen kann. In einem etwas eingeschränkteren Maß geschieht dies auch auf Seiten der Mutter bezüglich ihres Säuglings. Spitz nimmt an, dass diese Sinneswahrnehmung sich schon beim kleinen Kind mit der Zeit zurückbildet und durch andere, insbesondere verbale Kommunikationskanäle ersetzt bzw. überlagert wird, und dass die grundsätzliche menschliche Fähigkeit zu einem solchen Austausch nie völlig verschwindet. Andere Psychoanalytiker prägen in der Folge von Spitz für diese Austauschprozesse den Begriff des »Feldes« (Baranger 1966, Ferro 2003, zit. in Gödde & Buchholz, 2011). Kürzlich haben sich die Psychoanalytiker Günter Gödde und Michael Buchholz (2011) in einer Monographie ausführlich mit diesen Phänomenen und den dazugehörigen Konzepten beschäftigt.

Aber nicht nur in der Psychoanalyse haben derartige Phänomene Interesse geweckt und Konzeptualisierungsversuche ausgelöst. In der systemischen Familientherapie wurde von Helm Stierlin das Prinzip der Delegation beschrieben, bei der Eltern unbewusst Aufträge an ihre Kinder erteilen, die zum Teil in umfassender Weise deren Lebensführung und Wertesystem prägen, wobei die Kinder unerledigte Aufgaben oder Sehnsüchte ihrer Eltern stellvertretend für diese leben und umsetzen müssen – und dies tatsächlich auch tun. Sie verfolgen hierbei systematisch und mit hohem Energieaufwand komplexe Karrieren, ohne bei Befragung angeben zu können, warum sie das eigentlich tun. Diese Konzepte werden in der aktuellen Familientherapie unter dem Begriff der Mehrgenerationenperspektive zusammengefasst, wobei festgehalten werden muss, dass diese Überlegungen ursprünglich auf Psychoanalytiker wie Horst Eberhard Richter zurückgehen. Es wird hier davon ausgegangen, dass eine generationenübergreifende Weitergabe von Familienmustern und auch Störungen, wie z. B. Alkoholismus, existiert und bei der individuellen Pathologie mit betrachtet werden muss. Dabei ist die interessante Frage, wie sich solche komplexe Verhaltensmuster von Generation zu Generation vermitteln, insbesondere dann, wenn Kinder mit den entsprechend gestörten Elternteilen zum Teil gar keinen Kontakt hatten.

Derartige Phänomene und Prozesse der Weitergabe haben eine besondere Aufmerksamkeit und auch wissenschaftliche Erforschung im Bereich der transgenerationellen Weitergabe von Psychotraumata erfahren, insbesondere in der Beforschung der Familien von Holocaustopfern. Einen aktuellen und fundierten Überblick über das Forschungsfeld gibt Rauwald (2013). So wird insbesondere in Israel in den Familien der überlebenden Opfer der Shoah beobachtet, dass die zweite und mittlerweile auch die dritte Generation, das heißt die Kinder und Enkel der Opfer, massive Symptomatiken aufweisen, die dem Erscheinungsbild von Traumafolgestörungen hochgradig ähneln, wobei die Betroffenen nachweislich keine eigene Traumatisierung erfahren haben. Das Phänomen ist umso stärker ausgeprägt, je stärker die erste Generation traumatisiert wurde und insbesondere je weniger sie darüber mit den Nachkommen gesprochen hat. Auch wenn das Phänomen mittlerweile auch in anderen Ländern und bei anderen Betroffenengruppen systematisch beobachtet und beschrieben wurde, so fehlen bislang schlüssige Erklärungskonzepte, insbesondere zur Frage, wie sich die Information über die Erfahrung von einer Generation zur anderen vermittelt. Aus der Bindungsforschung zumindest gibt es erste Erkenntnisse, dass traumatisierte Mütter über die Mimik und andere Kanäle spezifische Affekte an ihr Kind vermitteln und damit einen ihrem eigenen ähnlichen emotionalen Zustand im Kind erzeugen (Brisch 2013).

In der auf Bert Hellinger zurückgehenden familientherapeutischen Methode der Familienaufstellung bzw. Systemaufstellung wird schon seit längerem behauptet, dass sich in einer Aufstellung einer Familienstruktur, die durch einen Patienten mithilfe von Rollenträgern vorgenommen wird, unbewusstes Wissen des Patienten auf die Rollenträger überträgt und diese z. B. Körpersymptome spüren können, die eigentlich auf die Familienmitglieder des Patienten zurückgehen (das »wissende Feld« beim

## 2.10 Parallelen zum Kollektiven Unbewussten in anderen Therapieschulen

Familienstellen). Kürzlich wurde diese Methode in einer seriösen Studie im Rahmen des Sonderforschungsbereiches 619 »Ritualdynamik« der Universität Heidelberg in einer randomisiert kontrollierten Studie untersucht (Weinhold et al. 2013). Eine Stichprobe von 208 erwachsenen Teilnehmern aus der allgemeinen Bevölkerung wurde per Zufall einer Experimentalgruppe mit einem 3-Tages-Aufstellungsseminar oder aber einer Wartelistenkontrollgruppe zugeordnet. In der Experimentalgruppe führten 64 Teilnehmer ein Anliegen in einer Familienaufstellung aus, während 40 Teilnehmer das Ganze nur beobachteten. Die Wirksamkeit der Intervention wurde zunächst zwei Wochen und dann wiederum vier Monate nach dem Aufstellungsseminar mit etablierten Messinstrumenten aus der Psychotherapieforschung eingeschätzt. Die Ergebnisse belegen eindeutig die Wirksamkeit von Systemaufstellungen hinsichtlich zentraler Variablen psychischer Gesundheit. Dies gilt auch für die Teilnehmer an der Experimentalgruppe, die selbst keine eigene Aufstellung vornahmen, sondern die Arbeit nur beobachteten. Diese Ergebnisse könnte man in der Weise interpretieren, dass die behaupteten unbewussten Übertragungseffekte in der Aufstellungsarbeit tatsächlich stattfinden und sich auch wissenschaftlich erfassen lassen. Allerdings hat diese Untersuchung natürlich nicht die Behauptung einer unbewussten Übertragung von Symptomen von Familienmitgliedern auf Rollenträger gezielt untersucht.

# 3 Kritik am klassischen Archetypenkonzept und Erweiterungen

Schon gleich zu Beginn der Formulierung des Archetypenkonzepts wurde Jung hierfür heftig kritisiert, zunächst vor allem von Freud und seinen direkten Anhängern, was ja bekanntlich auch zur jahrzehntelangen Entfremdung zwischen den beiden analytischen Schulen führte. Auch aus anderen Bereichen der Psychologie und der Geisteswissenschaften wurde Jung besonders wegen seines Archetypenkonzepts angegriffen. Der generelle Vorwurf hier lautet bis heute im Kern folgendermaßen: Das Konzept sei mystifizierend und verdunkle eher, als das es etwas erhelle; die Verortung der Urspünge der Archetypen in einer transzendentalen Sphäre sprenge die Grenzen normaler Wissenschaft, das Konzept sei damit nicht mehr empirisch überprüfbar; schließlich wird Jung, auch wegen problematischer Äußerungen in der Zeit des Nationalsozialismus, mit dem Archetypenkonzept eine Nähe zu letztlich faschistischem Gedankengut unterstellt.

Auch aus meiner Sicht erscheint das Archetypenkonzept kontrovers, wobei manche der Kritikpunkte berechtigt sind, andere widerlegt werden können. Im Folgenden sollen die kritischen Punkte schrittweise beleuchtet und diskutiert werden. Mir scheint es dabei so, als sei Jung, entgegen seiner ansonsten eher offenen und wenig dogmatischen Haltung zu wissenschaftlichen Fragen, bei seinem Archetypenkonzept besonders emotional involviert gewesen. So hat er dieses Konzept auch gegen durchaus gut gemeinte und berechtigte Kritik vehement, zum Teil geradezu trotzig verteidigt. Ein gutes Beispiel hierfür ist die Kritik des Biologen Adolf Portmann, mit dem Jung an den wiederholt stattgefundenen Eranos-Tagungen in engem Austausch stand. Portmann wies daraufhin, dass Jungs Formulierung, die Archetypen seien der Niederschlag der Erfahrungen der gesamten Menschheit durch ihre Geschichte hindurch, evolutionsbiologisch betrachtet der irrtümlichen Position des so genannten Lamarckismus entspreche und nicht haltbar sei, weil Erfahrungen nicht vererbt werden. Anstatt aber Portmanns Einwand ernst zu nehmen und zu berücksichtigen, verunglimpfte Jung Portmann hinter dessen Rücken und warf ihm gar vor, er habe das Archetypenkonzept intellektuell nicht durchdrungen. Portmann lag aber schon nach damaligem Erkenntnisstand und erst recht aus heutiger Sicht völlig richtig. Irgendwann hat Jung das wohl auch erkannt und 1947 sein Archetypenkonzept unter Berücksichtigung von Portmanns Einwand korrigiert, ohne diesen aber zu erwähnen (siehe dazu ausführlich Shamdasani 2003).

## 3.1 Probleme und Widersprüche im Jung'schen Archetypenkonzept

Schon in dem Fall des Sonnenphallus-Mannes wie auch in anderen von Jung früh beschriebenen Fällen ergibt sich das grundsätzliche Problem, nachzuweisen, dass keine Kryptomnesie vorliegt, dass also die betreffende Person nicht irgendwie in der Vergangenheit mit dem mythologischen Inhalt in Kontakt gekommen ist und ihn nun unbewusst erinnert. Wenn der Archetyp als angeboren definiert wird, darf er nicht durch Enkulturation erworben sein. Dies nachzuweisen ist im konkreten Fall aber sehr schwierig, daher steht diese Annahme Jungs häufig auf wackeligen Füßen (vgl. Bair 2003).

Ein weiteres interessantes Argument gegen den Sonnenphallus-Fall und ähnliche Fälle als Beleg für die Existenz von Archetypen hat Raya Jones (2007) formuliert: Wenn der Phantasie vom Sonnenphallus tatsächlich ein Archetyp zugrunde läge, müsste diese Phantasie viel häufiger auftreten als nur bei einem einzigen Patienten sowie in einem einzigen alten Kodex.

Schon bei Jung selbst lassen sich im Archetypenkonzept Inkonsistenzen und Widersprüche nachweisen, worauf schon vielfach hingewiesen wurde (vgl. z. B. Hogenson 2004, Saunders & Skar 2001, Samuels 1989). Unterzieht man Jungs Schriften zum Archetypenbegriff einer theoriekritischen Analyse, dann finden sich mindestens vier verschiedene Definitionstypen. Das Archetypenkonzept Jungs ist ein Versuch, Auffassungen der traditionellen Wissenschaft mit Überlegungen zusammenzubringen, die über die engere Definition von Wissenschaft hinausweisen. Dies ist ein Grundthema, das Jungs wissenschaftliches Arbeiten durchzieht, wie sich auch an seinem jahrzehntelangen Diskurs mit dem Physiknobelpreisträger Wolfgang Pauli über die Theorie der Synchronizität zeigen lässt (vgl. Atmanspacher et al. 1995). Beim Archetypenkonzept entsteht dadurch aber eine gewisse Vielgestaltigkeit, ja Widersprüchlichkeit, die Jung zeit seines Lebens nicht in eine wirklich kohärente Definition zusammenführen konnte (für eine ausführliche Diskussion der diesbezüglichen Problematik siehe Roesler 2009, 2012). Deutlich ist aber sein Bemühen, Konzepte aus den Naturwissenschaften einzubinden, ohne dabei eine transzendentale Perspektive aufzugeben. Die verschiedenen Aspekte seiner Definitionsbemühungen sollen im Folgenden aufgezeigt werden sowie auch deren Nachwirkungen in der Analytischen Psychologie bis heute, denn aus diesen unterschiedlichen Aspekten haben sich teilweise eigene Schulrichtungen innerhalb der Analytischen Psychologie entwickelt.

### 3.1.1 Biologistische Definition

Jung argumentiert immer wieder – und hält dies auch bis ans Ende seines Lebens aufrecht – Archetypen seien genetisch angelegt, wie Instinkte bei Tieren:
»... es handelt sich bei diesem Begriff nicht um eine vererbte Vorstellung sondern um ererbte Bahnungen, d. h. um einen vererbten Modus des psychischen Funktionierens, korrespondierend der angeborenen Weise, in der das Küken aus dem Ei schlüpft, die Vögel ihr Nest bauen, eine gewisse Wespenart das motorische Ganglion der Raupe mit dem Stachel trifft und die Aale ihren Weg nach der Bermuda finden, usw. ... Mit anderen Worten, es ist ein pattern of behaviour. Dieser Aspekt des Archetyps, der rein biologische, ist der eigentliche Gegenstand der wissenschaftlichen Psychologie« (Jung GW 18, § 1228). Schon von Jung und auch von späteren Vertretern dieser Richtung der Analytischen Psychologie wird immer wieder die Parallele zur Ethologie und dem

Konzept des Angeborenen Auslösemechanismus gezogen (vgl. Tinbergen 1978). Jung war bei der Entwicklung seines Archetypenkonzepts ganz offensichtlich stark von der damals neu entstandenen biologischen Verhaltenswissenschaft beeinflusst und machte bei dieser explizite Anleihen, z. B. beim Konzept des *pattern of behaviour*.

Der gegenwärtige Hauptvertreter dieser Position unter den Jungianern, der diese auch unter Einbeziehung neuerer Erkenntnisse, z. B. aus der Bindungsforschung, weitergeführt hat, ist Anthony Stevens (Stevens & Price 1996): »Archetypen werden verstanden als neuropsychische Einheiten, die durch natürliche Selektion entstanden sind und die verantwortlich sind für die Determination von Verhaltenscharakteristika wie auch für die typisch menschlichen affektiven und kognitiven Erfahrungen« (S. 6). Diese Denkrichtung wird auch als Evolutionäre Psychologie bzw. Psychiatrie bezeichnet.

## 3.1.2 Empirisch-statistische Definition

In den Assoziationsstudien gelangte Jung zu der empirischen Feststellung, a) dass es unbewusste thematische Komplexe gibt, die um einen thematischen Kern kreisen, b) dass bei Untersuchung einer großen Zahl von Individuen deren Komplexe in eine begrenzte Zahl von Kategorien fallen, d. h. es gibt über eine große Zahl von untersuchten Individuen nur eine begrenzte Zahl von immer wieder sich gleichartig wiederholenden Themenkernen. Die Hypothese Jungs ist hier: Im Kern dieser Kategorien befindet sich ein Archetyp, der das Erleben der Individuen steuert und dessen interindividuelle Gleichartigkeit hervorbringt. Diese Argumentationslinie wurde jüngst von Saunders und Skarr (2001) aufgenommen, die eine mathematische Definition des Archetyps entwickeln: Archetypen sind die Komplexe, die statistisch betrachtet in dieselbe Kategorie fallen.

## 3.1.3 Transzendentale Definition

Entgegen seiner häufigen biologisch orientierten Argumentation äußert Jung auch immer wieder, dass die Archetypen einer transzendentalen Ebene entstammten, sie seien ubiquitär und lägen aller menschlichen

Erfahrung voraus, seien nicht repräsentierbar oder der bewussten Erfahrung zugänglich und hätten keinen Ort, an dem sie existierten. 1947 schrieb Jung über den Archetypus: »Die wahre Natur des Archetyps ist nicht bewußtseinsfähig, das heißt sie ist transzendent, weswegen ich sie als psychoid bezeichne«. Er selbst zieht hier die Parallele zu Platos Ideenkonzept: »… die ewigen Ideen sind urtümliche Bilder, die an einem überirdischen Ort als ewige transzendente Formen aufbewahrt sind« (Jung GW 9/I, § 68). Jung spricht darüber hinaus dem Archetyp geradezu übernatürliche Qualitäten zu: »… bestimmt der Archetypus die Art und den Ablauf der Gestaltung mit einem anscheinenden Vorwissen oder im apriorischen Besitze des Zieles« (Jung GW 8, § 411). Gerade seine Überlegungen zum psychoiden Unbewussten stellten eine These zur Frage des Geist-Materie-Zusammenhangs dar. Mit diesem Aspekt von Jungs Theorie hatte die herkömmliche Wissenschaft im Sinne der »normal science« schon immer erhebliche Schwierigkeiten. Man muss hier Jungs besonderes Verdienst hervorheben, einen theoretischen Zusammenhang zwischen Geist und Materie versucht zu haben. Nicht nur sein reger Austausch mit dem Kernphysiker Pauli, sondern auch verschiedene aktuelle Theorien und Experimente in der Quantenphysik machen deutlich, dass diese Thesen Jungs bei weitem keine unwissenschaftliche Spinnerei darstellen (Roesler 2013, 2015). Gegen Ende seines Lebens hatte Jung aus dem jahrzehntelangen Diskurs mit dem Quantenphysiker Pauli heraus Überlegungen zu einem psychoiden Unbewussten angestellt, auch als »unus-mundus-Theorie« bekannt. Ausgehend von Erkenntnissen über die physikalischen Gesetzmäßigkeiten der Quantenwelt postulierte Jung, dass das (Kollektive) Unbewusste analog einen Potenzialitätsraum darstelle, der durch die Archetypen als unanschauliche und nicht direkt erfahrbare Anordner strukturiert ist. Erst wenn diese die Schwelle zur erfahrbaren Wirklichkeit überschreiten, entscheidet sich, ob sie sich auf körperlich-materieller oder aber psychisch-geistiger Ebene manifestieren (für eine ausführliche Diskussion und Weiterentwicklung dieses Modells vgl. Atmanspacher et al. 1995, 2002). Die Auffassung, dass die Archetypen einer transzendentalen Ebene entstammen, zu der alle Menschen Zugang haben, wurde in der Analytischen Psychologie vor allem von James Hillman in der sog. Archetypischen Psychologie fortgeführt (Hillman 1983). Es wird hier im Grunde nicht mehr gefragt, woher die

## 3.1 Probleme und Widersprüche im Jung'schen Archetypenkonzept

Archetypen kommen, sondern nur ihre Wirkungsweise als psychische Gestaltungskräfte untersucht: »Archetypische Psychologie beginnt weder in der Physiologie des Gehirns, der Struktur der Sprache, der Organisation der Gesellschaft, noch der Analyse von Verhalten, sondern in Prozessen der Imagination« (Hillman 1983, S. 19).

### 3.1.4 Kulturpsychologisches Verständnis

Nach seiner Reformulierung der Archetypentheorie von 1947 und der Unterscheidung zwischen dem Archetyp an sich und seiner konkreten Manifestation sagt Jung klar, dass die konkrete Ausprägung der Archetypen, ihr Inhalt, kulturell bedingt sei (Jung GW 9/I, § 67). Vor allem aber findet sich eine kulturpsychologische Herangehensweise an den Archetypus in der Art und Weise, wie sich Jung mit Mythologie, Märchen und Religionsgeschichte beschäftigte. Hier geht Jung nämlich eindeutig hermeneutisch vor und behandelt die archetypischen Bilder als Kulturäußerungen, denen man sich nur über Interpretation nähern kann. Herausragend sind hier insbesondere seine Arbeiten über die Alchemie sowie über religiöse Symbole und Riten, wie z. B. über die Wandlung in der katholischen Messe oder über Mandalas.

Problematisch ist, dass Jung trotz dieser praktisch hermeneutischen Orientierung zugleich darauf insistierte, dass die Archetypen genetisch weitergegeben werden. Dabei befindet sich Jung hier in einer Tradition der deutschen Philosophie von Spinoza und Leibniz über Kant bis zur modernen Ausformung bei Ernst Cassirer in seiner »Philosophie der symbolischen Formen«. Diese Argumentationslinie betont die von innen kommende geistige Aktivität des Menschen als animal symbolicum, d. h. eines zur Symbolisierung fähigen Wesens, welche über die von außen kommenden Kräfte überwiegt. In dieser Tradition steht auch Jungs Denken, der sich explizit auf Kant bezieht. Jung selbst sprach immer wieder davon, dass die Archetypen Formen oder Kategorien der Wahrnehmung und Imagination darstellen. Pietikainen (1998) hat eine theoretische Begründung für die Archetypen auf dieser Basis formuliert. Der menschliche Geist besitzt in sich universelle Formen, die die Eindrücke und Wahrnehmungen aus der Welt in Symbole verwandeln und über die

Verknüpfung von Symbolen in die verschiedenen Kulturformen wie Sprache, Mythos, Kunst usw. Diese universellen Formen sind sozusagen in der Struktur des menschlichen Geistes verankert. Unsere Wahrnehmungen von Welt und unser »Weltverstehen« sind nicht schon durch die Geformtheit der äußeren Daten gegeben, sondern entstehen vielmehr, indem sie im menschlichen Geist einem Prozess der linguistischen, mythischen oder logisch-theoretischen Apperzeption unterzogen werden. Erst was in diesem Prozess gemacht wird, existiert für uns psychologisch. In diesem Prozess drücken sich die universellen Formen aus, was man mit Jungs Idee der Archetypen gleich setzen könne.

In der unterscheidenden Gegenüberstellung dieser vier Sichtweisen des Archetypus bei Jung wird deutlich, dass sich diese Konzeptualisierungen teilweise widersprechen, jedenfalls bei Jung selbst nie zu einer konsistenten Theorie zusammengeführt wurden. Die unterschiedlichen Definitionen erscheinen bei Jung miteinander vermischt: auch wenn Jung z. B. das transzendentale Verständnis von Archetypen vertritt, besteht er gleichzeitig darauf, dass die Archetypen biologisch/genetisch angelegt sind. Auch die spätere Konzeption des Archetyps-an-sich als nur Form und frei von Inhalt, wird bei Jung kaum durchgehalten, vielmehr sind zahlreiche Beispiele von Archetypen bei Jung ganz klar inhaltlich bestimmt (z. B. der Archetyp des Heldenmythos).

Ein weiteres zentrales Problem des Archetypenkonzepts bei Jung ist, dass sehr unterschiedliche Entitäten als archetypisch bezeichnet werden:

- Primitive Wahrnehmungsmodi (z. B. gehalten werden)
- Lebewesen und Objekte (z. B. Archetyp der Schlange)
- Soziale Muster und Regeln (z. B. Heirat)
- Narrative Muster (z. B. der Mythos des Helden)
- Bilder und Formen (z. B. das Kreuz)
- Rituale (z. B. Initiation)
- Religiöse Ideen (z. B. das Opfer)

um nur einige zu nennen.

M. E. hat auch in der heutigen Analytischen Psychologie noch keine theoretische Klärung und Systematisierung stattgefunden bezüglich der

Frage, was man denn nun genau mit dem Begriff Archetyp meint. Ebenso verschwimmt in der Debatte immer wieder, wofür der Begriff denn nun eigentlich dienen soll, welchen Erkenntnisgewinn er liefert und – da es sich bei der Analytischen Psychologie ja auch um einen psychotherapeutischen Interventionsansatz handelt – was der klinische Nutzen des Konzepts ist. Aus meiner Sicht erfüllt das Archetypenkonzept in der Analytischen Psychologie vor allem zwei Funktionen: zum einen die einer Kulturtheorie, d. h. eines Erklärungsansatzes für die auffallenden interkulturellen Übereinstimmungen in religiösen und mythologischen Vorstellungen, in Bildmotiven, Ritualen u. a. m.; zum anderen geht man in der theoretischen Begründung des psychotherapeutischen Vorgehens davon aus, dass die universell vorhandenen Archetypen in Krisensituationen bzw. bei psychischen Störungen wirksam werden – gefördert durch den therapeutischen Rahmen und die Beziehung – sich in Träumen und symbolischem Material äußern und Heilungsprozesse in der individuellen Psyche anstoßen bzw. strukturieren (▶ Kap. 5).

Ein Beispiel, das dieses Verständnis verdeutlicht, findet sich in den sog. Tavistock Lectures, die Jung 1935 an der Tavistock Clinic in London hielt und die als Einführung in seine zu diesem Zeitpunkt ausformulierte Psychologie diente (Jung 1935). In der dritten Vorlesung befasst sich Jung explizit mit der therapeutischen Verwendung archetypischer Elemente im Traum. Jung bezieht sich hier auf den Traum eines 40-jährigen Mannes mit Schwindelsymptomatik. Im Traum des Mannes erscheint ein Monster in Gestalt eines Krebses. Jung interpretiert dieses Symbol als eine Nachricht aus dem Unbewussten, dass das cerebrospinale und sympathische Nervensystem des Träumers gegen seine bewusste Einstellung rebelliere, weil ein Krebs nur diese Art von Nervensystem habe. Hier wird eine schon bei Jung und bis heute in der Analytischen Psychologie übliche Praxis deutlich: die Idee ist, dass das Unbewusste des Klienten im archetypischen Symbol einen Bezug zu einem Wissensbestand herstellt, der dem Bewusstsein des Träumers nicht zugänglich ist. Insofern transportiert das archetypische Element eine zusätzliche, das Bewusstsein übersteigende Information, die auf die Heilung des Patienten abzielt und für den therapeutischen Prozess nutzbar gemacht werden kann. Diese Information stammt aus einem Bereich jenseits des Bewusstseins und war per definitionem auch noch nie bewusst und nie Bestandteil der Erfahrung der

## 3 Kritik am klassischen Archetypenkonzept und Erweiterungen

Person. Beispiele für dieses Verständnis und diese Praxis finden sich zuhauf in der Analytischen Psychologie, in der Regel werden dabei komplexere symbolische Strukturen wie z. B. Märchen und andere mythologische Narrative angesprochen, d. h. ein Traum ähnelt einem mythologischen Narrativ und dieses liefert Information über die weitere notwendige Entwicklung der Persönlichkeit, der Therapie usw. (▶ Kap. 5.3.). Hier taucht die für eine Diskussion des Archetypenbegriffs entscheidende Frage auf, nämlich woher diese Information kommt, wenn sie niemals zuvor in der Erfahrung des Träumers war. Es wird hier deutlich, dass der jungianische Therapeut darauf vertraut, dass das Gesamt an archetypischer Information für jeden Klienten potenziell zugänglich ist und unter den gegebenen Umständen aktiviert, »konstelliert« werden kann. Dies wiederum bedeutet, dass die Analytische Psychologie unbedingt von der Universalität der Archetypen ausgehen muss, und dass es sich hierbei um eine komplexe symbolische Information handelt, nämlich Prozessmuster, die eine Entwicklung von einem Anfangspunkt hin zu einer Lösung beschreiben und die daher in narrative Form gefasst werden können.

Auf die Kritik am Anima/Animus-Konzept und daraus folgende Erweiterungen wurde schon oben (▶ Kap. 2.5.5) eingegangen. Kritisiert wurde hier vor allem, dass in beiden Konzeptionen patriarchal gefärbte Rollenklischees, wie sie für Jungs Zeit typisch waren, zum Ausdruck kommen, von Jung dies aber nicht reflektiert wird, sondern vielmehr als zeitunabhängig und allgemein zementiert wird. James Hillman, ein unmittelbarer Schüler Jungs, hat sich in seiner Kritik vor allem auf Begriffsverwirrungen und die unklare Abgrenzung von Definitionen beim Begriff der Anima bezogen und Widersprüche in Jungs Konzeption damit geklärt (Hillmann 1981a, 1981b). So unterscheidet Hillmann klarer als Jung zwischen der Anima und dem Erosprinzip, ebenso zwischen Anima und Gefühl und grenzt das Weibliche deutlicher von diesem Konzept ab. In den 1980er Jahren begann dann eine fundamentalere Kritik an dem gesamten Konzept des Seelenbildes, ausgehend hauptsächlich von Jungianerinnen wie Verena Kast und Ursula Baumgart (für eine ausführliche Diskussion siehe Heisig 1996). Insbesondere Baumgardt (1987) hat in ihrem Buch »König Drosselbart und C.G. Jungs Frauenbild. Kritische Gedanken zu Anima und Animus« die zeitgeistbedingte Enge von Jungs

## 3.1 Probleme und Widersprüche im Jung'schen Archetypenkonzept

Frauenbild kritisiert und aufgezeigt, wie ihn dies an einem wirklichen Verständnis der weiblichen Psyche gehindert habe. Neben der schon erwähnten Kritik an dem Einfließen patriarchal geprägter Klischees bei Jung (warum sollte dem Mann der Logos und der Frau der Eros vorbehalten sein) steht im Kern der Argumentation bei Kast (1979), dass in der Moderne ja sowohl Männer als auch Frauen jeweils männliche und weibliche Eigenschaften und Orientierungen leben und deshalb mit dem Konzept des gegengeschlechtlichen Seelenbildes ein grundsätzliches Problem auftritt. Die Konsequenz aus diesen Überlegungen ist für Kast, bei beiden Geschlechtern beide Archetypen anzunehmen (Kast 1984). Dies ermöglicht zum einen eine differenziertere Beschreibung und Abgrenzung der jeweils mit Anima bzw. Animus verbunden Qualitäten, zum anderen für eine spezifische Person eine differenzierte Betrachtung ihrer psychischen Gesamtsituation abhängig davon, welche männlichen und weiblichen Qualitäten sie bewusst lebt und welche somit nach dem Gegensatzprinzip als unbewusste Anteile zu betrachten sind. In diesem Sinne kann die therapeutische Arbeit mit diesen inneren Figuren vor allem auch zu einer definitiven Ablösung von den männlichen und weiblichen Elternbildern verhelfen.

Bei allen diesen Autoren wird darüber hinaus ein grundsätzliches Problem in Jungs Psychologie sichtbar, nämlich sein Bestehen auf einer Polaritätstheorie, d. h. der unbedingten Geltung des Gegensatzprinzips bei allen Archetypen. Es kann gezeigt werden, wie genau dies insbesondere beim Anima/Animus-Konzept Jung in definitorische und theoretische Schwierigkeiten bringt. Im Überblick über die hier dargestellte Kritik liegt es mir nahe, den Vorschlag zu machen, die hier diskutierten Archetypen deutlich zu trennen von Beschreibungen des Verhaltens und Erlebens von konkreten Männern und Frauen. Hier scheint mir eines der Grundprobleme in der Formulierung des Konzeptes bei Jung zu liegen, weil er sich einerseits um eine objektive Beschreibung des psychisch Männlichen und Weiblichen bemühte, sich andererseits dabei am konkreten Verhalten realer Männer und Frauen orientierte, welches notwendig immer zeitbedingt ist. Von späteren Autoren, z. B. Schwartz-Salant, wurde deshalb vorgeschlagen, statt der Begriffe männlich und weiblich eher unbelastete Formulierungen für diese abstrakten Prinzipien wie z. B. Sol und Luna zu verwenden, was mir äußerst sinnvoll erscheint.

Generell muss festgehalten werden, dass innerhalb der Analytischen Psychologie Kritik aus dem Bereich anderer Wissenschaften kaum wahrgenommen wurde und es wenig Auseinandersetzung insbesondere in Bezug auf das Konzept der Archetypen gibt. Beispiele für derartige Kritik, die durchaus fundiert argumentiert, findet sich z. B. bei Petzold (et al. 2014): »Auch die These von der kulturübergreifenden Bedeutung der Archetypen muss deshalb durchaus kritisch betrachtet werden. C.G. Jung nimmt ein Kollektives Unbewusstes der menschlichen Gattung an, aber es ist wohl eher von kulturraumbestimmten interiorisierten Kollektivitäten auszugehen, für die Moscovicis (2001) sozialpsychologische Konzeption ›kollektiver mentale Repräsentationen‹ – bewusster, vorbewusster, unbewusster Mentalisierungen – durchaus eine Alternative für die Erklärung mythenbildender Strukturelemente (Archetypen) bietet« (S. 439 f.). In der Folge zeigen die Autoren an zahlreichen Beispielen, dass dasselbe Element bzw. Symbol in verschiedenen Kulturkreisen aufgrund von geographischen oder klimatischen Bedingungen gänzlich unterschiedliche Bedeutungen erhalten kann, z. B. die Sonne im Norden eher als wärmespendende mütterliche Kraft, während sie in Wüstengebieten bedrohlichen Charakter erhält und dem Bereich des Bösen zugeordnet wird. Weiter wird hier argumentiert: »Die Annahme gleichsam genetisch disponierter Mythologeme und Archetypen von Helden und Göttinnen gerät selbst in den Bereich des mythotropen Konzeptualisierens. Was an Archetypen, Mythemen, Symbolen wirkmächtig wird, muss in der kollektiven mentalen Repräsentation aktuell und in sozialisatorischen Transmissionsprozessen tradiert worden sein, sonst ist es nicht präsent. Kerenyis zusammen mit C. G. Jung unternommener Versuch, die Gestalten der griechischen Mythologie als ›Urbilder‹ der menschlichen Seele zu sehen, muss neben der Kritik, dass er die soziohistorischen und sozioökonomischen Bedingungen der Antike zu wenig berücksichtigt, oder keinen mentalitätsgeschichtlichen Erklärungszusammenhang herzustellen sucht, sich auch den mit Rekurs auf die Antike verbundenen Eurozentrismus entgegenhalten lassen« (S. 441).

In eine ähnliche Richtung wie diese Kritik, nämlich darauf, dass alternative Erklärungskonzepte sowohl von Jung als auch seinen Nachfolgern nicht genügend berücksichtigt werden, zielt auch die differenzierte Argumentation von Norbert Bischof (1996), der sich intensiv mit

Neumanns Weiterführung der Jung'schen Archetypenlehre in seinem Werk »Ursprungsgeschichte des Bewusstseins« (▶ Kap. 3.2.2) auseinandersetzt. Bischof argumentiert, dass man die Übereinstimmungen in den Mythen verschiedener Völker als Widerspiegelung allgemein menschlicher Erfahrungen vor allem in der Ontogenese verstehen kann und keine irgendwie geartete genetische oder andersartig präformierte Anlage für diese annehmen muss. Darüber hinaus wirft Bischof insbesondere Neumann vor, solche Mythen, die nicht in das eigene Argumentationskonzept passten, ausgesondert zu haben.

Es ist erstaunlich, dass man in der jungianischen Literatur praktisch keine Beschäftigung mit diesen Argumentationen findet, wie überhaupt die theoretische Debatte in der Analytischen Psychologie eine gewisse Abgeschlossenheit gegenüber anderen Theorieschulen und Wissenschaften zeigt sowie einen Mangel an selbstreflexiver Kritik.

Die Berechtigung der genannten Kritik sowie der heutige Erkenntnisstand über die Aussagekraft des Archetypenkonzeptes soll im Anschluss an die ausführliche Darstellung des Forschungsstandes zum Konzept abschließend bewertet werden (▶ Kap. 4.2.7).

## 3.2 Erweiterungen des Archetypenkonzepts durch unmittelbare Schüler Jungs

### 3.2.1 Michael Fordhams Theorie des Prozesses von Deintegration und Reintegration als Erweiterung von Jungs Theorie des Selbst

Ein Schüler Jungs in London, Michael Fordham, der in engem Kontakt mit den Psychoanalytikern der Freud'schen Schule in Großbritannien, insbesondere den Begründern der psychoanalytischen Objektbeziehungstheorie Melanie Klein, Donald Winnicott und anderen, stand, hat in seiner eigenen Theorie die Jung'sche Konzeption des Selbst erweitert und dabei entwicklungspsychologische Aspekte versucht mit einzubeziehen. Die

britische Schule der Psychoanalyse hat die Grundlagen für eine Psychoanalyse des Kindesalters gelegt und war deshalb intensiv mit entwicklungspsychologischen Fragestellungen befasst.
»Jungs Theorien über das Selbst wurden später zu einem entwicklungspsychologischen Konzept erweitert. Im Rahmen dieses Konzepts wurde postuliert, dass ein primäres oder ursprüngliches Selbst bereits am Beginn des Lebens existiert. Dieses primäre Selbst enthält alle angeborenen, archetypischen Potenziale, die durch einen Menschen ausgedrückt werden können. In einer geeigneten Umwelt beginnen diese Potenziale sich in einem Prozess der Deintegration aus dem ursprünglichen unbewussten integrierten Zustand heraus zu entwickeln, indem sie nach Entsprechungen in der Außenwelt suchen. Die so entstehende ›Paarung‹ eines aktiven archetypischen Potenzials des Kleinkinds in den re-aktiven Antworten der Mutter wird dann reintegriert und zu einem internalisierten Objekt. Dieser Vorgang von Deintegration und Reintegration wiederholt sich lebenslang …. Allmählich wachsen die in den deintegrierten Teilen vorhandenen Ich-Fragmente zum Ich zusammen. Dem primären Selbst wird eine eigene Abwehrstruktur zugeschrieben, die am ausgeprägtesten in Situationen aktiviert wird, in denen aus der Sicht des Kleinkindes die Umwelt mangelhaft gewesen ist.« (Samuels et al. 1989, S. 200 f.).

### 3.2.2 Erich Neumanns »Ursprungsgeschichte des Bewusstseins«

Erich Neumann, 1905 in Berlin geboren, und später dann nach Israel emigriert, wo er die Grundlagen für eine analytische Community in Israel legte, gehört sicher zu Jungs bedeutendsten direkten Schülern und Mitarbeitern. Neben der hier dargestellten Publikation ist Neumann vor allem bekannt geworden durch seine umfassende Darstellung der Symbolik des Mutterarchetyps, der Psychologie des Weiblichen und seinen Arbeiten zum Zusammenhang zwischen Tiefenpsychologie und Ethik. In seiner »Ursprungsgeschichte des Bewusstseins« (1968) unternimmt Neumann den Versuch, alle in der Welt vorhandenen Mythen und Märchen entlang einer zentralen Linie, gleichsam einem Entwicklungsstrang archetypischer Themen zu interpretieren und damit in eine kohärente

Ordnung zu bringen. Das zentrale Motiv dieser Entwicklung ist die Herausentwicklung und zunehmende Emanzipation des Ich-Bewusstseins, das in der Figur des männlichen Helden erscheint, aus dem Unbewussten, das in Gestalt beherrschender, festhaltender oder verschlingender Muttergestalten erscheint. Dabei entwickelt Neumann eine Kulturgeschichte der Mythen, deren Beginn er in den steinzeitlichen Kulten der großen Muttergöttin, der Herrin der Tiere verortet. Auch die späteren jungsteinzeitlichen agrarischen Gesellschaften verehren immer noch das schöpferische Weibliche in dem Mysterium des Keimens und Wachsens der Pflanzen aus der Saat, von der diese Gesellschaften existenziell abhängig waren. Erst langsam zeigt sich in den Mythen ein aufkeimendes männliches Bewusstsein, dass sich von der Muttergöttin, dem Festgehaltenwerden im Unbewussten, ablösen und zunehmend emanzipieren will. Diesen Kampf um die Befreiung aus der Beherrschung durch das (weibliche) Unbewusste beschreiben die uns bekannten Heldenmythen, die weiter unten ausführlich behandelt werden. Die dort ausgeführte Interpretation der Odyssee stellt im Grunde eine eng an Neumann orientierte tiefenpsychologische Auslegung eines solchen prototypischen Heldenmythos dar.

Innerhalb der Analytischen Psychologie genießt Neumanns Darstellung, die tatsächlich auch in ihrer Kohärenz und Stimmigkeit überzeugend ist, großen Respekt. Es wird hier überraschend wenig rezipiert, dass Neumanns Konzeption sowohl in der Ethnologie als auch Psychologie deutlich kritisiert und meines Erachtens auch überzeugend widerlegt wurde. So kann Bischoff (1996) überzeugend nachweisen, dass die Auswahl der von Neumann untersuchten Mythen hochgradig selektiv war und Neumann gezielt diejenigen Mythen ausgesondert bzw. ausgeblendet hat, die nicht in sein Interpretationskonzept passten. Bischoff legt demgegenüber einen alternativen Entwurf vor, der die psychologische Bedeutung der Mythen aus der Erfahrung des Menschen in seiner ontogenetischen Entwicklung beschreibt.

### 3.2.3 Die Archetypenpsychologie von James Hillman

Die so genannte Archetypische Psychologie von James Hillman stellt vermutlich die konsequenteste und zugleich auch extremste Weiterführung des Archetypenkonzeptes in der Nachfolge von Jung dar. James Hillman war noch ein unmittelbarer Schüler Jungs und über viele Jahre Studienleiter am Jung-Institut in Zürich, das heißt er hatte auch einen maßgeblichen Einfluss auf die Entwicklung und Ausformung der Ausbildung von Psychotherapeuten in der Jung'schen Schule. Nachdem eine sexuelle Liaison mit einer Analysandin zu einem Eklat am Jung-Institut führte, verließ Hillman das Institut in Zürich und wirkte fortan in den USA und hier insbesondere am Los Angeles Jung Institute.

Die so genannte Archetypische Psychologie baut auf Jungs Archetypenverständnis auf, ist aber eine derart subtile und komplexe Weiterentwicklung, die zugleich in offener Konfrontation zum üblichen abendländischen Denken steht, dass es äußerst schwer ist, sie im Rahmen dieses Buches in einem kurz gefassten Überblick zu referieren. Manche ihrer Argumentationen klingen so, dass man sie in eine Nähe zu Vorstellungen und Praktiken aus dem New Age, der Esoterik und ähnlichem rücken könnte. Das wäre aber ein fundamentales Missverständnis, vielmehr fußt die Archetypenpsychologie auf tiefgreifenden philosophischen und anthropologischen Überlegungen, die aber hier nur kurz angerissen werden können, so dass vorausgeschickt werden muss, dass hier manches auch missverständlich erscheinen mag.

Die grundlegende Idee bei Hillman ist, dass die Archetypen, als Bilder erfahrbar, die grundlegende Realität überhaupt darstellen und vorgängig nicht nur vor jeder Subjektivität, sondern vor jeder Realität überhaupt sind. Dies ist im Grunde eine radikale Weiterführung von Jungs Konzept der »objektiven Psyche«. Die menschliche Fähigkeit zur Imagination ist ihr Zugang zu dieser vorgängigen Realität der Bilder. Wie gesagt, Imagination wird hier nicht mehr als eine subjektive Erfahrung verstanden, in der subjektive Sinnumgebungen innerseelisch hervorgebracht werden, sie ist vielmehr ein Wahrnehmungsmodus, der uns den Zugang zur eigentlichen Realität der Bilder ermöglicht. Diese Auffassung hat auch zur Folge, dass Bilder nicht mehr auf eine dahinterliegende subjektive Realität befragt werden, vielmehr geht es darum, auch in der analytischen Therapie das Subjekt für die Erfahrung dieser Bilder zu öffnen, im Grunde steht im Zentrum die Frage, wie wir uns auf diese immer vorgängigen Bilder beziehen. Hillmann betont sogar, dass unsere herkömmlichen Begriffe von Realität und Phantasie die Plätze tauschen könnten. In glei-

## 3.2 Erweiterungen des Archetypenkonzepts durch unmittelbare Schüler Jungs

cher Weise erfährt die Mythologie bei Hillman eine dramatische Aufwertung, sie ist »die primäre und nicht reproduzierbarer Sprache der archetypischen Muster, der metaphorische Diskurs des Mythos« (1983, S. 2). Schon bei Jung wurden die Götter der antiken Mythologie als Personifikation innerpsychischer, letztlich archetypischer Qualitäten verstanden, allerdings bleibt diese Betrachtungsweise bei Jung noch relativ und metaphorisch. Bei Hillmann erfährt dies eine radikale Steigerung, treffend zusammengefasst bei Hillmans Schüler Miller: »Die Götter und Göttinnen sind Bezeichnungen für Mächte oder Kräfte, die Autonomie besitzen und nicht von sozialen und historischen Ereignissen, nicht vom Willen oder vom Argument des Menschen, nicht von persönlichen und individuellen Faktoren bestimmt oder beeinflusst sind. Sie machen sich als Einfluss übende Agenzien bemerkbar, die dem sozialen, dem intellektuellen und dem persönlichen Verhalten seine Form geben« (zitiert nach Samuels 1989, S. 424). D. h. also letztlich, die Archetypen und ihre Erscheinungsformen in Bildern und Personifikationen werden nicht mehr in einer innerseelischen und damit letztlich subjektiv-relativen Sphäre verortet, sondern sie werden als letztgültige Wirklichkeit vor jeder Subjektivität angenommen. Die logische Konsequenz in der archetypenpsychologischen Schule ist die Entwicklung eines modernen, sozusagen psychologischen Polytheismus, indem insbesondere die Götter der griechischen Antike als maßgebliche Bezugsgrößen für eine Psychologie revitalisiert werden. Diese Perspektive hat natürlich einen berühmten Vorläufer in der europäischen Renaissance und Hillman und seine Schüler beziehen sich auch folgerichtig auf eine Reihe von Philosophen dieses Zeitalters, namentlich Marsilio Ficino und Giovanni Battista Vico. Bei Ficino beispielsweise gibt es ein dreigeteiltes Schema der Psyche, wobei hier an erster Stelle der Geist oder der rationale Intellekt steht, an zweiter Stelle kommt die Imagination oder Phantasie, und an dritter Stelle finden wir den Körper bzw. die Natur. In gleicher Weise findet sich bei Vico eine besondere Betonung bzw. Aufwertung des Phantasiedenkens, darüber hinaus spricht er von universalen Bildern, wie wir sie in den Mythen antreffen. Bei Vico stellen die zwölf Götter des Olymps fundamentale Strukturen dar.

Stärker noch als bei Hillman selbst hat dies bei manchen seiner Schüler durchaus sehr fruchtbare Konsequenzen gehabt; hier sei insbesondere

Thomas Moore erwähnt, der mit seinen Publikationen in den USA eine enorme Popularität erreicht und zum Teil jahrelang die Bestsellerlisten angeführt hat. Ebenso hat die Archetypenpsychologie einen enormen Einfluss auf die Männerbewegung und die Entstehung einer Männerpsychologie gehabt und hat hier zu praktischen Anwendungen in der Arbeit mit Männergruppen geführt. Robert Bly (1993), ein Schüler Hillmans, hat in seinem Werk »Eisenhans« anhand des gleichnamigen Märchens aus der Sammlung der Gebrüder Grimm den archetypischen Weg hin zu einer männlichen Identität dargestellt. Zwei seiner Schüler, Moore und Gilette (1992), haben daraus ein anwendungsorientiertes Konzept von vier Archetypen, die die Männlichkeit ausmachen, weiterentwickelt: König, Krieger, Magier und Liebhaber. Für ein aktuelles Anwendungsbeispiel, in dem auf der Basis von verschiedenen Archetypen, die die Männlichkeit ausmachen, eine Konzeption für eine psychotherapeutisch-selbsterfahrungsorientierte Männergruppe entwickelt wurde (Schick 2015, ▶ Kap. 5.2.7). Auch bei dem Erneuerer einer christlichen Spiritualität, Richard Rohr (»Der wilde Mann«, 1995), findet das Konzept von Archetypen der Männlichkeit Anwendung.

Die Bedeutung des Ansatzes der Archetypenpsychologie für das Subjekt führt zur Ausformung eines neuen Konzeptes von »Seele«. Seele ist in diesem Sinne im Grunde der Ort, an dem die Erfahrung der archetypischen Bilder und Gottheiten möglich wird, allerdings ist sie nicht mehr allein innerseelisch, sozusagen ein Teil der Persönlichkeit, sondern vielmehr ein nicht allein subjektiver Zwischenraum. »Aber Seele ist aller letzten Endes ebenso ein Modus des Seins und des Wahrnehmens wie ein Gegebenes. So gesehen, braucht Seele zu ihrer Inkarnation den Menschen ebenso wie der Mensch um der Tiefe willen die Seele braucht. Daraus folgt, dass das Geschäft der Analyse nicht darin besteht, die Seele zu heilen, sondern darin, die soeben erwähnte Seele dabei zu unterstützen – nicht darin, sich mit tief sitzenden Problemen zu beschäftigen, sondern darin, die Probleme tiefer gründen zu lassen.« (Samuels 1989, S. 429). Heilung geschieht also in der Psychotherapie nicht dadurch, dass Bilder hervorgehoben, verarbeitet und schließlich in die persönliche Psyche integriert werden, sondern dass sich die persönliche Psyche öffnet für die vorgängige Realität der Bilder und sich diesen im Grunde unterwirft – Hillman betont z. B.: dass Ich solle nicht gestärkt, sondern geschwächt

## 3.2 Erweiterungen des Archetypenkonzepts durch unmittelbare Schüler Jungs

werden; Träume sind eine außerhalb von uns existierende Realität, die uns besucht; letzten Endes geht es darum »nach unten zu wachsen«.

Natürlich hat die Archetypische Psychologie auch eine therapeutische Praxis. Allerdings erfährt diese eine Rekonzeptualisierung: »Letzten Endes ist auch Analyse eine Form der Inszenierung einer archetypischen Fantasie« (Hillmann 1975, S. 128). Die Archetypenpsychologie strebt den »Eintritt in den größeren Radius der das Sprechzimmer hinter sich lassenden imaginativen Tradition des Abendlandes« an (Hillmann 1983, S. 1).

Die generelle Linie in der Praxis ist im Grunde eine Relativierung des Ichs und eine starke Konzentration auf die Arbeit am Schatten als desjenigen, was vom subjektiv-rationalen Intellekt ausgegrenzt oder gar abgelehnt wird. Im Zentrum steht natürlich die Beschäftigung mit den Bildern, wie sie z. B. in Träumen des Patienten auftauchen. Hillmann betont dabei nachdrücklich, dass Bilder nicht auf die Gefühle des Patienten reduziert werden sollten, Gefühle sind nicht nur persönlich, sondern gehören der imaginalen Realität an. Das bedeutet, dass die Bilder nicht andere Informationen kommunizieren, sondern in sich selbst eine gültige Realität darstellen, auf die wir uns nur beziehen können. Gefühle sind nach diesem Verständnis im Grunde personifizierte Bilder oder Archetypen, von denen Hillmann sagt: »Diese inneren Personen halten unsere Person in Ordnung, indem sie jenen Verhaltenssegmenten und Verhaltensmustern, die wir Emotionen, Erinnerungen, Einstellungen und Motive nennen, eine signifikante Fassung geben« (1975, S. 128).

Neuere Weiterentwicklungen des Archetypenkonzepts werden im folgenden Kapitel referiert, weil sie sich zumeist auf neuere Forschungsergebnisse beziehen und diese versuchen zu integrieren.

# 4 Forschung zum Archetypenkonzept und sich daraus ergebende Weiterentwicklungen der Theorie

Wie schon oben ausgeführt wurde, stellt es ein zentrales Problem des Archetypenkonzepts bei Jung dar, dass sehr unterschiedliche Entitäten als archetypisch bezeichnet werden: innere Figuren, psychische Prozesse, zwischenmenschliche Problemsituationen, kollektive Verhaltensmuster, »instinktive« Reaktionen. Die gesamte Debatte über das Archetypenkonzept in der Analytischen Psychologie ist bestimmt vom Mangel einer theoretischen Klärung und Systematisierung dessen, was man denn nun genau mit dem Begriff Archetyp meint. Problematischer noch aus einer wissenschaftlichen Perspektive ist, dass Jung mit der Behauptung, der Archetyp-an-sich sei unanschaulich und nie der bewussten Wahrnehmung zugänglich, dieses Konzept gegen jede empirische Überprüfung immunisiert hat. Diese Theorie kann man nicht mehr falsifizieren. Zwar spricht Jung immer wieder davon, dass die Existenz der Archetypen eine empirische Tatsache sei, dieser Gebrauch des Begriffs empirisch entspricht aber sicher nicht dem heutigen Verständnis in der Wissenschaft Psychologie. Dieser Umstand hat sicherlich auch dazu beigetragen, die empirische Untersuchung des Archetypenkonzepts zumindest zu erschweren. Weiter unten soll der Versuch gemacht werden, aus diesen unterschiedlichen Konzeptualisierungen einen Satz zentraler Aussagen über den Archetyp zu extrahieren, um diese dann mit empirischer Forschung zu konfrontieren. Shelburne (1988) hat in einer eigenen Monographie einige Mühe darauf verwandt, die Frage zu untersuchen, ob Jungs Theorie insgesamt überhaupt als eine wissenschaftliche Theorie bezeichnet werden kann, und kommt, zumindest was die Theorie der Archetypen angeht, zu der Aussage, dass man für diesen Bereich die Frage nicht unbedingt positiv beantworten kann.

Dies ist um so erstaunlicher, als der Beginn der Analytischen Psychologie und der Beschäftigung Jungs mit Psychologie überhaupt in der empirischen Forschung lag: mit seinen Assoziationsstudien hatte Jung sein Konzept der Komplexe und die Unterscheidung von Extraversion und Introversion entdeckt und im Grunde schon damals die Existenz eines dynamischen Unbewussten experimentell bewiesen. Letztlich war dies auch ein wesentlicher Punkt, warum Freud so interessiert an Jung war. So schrieb Freud an Jung in einem Brief voller Enthusiasmus: »Damit fängt ein neuer Zweig der empirischen Psychologie an« (Freud & Jung 1974, S. 538). Der Bruch mit Freud und sein Ausscheiden aus der universitären Psychiatrie, was beides ja auch einen fundamentalen Bruch in Jungs Biographie selbst bedeutete, waren mit seiner völligen Abkehr von dieser Art Forschung verbunden. Danach lag in der Jungschen Psychologie jahrzehntelang und auch noch weit über Jungs Tod hinaus die empirische Forschung brach (mit ganz wenigen Ausnahmen, vgl. z. B. Bash 1988).

Es wird hier eine Ambivalenz deutlich, die sich durch Jungs Werk zieht und die sich in der Analytischen Psychologie bis heute fortsetzt. Diese Spannung zeigt sich zum einen in dem oben beschriebenen Bruch in Jungs wissenschaftlicher Biographie: Man muss sich klarmachen, dass Jung spätestens ab 1906 aufgrund seiner Assoziationsexperimente international einer der bekanntesten und erfolgreichsten empirisch forschenden Psychologen war; dies gab er auf, ohne jemals wieder in ähnlicher Weise sich mit Forschung zu befassen. Jung war sicherlich eine außergewöhnliche Persönlichkeit, aber selbst wenn man das mit einbezieht, ist es eine erstaunliche Wendung im Leben, wenn man eine Forschungstätigkeit, mit der man nicht nur internationale Anerkennung erworben hat, sondern die Jung ja auch mit hohem eigenen Erkenntnisinteresse und Engagement betrieb, fast von einem Tag auf den anderen völlig aufgibt und in der Folge einen ausschließlich interpretativen Zugang zur Psychologie wählt. Es war auch keineswegs so, dass Jungs Forschungen mit dem Assoziationsexperiment inhaltlich an eine Grenze gestoßen wären, im Gegenteil, Jung hätte bei Fortsetzung auf rein empirischem Wege die Existenz seines zentralen Konzepts der Archetypen nachweisen können.

Die erwähnte Spannung zeigt sich in der Folge bei Jung auch zwischen dem Anspruch, seine Konzepte seien naturwissenschaftlich und empirisch fundiert einerseits und seinem ausschließlich geisteswissenschaftlich-hermeneutischem Zugang andererseits. So spricht Jung bspw. immer wieder davon, seine Konzepte wie z. B. die Anima seien empirische

Tatsachen. Dieser Gebrauch des Begriffs »empirisch« entspricht aber sicher weder dem heutigen Verständnis in der Wissenschaft Psychologie noch dem zu Jungs Zeiten (so hat beispielsweise Karl Popper seine Auseinandersetzung mit der Wissenschaftslogik und dem Empirismus des Wiener Kreises bereits in den 1920er Jahren begonnen zu publizieren und sein Konzept des Falsifikationismus sowie seine für die Analytische Psychologie besonders interessante so genannte »3-Welten-Theorie« lagen spätestens zu Beginn der Dreißigerjahre ausformuliert vor – Jung hat sich für solche Dinge einfach nicht interessiert, er hätte sie aber wissen können). An anderer Stelle beharrt Jung darauf, dass die Archetypen als ein biologisches Faktum verstanden werden müssten – die daraus sich ergebenden Widersprüche hat Jung zeitlebens, wie oben aufgezeigt, nicht auflösen können. An dieser Stelle will ich hiermit deutlich machen, dass Jung teilweise in seinem Werk ein sehr idiosynkratisches Verständnis von Wissenschaftlichkeit und Empirie zeigte und sich wenig darum bemühte, seine Theorien an zeitgenössische Erkenntnisse und methodische Zugänge anzuschließen. Jung gibt zu dieser Problematik der übermäßigen Innenorientierung selbst eine interessante Kommentierung, die er aber vermutlich nicht auf sich selbst bezog, dass nämlich der Introvertierte »angepasst zwar an den inneren und ewigen Sinn des Geschehens [ist], unangepasst aber an die tatsächliche Wirklichkeit. Damit beraubt er sich auch der Wirksamkeit auf diese, denn er bleibt unverständlich. Seine Sprache ist nicht die, die allgemein gesprochen wird, sondern eine zu subjektive, seinen Argumenten fehlt die überzeugende Ratio« (Jung 1921, § 731). Selbst da, wo Jung in einem intensiven Austausch mit anderen Wissenschaftlern stand, ließ er sich in seinen Konzepten nicht durch fachkundige Kritik korrigieren, z.B. in der oben erwähnten Auseinandersetzung mit dem Biologen Portmann. Zugleich änderte er einige Jahre später sein Archetypenkonzept ohne Bezug auf Portmann, indem er das Konzept des Archetypus-an-sich einführte, womit er das von Portmann angesprochene Problem zu umgehen versuchte (Shamdasani 2003).

Dem gegenüber steht wiederum, dass sich Jung offensichtlich zeit seines Lebens über den wissenschaftlichen Erkenntnisstand in seinem Fach auf dem Laufenden hielt, indem er regelmäßig die »Archives of General Psychiatry« las (Tony Frey-Wehrlin, persönliche Mitteilung). Er war also über den aktuellen Wissensstand informiert, was sich aber so gut wie gar nicht in seinen eigenen Publikationen niederschlug. Jedenfalls kann man festhalten, dass Jung sich zeitlebens in diesem Spannungsfeld zwischen »normal science« und interpretativer Tiefenpsychologie, ja Transzendentalismus bewegte. In den Begrifflichkeiten der modernen Sozialwissenschaften wird die besagte Spannung mit der Unterscheidung zwischen nomothetischer (d. h. auf allgemeine Gesetzmäßigkeiten ausgerichteter) und idiographischer (d. h. auf die individuelle Eigensicht des Subjekts und die Eigenart des Einzelfalls orientierter) Forschung bezeichnet und spiegelt sich wider in der Forschungslogik einerseits des empirischen Falsifikationismus und andererseits der Hermeneutik. Wenn man in manchen Bereichen Jung vorhalten muss, dass er zwischen diesen Diskursen unreflektiert hin- und herwechselt und dabei Widersprüche erzeugt, so muss man ihm andererseits zugute halten, dass er dieses Spannungsverhältnis zum Teil auch in sehr fruchtbringender Weise transzendieren konnte – man denke nur an seine Konzepte der Synchronizität bzw. des »unus mundus«. Diese ganze Problematik seines Werkes findet sich am ausgeprägtesten in der Auseinandersetzung mit dem Archetypenkonzept.

Mittlerweile allerdings haben sich zahlreiche Autoren aus der Analytischen Psychologie mit dem Archetypenkonzept auf dem Hintergrund neuester wissenschaftlicher Theorien und Forschungserkenntnisse auseinandergesetzt, was auch bei einigen Autoren zu teilweise erheblichen Modifikationen der Theorie der Archetypen geführt hat. Diese Debatte soll im Folgenden ausführlich referiert werden. Hierzu soll aber zunächst vor dem Hintergrund des oben ausgeführten der Versuch gemacht werden, wissenschaftlich überprüfbare Bestandteile von Jungs Archetypenkonzept in systematischer Weise zu formulieren.

## 4.1 Wissenschaftlich überprüfbare Bestandteile des Archetypenbegriffs

Wissenschaftlich betrachtet stellt Jungs Theorie über die Archetypen eine Hypothese dar, die idealerweise innerhalb des nomothetischen, falsifikationistischen Paradigmas überprüfbar, also falsifizierbar sein sollte. Ich will hierbei anmerken, dass ich diese erkenntnistheoretische Position durchaus nicht für die einzig berechtigte halte, im Gegenteil, ich selbst habe systematische interpretative Untersuchungen zum Archetypenkonzept durchgeführt und halte dies im Grunde für den fruchtbarsten Ansatz (vgl. Roesler 2005, 2006). Will man allerdings die Frage untersuchen, ob ein theoretisch behauptetes Konstrukt in der empirisch erfahrbaren Wirklichkeit existiert, braucht es einen nomothetischen Ansatz. Deshalb will ich nun versuchen, das Konzept Jungs in Bestandteile zu zerlegen, um dann zu diesen einzelnen Punkten jeweils die vorliegenden Ergebnisse empirischer Forschung zu referieren. Zur Kritik der bisherigen Herangehensweise an die Überprüfung des Archetypenkonzepts als einer wissenschaftlichen Theorie innerhalb der Analytischen Psychologie muss ich hier feststellen, dass zu häufig von jungianischen Autoren die Existenz von so etwas wie Archetypen als gegebene Tatsache betrachtet wurde, zu der dann passende Theorien und Erkenntnisse gesucht wurden (vgl. z. B. Knox 2001, S. 628). Stattdessen sollte der Ausgangspunkt die Möglichkeit beinhalten, dass das gesamte Konzept auch ein Irrtum sein kann und nichts dergleichen existiert. Auch die zahlreichen Einzelfalldarstellungen in der Analytischen Psychologie sind zwar eine berechtigte Form empirischer Untersuchung, können aber nicht zur Überprüfung der theoretischen Behauptung allgemeiner Gesetzmäßigkeiten dienen (Induktionsproblem).

Jungs Äußerungen zum Begriff des Archetypus lassen sich m. E. zu folgenden allgemeinen Aussagen zusammenfassen:

1. Es gibt in der Psyche des Menschen apriorische, d. h. nicht durch Erfahrung (oder kulturelle Weitergabe) erworbene Grundmuster des Erlebens und Verhaltens, die alle Menschen miteinander gemeinsam haben (Universalität), und die, wenn sie unter bestimmten Umständen wirksam werden, das individuelle psychische Phänomen auf einen allgemeinen Typus, etwas kollektiv Übereinstimmendes hin strukturieren.

2. Der Archetyp stellt eine (weitgehend) inhaltsleere Grundstruktur dar, die in unterschiedlichen Situationen bzw. in verschiedenen Kulturen und Epochen mit jeweils unterschiedlichen Konkretisierungen gefüllt

wird. Ein übereinstimmendes Grundmuster bleibt aber eindeutig erkennbar.
3. Diese Grundmuster sind angeboren, d. h. Bestandteil der genetischen Ausstattung des Menschen.
4. Die Anlage und Wirkweise der Archetypen funktioniert analog zu den Instinkten, insbesondere zum Angeborenen Auslösemechanismus bei Tieren.

## 4.2 Empirische Evidenz für Archetypen

### 4.2.1 Assoziationsstudien: Interindividuell übereinstimmende Komplexkerne

Einen ersten empirischen Beleg dafür, dass es archetypische Muster geben muss, lieferte Jung selbst schon zu Anfang seines wissenschaftlichen Schaffens in seinen Assoziationsstudien (Jung GW 2). Dies war zugleich einer der Wege, auf dem er überhaupt zur Idee von Archetypen fand. Hier untersuchte Jung unter experimentellen Bedingungen die Reaktionen von Probanden auf bestimmte emotional bedeutsame Begriffe. Jung konnte hier auf streng empirischem Wege zeigen, dass es in der menschlichen Psyche unbewusste, affektiv aufgeladene und teilautonome Wirkfaktoren gibt, die er Komplexe nannte. Beim Vergleich vieler Probanden fiel auf, dass es eine Reihe solcher Komplexe gibt, die in ihrem inhaltlichen Kern interindividuell übereinstimmen. Dieser übereinstimmende Kern wurde dann später von Jung als Urbild oder Archetyp bezeichnet. Vom Standpunkt einer wissenschaftlichen Erforschung der Jungschen Konzepte ist es äußerst enttäuschend, dass Jung nach 1912 diese Assoziationsstudien nicht fortsetzte, war er doch dabei, den Nachweis überindividueller Gestaltungsfaktoren der individuellen unbewussten Komplexbildungen auf streng empirischem Wege zu erbringen. Hier gelangte Jung zu der empirischen Feststellung, a) dass es unbewusste thematische Komplexe gibt, die um einen thematischen Kern kreisen, b) dass bei Untersuchung einer großen Zahl von Individuen deren Komplexe in eine begrenzte Zahl von Kategorien fallen, d. h. es gibt über eine große Zahl von untersuchten Individuen nur eine begrenzte Zahl von immer wieder sich gleichartig wiederholenden Themenkernen. Die Hypothese Jungs ist hier: im Kern dieser Kategorien befindet sich ein Archetyp, der das Erleben der Individuen steuert und dessen interindividuelle Gleichartigkeit hervorbringt. Saunders und Skarr (2001) haben jüngst diese Argumentationslinie einer mathematischen Definition des Archetyps aufgenommen und fortgeführt: Archetypen sind die Komplexe, die statistisch betrachtet in dieselbe Kategorie fallen.

## 4.2.2 Belege für angeborene psychische Strukturen

Kulturübergreifende Forschung zeigt, dass es ein angeborenes, universelles Set voneinander deutlich unterscheidbarer Grundemotionen gibt, die schon beim Säugling vorhanden sind und die auch über alle kulturellen Unterschiede von Mensch zu Mensch eindeutig erkennbar sind (z. B. über mimischen Ausdruck) (Ekman et al. 1987).

Linguistische Forschung zeigt, dass Kinder über angeborene Fähigkeiten zum erleichterten Spracherwerb verfügen. In den 1960er Jahren konnten Neurolinguisten beim Versuch, künstliche sprachlernende Systeme zu modellieren, zeigen, dass Kinder allein aus den Sprachbeispielen, die sie in ihren ersten Lebensjahren hören, niemals das Niveau an sprachlicher Regelkompetenz erreichen könnten, welches sie tatsächlich erreichen, wenn der Regelerwerb allein auf Versuch und Irrtum basieren würde. Daraus leitete Chomsky (1978) ab, es müsse in der neuronalen Struktur eine Bereitschaft vorliegen, sprachliche Regeln (z. B. der Syntax) schneller als zufällig zu erkennen und zu lernen, was seitdem als »angeborenes Spracherwerbssystem« bezeichnet wird. Dass so etwas existiert, konnte mittlerweile empirisch nachgewiesen werden (Markmann 1988). Beispielsweise wird ein Krabbelkind, wenn ihm ein noch unbekanntes Objekt präsentiert wird, das nächste ihm noch unbekannte Wort, das vom Gegenüber präsentiert wird, als Bezeichnung für das Objekt interpretieren und benutzen, während bei einem bekannten Objekt der neue Begriff als Bezeichnung für einen Teil des Objektes begriffen wird.

Neugeborene sind offensichtlich mit bestimmten rudimentären Wahrnehmungs- und Verhaltensprogrammen ausgestattet, die genetisch fixiert sind; bei einigen kennt man sogar das zuständige Gen. Die Kognitionsbiologen Johnson und Morton (1991, zit. nach Knox 2003) beschreiben ein genetisch fixiertes Verhaltensmuster, dessen genetischer Code bekannt ist, und das sie CONSPEC nennen. Es bringt menschliche Neugeborene dazu, solche Strukturen, die dem menschlichen Gesicht entsprechen, länger zu fixieren als andere Objekte. Auch können Säuglinge in den ersten Wochen relativ schnell unterscheiden, ob ein sich bewegendes Objekt von außen bewegt wurde oder sich von selbst bewegt, also ein lebendes Wesen sein muss. Alle diese angeborenen Fähigkeiten haben gemeinsam, dass sie Neugeborene vor allem auf die Interaktion mit anderen Menschen hin orientieren bzw. eine Interaktion (vor allem mit der Pflegeperson) erleichtern, initiieren oder fördern. An dieser Stelle lässt sich zumindest festhalten, dass Jung gegenüber dem zu seiner Zeit vorherrschenden und erst heute langsam an Einfluss verlierenden Paradigma des Behaviorismus zumindest einen Sieg davon getragen hat: Die Psyche des Neugeborenen ist keine tabula rasa, es gibt angeborene psychische Strukturen. Dies wird zunehmend auch in der wissenschaftlichen Psychologie anerkannt. So basiert bspw. die sog. Neuropsychotherapie Klaus Grawes, den ich hier einmal als »geläuterten Behavioristen« bezeichnen möchte, auf einem Modell angeborener, universeller Grundbedürfnisse, wozu bspw. auch Bindungsbedürfnisse zählen. Die Bindungsforschung liefert überhaupt einen deutlichen Beleg für angeborene Verhaltensmuster beim Menschen. Alle menschlichen Säuglinge stellen im Verlauf der ersten Lebensmonate zu zumindest einer anderen Person eine enge emotionale Beziehung hier, die für ihre psychische Entwicklung, ja für ihr Weiterleben existenziell ist. Die Charakteristika dieser Beziehung sowie die Bedingungen ihres Entstehens und ihrer Weiterentwicklung sind nachgewiesenermaßen universell. Es konnte in kulturübergreifender entwicklungspsychologischer Forschung nachgewiesen werden, dass es überall auf der Welt vier gleichartige Muster gibt, wie Kinder sich an ihre Bezugspersonen binden (Strauss et al. 2002).

Daher verbindet Stevens (2003) sein biologisches Archetypenkonzept mit der Bindungstheorie und argumentiert, Archetypen seien angeborene Bedürfnisse wie z. B. das Bedürfnis nach Bindung. Archetypen lägen begründet in der Gleichartigkeit der menschlichen Grunderfahrungen, z. B. der Hilflosigkeit und Abhängigkeit des Säuglings von der Mutter, die zu bestimmten gleichartigen Niederschlägen im Gehirn führen. Ein Beleg dafür wäre die universelle Gültigkeit der Bindungstypen.

### 4.2.3 Anthropologische Forschung

Ethnologische Untersuchungen haben als erste systematische Theoriebildung und Forschung zu dem Konzept Archetypen geliefert, und zwar historisch schon vor Jung. In der Völkerkunde war nämlich schon länger die hochgradige Übereinstimmung in den Erzählmotiven weit voneinander entfernt lebender Ethnien aufgefallen und hatte etwa ab 1880 eine noch Jahrzehnte anhaltende Debatte darüber in Gang gesetzt, wie man diese Übereinstimmungen in den Märchen und Mythen erklären könne (▶ Kap. 2.8). Hier nur einige Belege zur Illustration: In einer vergleichenden Untersuchung von über 50 zufällig ausgewählten Kulturen zeigte sich in der Mythologie in 39 von ihnen das Inzestmotiv (Kluckhohn 1960); die Mehrzahl der auf der Welt bekannten Volksmärchen ließen sich zu einer Typologie mit einer zweistelligen Zahl an Typen ordnen, und zu jedem Typus finden sich Exemplare aus völlig unterschiedlichen Erdteilen (Aarne & Thompson 1964); zu den praktisch bei allen Völkern übereinstimmend vorkommenden mythologischen Motiven gehören: das uranfängliche Chaos, die Trennung von Himmel und Erde, eine verheerende Flut als Strafe für die Menschen, der Inzest der uranfänglichen göttlichen Geschwister, der Raub des Feuers von den Göttern u. a. m. Infolge des Theorienstreits (Elementargedanken vs. Wanderungshypothese) wurde in der Ethnologie intensiv geforscht und tatsächlich Erkenntnisse über Wanderungsbewegungen und kulturellen Austausch gewonnen. Ohne Zweifel haben sich Kulturen gegenseitig beeinflusst und dies hat Niederschläge in linguistischer und mythologischer Hinsicht hinterlassen. Trotzdem gilt in der Ethnologie die Wanderungshypothese als widerlegt. Es ließen sich nicht zwischen allen Ethnien mit übereinstimmenden

Mythen physische Kontakte nachweisen, bei manchen sogar explizit ausschließen (Bischoff 1997).

Darüber hinaus haben Humanethologen in kulturvergleichenden Studien ein Set von Universalien menschlichen Verhaltens identifiziert: »Universalien des Sozialverhaltens wurden in folgenden Bereichen beobachtet: bei der Mutter-Kind-Beziehung, bei der Paarfindung, beim Ausformen der Rangordnung, bei Territorialverhalten, bei Objektbesitz und -tausch, bei innerartlichem Feindverhalten sowie bei Neugierverhalten bzw. explorativer Aggression« (Obrist 1990). Dies ist nun zwar einer der überzeugendsten Belege für die Existenz von Archetypen, zugleich kann man diese Universalien aber auch ohne Rückgriff auf die Behauptung, sie seien genetisch vererbt, erklären. Levi-Strauss (1976) hat in seiner Konzeption einer strukturalen Anthropologie eine ganz andere Erklärung gefunden: die interkulturelle Gleichartigkeit z. B. in Heirats- der Initiationsriten kommt dadurch zustande, dass menschliche Gemeinschaften zu allen Zeiten und überall auf der Welt mit denselben strukturellen Problemen konfrontiert sind (z. B. der Ablösung aus den starken emotionalen Bindungen an die Ursprungsfamilie und der Öffnung für neue Bindungen, die eine gesunde Fortpflanzung ermöglichen, d. h. nicht Inzest darstellen, und so den Fortbestand der Gemeinschaft sichern) und dafür dann auch ähnliche Lösungen finden.

Außerdem finden sich bei anderen Anthropologen auch gegenteilige Argumentationen mit zahlreichen Belegen. So zeigt z. B. Ahnert (2010), dass es selbst bei so basalen menschlichen Eigenschaften und Verhaltensweisen wie z. B. dem Fürsorgeverhalten interkulturell so massive Differenzen bestehen, dass man hier nicht von Universalien sprechen kann. Auch hier findet sich meines Erachtens das Problem, dass Jungianer gerne selektiv solche Forschungsergebnisse auswählen, die die Theorie der Archetypen bei Jung stützen und nicht passendes Material aussortieren.

## 4.2.4 Forschung zu veränderten Bewusstseinszuständen

Studien, die sich auf veränderte Bewusstseinszustände beziehen, wurden schon in den 1960er und 1970er Jahren als Beleg für die Richtigkeit der

Archetypentheorie angeführt: Masters und Houston (1966) dokumentierten über einen Zeitraum von 15 Jahren in 206 Sitzungen die Phantasien von Probanden unter LSD- und Meskalin-Einfluss unter experimentellen Bedingungen. Sie berichten zum einen eine hochgradige Regelmäßigkeit in den Mustern der berichteten Phantasien. Die Versuchsleiter wurden häufig in sehr ähnlicher Weise verzerrt wahrgenommen, nämlich als Götter, Priester oder Personifikationen von Weisheit, Wahrheit oder Schönheit, d. h. als numinos aufgeladen, was der Definition von Archetypen entspricht. Zum anderen entsprachen die berichteten Phantasien in hohem Grade mythologischen Themen (Mythos des Kind-Heros, der Schöpfung, der ewigen Wiederkehr, des Paradieses und Sündenfalls, von Inzest und Strafe), Polaritäten (Licht und Dunkelheit, Ordnung und Chaos, Mythos der Gralssuche) und die auftretenden Figuren waren in 96 % der Fälle religiöse Figuren. Vergleichbares wurde von Stanislaf Grof (1978) aus seinen LSD-Experimenten berichtet. Es wurde hier argumentiert, das Halluzinogen versetze das Nervensystem der Probanden in einen interindividuell vergleichbaren Zustand und aktiviere die phylogenetisch gleichartigen neuronalen Strukturen, eben die Archetypen. Die erlebten Phantasien seien Ausformungen archetypischer Grundmuster. Aus wissenschaftlicher Perspektive ist an dieser Argumentation problematisch, dass sie einen hohen Grad an Interpretation beinhaltet, und man könnte ihr vorwerfen, dass sie aus dem Material das herausliest, was sie finden will. Auch waren natürlich alle Probanden Erwachsene und hatten somit einen Sozialisationsprozess durchlaufen, so dass man auch sagen könnte, die Gleichartigkeit der Vorstellungen liege in der Gleichartigkeit der kulturellen Einflusse begründet. Somit wäre hier zumindest die These angeborener archetypischer Vorstellungen nicht zu beweisen. Andererseits ist aber doch die Ähnlichkeit der berichteten Phantasien bemerkenswert.

Der amerikanische Jungianer John Ryan Haule (2010) hat kürzlich in einem umfangreichen zweibändigen Werk ausführlich zu Jungs Archetypenkonzept Stellung genommen und eine Fülle an theoretischem und empirischem Datenmaterial zusammengetragen. Ein Beispiel wäre der sog.»kausale Operator«, d. h. die menschliche Eigenart, Kausalverbindungen herzustellen, in der Haule sogar die Grundlage der modernen Wissenschaften erkennt. Sehr interessant sind Haules Thesen zur neuropsychologischen Fundierung bestimmter Rituale und ritueller Körperhaltungen, wie wir sie überall auf der Welt finden und welche damit eine universelle menschliche Verhaltensform darstellen. Haule stützt sich dabei auf die Forschungen der Anthropologin Felicitas Goodman (1992), die vergleichende Ritualforschung betrieben hat. Aus diesen Vergleichen extrahierte sie bestimmte universell verbreitete Körperhaltungen, wie sie bei verschiedenen Völkern zur Erlangung von Trancezuständen Verwendung finden. Diese Körperhaltungen wurden dann in experimentellen Studien von Versuchsteilnehmern eingenommen und es zeigte sich, dass sie vergleichsweise zuverlässig zu voneinander unterscheidbaren Trancezuständen führen. Besonders interessant ist dabei, dass diese Körperhaltungen sich schon als Darstellungen in jungsteinzeitlichen Höhlenmalereien finden. Goodman und Haule nehmen an, dass Menschen schon früh diese Haltungen als effektiv tranceinduzierend entdeckt haben, weil die Haltungen bestimmte universelle Gegebenheiten des menschlichen neuronalen Systems nutzen. Dass diese Haltungen zum einen weltweit verbreitet sind und sie zum anderen auch bei heutigen Menschen Trancezustände auslösen spricht dafür, dass wir es hier tatsächlich mit universellen Mustern zu tun haben. Die körperliche Verankerung dieser Muster lässt sich ebenfalls nachweisen. In einer Untersuchung konnte Rittner (2006) die durch die Trancehaltungen ausgelösten Bewusstseinszustände im EEG abbilden: hier zeigte sich ein charakteristisches Phänomen, nämlich eine Erhöhung der kortikalen Negativierung (was für eine überwache Hochspannung spricht) mit einer gleichzeitigen Zunahme langsamer Thetawellen, die mit Tiefenentspannung verbunden sind. Es handelt sich also um einen paradoxen und weit außerhalb der Alltagserfahrung liegenden Zustand des Gehirns. Interessant aus jungianischer Sicht ist auch, dass sich hier Jungs Unterscheidung zwischen dem letztlich unerfahrbaren, inhaltsleeren »Archetyp an sich« sowie dem konkreten archetypischen Bild, das erfahrbar ist, wieder finden ließe: die rituellen Körperhaltungen sind bei allen Völkern gleich und lösen übereinstimmend Trancen aus, die Inhalte der »Geistreisen« sind dann aber jeweils kulturell bedingt – der Inuit begegnet dem Robbengeist, der Pygmäe den Geistieren des afrikanischen Urwaldes.

Haule (2010) argumentiert auf diesem Hintergrund, dass Archetypen als »typische emotionale Körperzustände« (S. 259) verstanden werden müssen. Diese Zustände seien eine evolutionär bedingte spezifische Kombination von Zuständen des neuronalen Systems, insbesondere des Autonomen Nervensystems, von Ausschüttung von Hormonen und Neuromodulatoren, Körperhaltungen, Gesichtsausdrücken etc. Schon frühe menschliche Gruppen hätten diese Zustände zu unterscheiden gelernt und vor allem Rituale und Mythen entwickelt, mit denen diese Zustände zielsicher herbeigeführt werden konnten.

Dass es ganz offenbar Einflüsse archetypischer Muster auf Körperzustände gibt, belegt auch die folgende Studie. In einer schmerzmedizinischen Studie brachten Kut et al. (2007) Probanden dazu, sich mit bestimmten archetypischen Rollenvorbildern (im Original so bezeichnet) zu identifizieren und maßen dann das Ausmaß von Schmerzempfinden. Es zeigte sich, dass für diejenigen, die sich mit dem Bild eines Helden/einer Heldin identifizierten, das subjektive Schmerzempfinden signifikant niedriger ausfiel als für Probanden mit einer Identifizierung mit dem Bild eines Feiglings. Die Autoren beabsichtigen, diese Erkentnnsise in der Behandlung chronischer Schmerzsyndrome zu nutzen.

## 4.2.5 Experimentelle Studien zum Archetypenkonzept – Studien zum archetypischen Gedächtnis

Um ein Instrument zu erhalten, mit dem die Archetypenhypothese objektiv und systematisch experimentell untersucht werden kann, hat David Rosen mit seinem Team am Lehrstuhl für Analytische Psychologie der A+M University in Texas das Archetypal Symbol Inventory (ASI) entwickelt, das aus 40 archetypischen Symbolen und 40 damit verbundenen Wörtern besteht, welche die archetypische Bedeutung dieser Symbole angeben (Rosen et al., 1991) (▶ Abb. 4.1). Außerdem entwickelten Rosen und Smith eine Reihe von Experimenten, um die Hypothese eines archetypischen, das heißt kollektiven Unbewussten Gedächtnisses zu prüfen. Die erste Studie von Rosen et al. (1991) unterstützte, ebenso wie weitere Studien von Huston (1992) sowie Huston et al. (1999), die Hypothese eines archetypischen, kollektiven unbewussten Gedächtnisses.

## 4.2 Empirische Evidenz für Archetypen

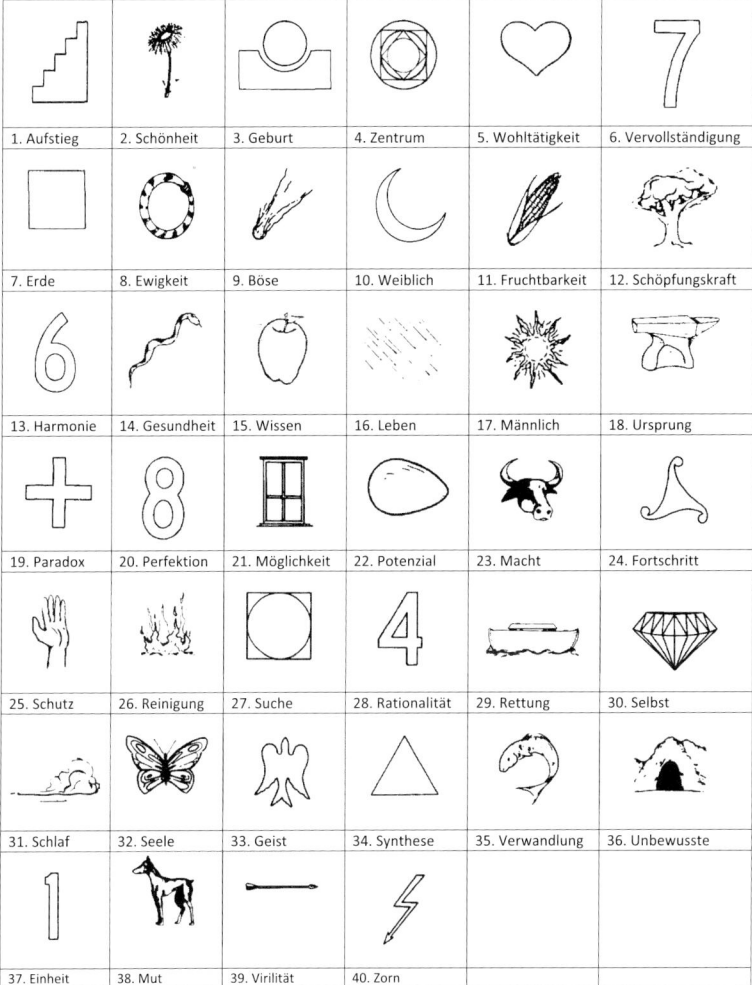

**Abb. 4.1:** Archetypal Symbol Inventory aus (Rosen et al. 1991), deutsche Übersetzung

In der ersten Studie untersuchten Rosen et al. (1991) in einem aus der kognitionspsychologischen Forschung entlehnten Design Assoziationen zwischen Symbolen und ihrer Bedeutung (auf die fruchtbare Verknüpfung des Archetypenkonzepts mit kognitionspsychologischer Forschung zu lernenden Systemen hatte schon Seifert (1975) hingewiesen). Aus Laborforschung zu Lernen und Gedächtnis ist bekannt, dass Assoziationen zwischen semantisch verknüpften Begriffen (z. B. Baum und Blatt) besser gelernt werden als zufällige Verknüpfungen. In der Studie wurde nun zunächst der »Archetypal Symbol Inventory« Test psychologisch entwickelt: es wurden 40 Bilder von Symbolen, die in der Jung'schen Psychologie als Archetypen gelten, ausgewählt und jeweils mit dem Wort, das ihre archetypische Bedeutung bezeichnet, kombiniert (z. B. Bild »Schmetterling« und Bedeutung »Seele«). Die Hypothese war, dass Verknüpfungen, die auf archetypischen Bildern und Bedeutungen beruhen, leichter gelernt und deshalb besser erinnert werden können als zufällige Kombinationen, weil für die archetypischen Kombinationen schon eine Bereitschaft im Gehirn vorliegt. Um sicherzustellen, dass die »archetypischen« Kombinationen nicht auch durch kulturelle Einflüsse verstärkt wurden, wurden zwei Vorstudien durchgeführt, die bestätigten, dass es bei den Probanden kein bewusstes Wissen um die Verknüpfung gab, so dass man davon ausgehen konnte, dass alle Kombinationen unbekannt waren und deshalb die Chance, sie zu lernen, gleich verteilt, nämlich zufällig war. In der Hauptstudie wurden dann 235 Probanden 40 Kombinationen von Bild und Wort präsentiert. Im zweiten Durchgang sollten die Probanden auf die Präsentation nur des Bildes das dazugehörige Wort erinnern. Dabei war jeweils die Hälfte der Kombinationen in der richtigen »archetypischen« Kombination, die andere Hälfte war »falsch« kombiniert. Die varianzanalytische Auswertung zeigte eindeutig, dass die »archetypischen« Kombinationen besser gelernt werden konnten und damit die Hypothese bestätigt wurde, und zwar hochsignifikant ($p < .0001$). Weitere Studien von Huston (1992) sowie Huston et al. (1999) mit dem originalen ASI fanden dieselben signifikanten Effekte.

Um zu überprüfen, ob die von Rosen et al. gefundenen Resultate einen Effekt aufweisen, der in allen Kulturen und sprachlichen Kontexten zu finden ist, übersetzten Sotirova-Kohli et al. (2013) das ASI ins Deutsche und führten eine Replikation der Studie in der deutschsprachigen Schweiz durch. Die Ergebnisse zeigten dieselben signifikanten Effekte wie in den amerikanischen Studien, womit die kulturübergreifende Gültigkeit der Hypothese eines archetypischen Gedächtnisses belegt wäre.

Schon zuvor hatte dieselbe Erstautorin (Sotirova-Kohli et al. 2011) das Rationale des ASI auf ein anderes Medium übertragen, nämlich japanische Schriftzeichen, und mit demselben Forschungsdesign wie die ursprüngliche amerikanische Studie untersucht. Das Besondere an den Kanji ist, was sie für die Untersuchung zum archetypischen Gedächtnis besonders geeignet macht, dass sie ursprünglich chinesische Schriftzeichen auf der Basis von bildhaften Darstellungen waren, die ins Japanische übernommen wurden. Sie sind als ein von der Sprache unabhängiges semiotisches System entstanden. Die Untersuchung geht von der Annahme aus, dass angesichts der Umstände ihres Ursprungs wie auch der Besonderheit ihrer kognitiven Verarbeitung als Teil des Systems der japanischen Sprache die Kanji symbolische archetypische Bilder (Bilderschemata) darstellen. Chinesische Zeichen in der japanischen Sprache funktionieren nicht phonetisch, haben aber ihren denotativen Wert als Bilder beibehalten, die im Sprachsystem eine unbewusste/implizite Kenntnis von Bedeutungen auslösen, ähnlich wie bei archetypischen Symbolen des ASI. Die Natur der japanischen Sprache ermöglicht in diesem Sinne einen Bezug zur archetypischen Ebene, unabhängig von den phonetischen Signifikanten der Sprache mittels graphischer Darstellung der Sprachkonzepte durch chinesische Zeichen.

Die Autoren setzten eine Reihe von 40 Kanji ein und führten hiermit die gleiche Serie von drei Experimenten wie Rosen et al. (1991) durch. Es wurden zunächst zwei Pilotstudien durchgeführt (Experiment 1 und 2), um zu prüfen, ob Teilnehmende, welche keine asiatische Sprache mit chinesischen Zeichen gelernt hatten, die Bedeutung der Zeichen erkennen konnten, indem sie auf kryptomnestisches Wissen zurückgriffen. Beide Vorstudien zeigten wenig bis gar kein Vorwissen über die Bedeutung der Zeichen. Im Hauptteil der Studie gingen Sotirova-Kohli et al. von der Hypothese aus, dass, wenn Kanji-Zeichen wie archetypische Bilder (Rosen et al. 1991) mit ihrer richtigen Bedeutung verbunden werden, diese richtigen Paare eine bessere Lern- und Abrufrate aufweisen würden als bei einer Verbindung mit einer unrichtigen Bedeutung. Auch hier zeigte sich ein nachweisbarer, signifikanter Effekt der »richtigen« Kombination von Zeichen und Bedeutung in einer besseren Lern- bzw. Reproduktionsrate, was im gleichen Sinne wie oben als Beleg für ein archetypisches Gedächtnis interpretiert werden kann.

Beim Versuch, die aufgefundenen Ergebnisse auf einem neurowissenschaftlich-kognitionspsychologischen Hintergrund zu erklären, argumentieren Huston et al. (1999), dass es möglicherweise einen Mechanismus für das evolutionäre kollektive (archetypische) Gedächtnis gibt. Sie erklären den Effekt der besseren Abrufbarkeit von Bedeutungen, wenn sie mit dem richtigen Symbol gepaart sind, als das Resultat einer interhemisphärischen Verbindung, die durch den Hirnbalken (des Corpus callosum) vermittelt wird, was das Abrufen der genauen Bedeutung des archetypischen Symbols, das durch eine affektive Reaktion ausgelöst wird, ermöglicht (Huston et al. 1999, S. 145–146). Laut diesen Autoren ist die rechte Gehirnseite der Sitz der archetypischen Muster und Symbole sowie ihrer affektiv aufgeladenen Bilder, während die linke Seite Sitz des verbalen Wissens ist. Man geht davon aus, dass beim Zeigen eines archetypischen Symbols in Verbindung mit der richtigen Bedeutung eine affektive Reaktion ausgelöst wird, die mit einem bestimmten archetypischen Bild in der rechten Gehirnseite verbunden ist, was dazu führt, dass das evolutionäre unbewusste archetypische Gedächtnis angeregt wird. Es ist also die affektive Reaktion, welche das Abrufen der richtigen Bedeutung (Wort) des Symbols erleichtert, wenn die Symbole später allein gezeigt werden.

Die hier untersuchte Annahme und die Anlage der Studien haben große Ähnlichkeit zu Seligmans (1972) Konzept der »preparedness« und seinen dazugehörigen Studien, die zeigten, dass sowohl bei Säugetieren als auch bei Menschen biologisch angelegte Bereitschaften für das Lernen existieren; z. B. entwickeln Menschen nur auf ganz bestimmte Reize Phobien, wie z. B. Spinnen oder Schlangen, nicht aber auf Tauben oder Hasen. Seligman interpretiert dies ebenfalls als evolutionär bedingt und biologisch angelegt.

In einer anderen, ebenfalls experimentellen Studie von Maloney (1999) wurde dieselbe Erklärungshypothese, dass nämlich Bilder mit archetypischem Inhalt bei Erwachsenen eine spezifische Präferenzstruktur für diese Bilder auslösen, in anderer Weise getestet. Folgende aus der Archetypentheorie abgeleitete Annahmen wurden zugrunde gelegt: »First, innate structure must affect subjects' emotional responses. Second, archetypal effects must be sufficiently discrete to be detected as separate processes. Third, archetypal structure must affect adult perception. Fourth, visual images presented must be related to archetypal themes. And finally, questions presented to subjects must be evocative of the underlying archetypal structure.« (S. 103). Den 151 Probanden wurden Bilder zu den zwei archetypischen Themen »Mutter« und »Held« vorgelegt, in jeweils drei Versionen: positiv, negativ und non-anthropomorph (in nichtmenschlicher Form). Die Probanden mussten ein Q-Sort legen, d. h. die Bilder in einer Präferenzreihe zu bestimmten Fragestellungen anordnen, z. B. zur Frage »Ich empfinde dieses Bild als ... (sehr unangenehm bis sehr angenehm)«. Die zu jeder Frage entstandenen Kombinationen wurden über den Bartlett's Sphärizitätstest daraufhin überprüft, ob sie signifikant von einer Zufallsanordnung abweichen, wobei der Signifikanztest mit $p <$ .005 sehr streng angesetzt war. In diesem Test erwies sich nur eine einzige Frage (Q3) signifikant, allerdings hochgradig und konsistent in allen drei Versionen: »Wenn ich dieses Bild immer mit mir tragen müsste, wäre das für mich ... (sehr unangenehm bis sehr angenehm)«. Die Autoren interpretieren dies so, dass offenbar nur diese Fragestellung eine entsprechend starke affektive Reaktion auf die Bilder hervorruft, so dass dann eine archetypische Struktur zum Tragen kommt. Die Kombinationen auf Frage Q3 wurden dann einer Faktorenanalyse unterzogen, die in allen drei Versionen jeweils die gleiche Faktorenstruktur ergab. Der Autor interpretiert dies als konsistent mit der Archetypentheorie und Beleg für ihre Gültigkeit.

### 4.2.6 Forschung mit dem Archetypenkonzept

Jenseits der Frage seiner empirischen Begründung wurde das Archetypenkonzept in zahlreichen empirischen Forschungsarbeiten verwendet.

Auf der Basis des Archetypenkonzepts wurden zum einen standardisierte Testinstrumente entwickelt. Hier ist insbesondere der Pearson-Marr-Archetypentest (PMAI) hervorzuheben, für den befriedigende Testgütekriterien und Auswertungsmanuale für verschiedene Anwendungsbereiche vorliegen, und der mittlerweile breite Anwendung vor allem im Organisations- und Managementbereich findet. Der Test ist in einer Online-Version über die Website des Center for Applications of Psychological Type (www.capt.org) allgemein zugänglich, welches auch

Schulungen hierzu veranstaltet und eine Datenbank über Forschung mit dem PMAI führt. Über die Literaturdatenbank dieser Website sowie in den Zeitschriften »Bulletin of Psychological Type«, »Journal of Psychological Type«, »Australian Journal of Psychological Type« und »British Association for Psychological Type, TypeFace« finden sich zahlreiche empirische Arbeiten zum Zusammenhang zwischen Jungs Typologie und dem Konzept der Archetypen.

Unter Verwendung des Archetypenkonzepts und dem Untersuchungsgegenstand entsprechende Operationalisierungen wurde der Einfluss archetypischer Faktoren auf verschiedene Zusammenhänge empirisch untersucht, u. a. auf Gewichtsabnahme (Twillman 2000) und sportliche Leistung (Dench 2007). Hier ist v. a. das umfangreiche Forschungsprogramm von Boyd (1991) hervorzuheben, der auf der Basis der Jung'schen Psychologie den Beitrag kleiner Gruppen zur individuellen Entwicklung untersucht hat. In diesem Rahmen wurde auf der Basis der umfangreichen jungianischen Literatur zum Konzept der Archetypen Animus und Anima eine Operationalisierung entwickelt, mit dem das Auftreten dieser Archetypen in Gruppeninteraktionen empirisch erfasst werden konnte.

Unter einer mehr klinisch-psychologischen Perspektive untersuchte Alexopoulou (2008) eine Teilstichprobe von Familien aus einer europaweiten Vergleichsstudie von Systemischer Familientherapie und psychodynamischer Kurzzeittherapie in der Versorgung von Familien mit depressiv diagnostizierten Kindern. Hierbei wird der von Papadopoulos (1996) entwickelte Ansatz der »Archetypischen Familientherapie« verwendet, um das klinische Geschehen aus einer archetypischen Perspektive zu analysieren. Yiannakou (2008) untersuchte an einer Stichprobe von Flüchtlingen mit potenziellen Traumatisierungen Resilienzfaktoren aus einer jungianisch-archetypischen Perspektive.

Buck (2003) untersuchte unter Verwendung einer phänemonologischen Methodik die archetypischen Aspekte des psychotherapeutischen Rahmens. Ebenfalls auf das psychotherapeutische Geschehen fokussiert die Untersuchung von Addison (2008), die versucht ein Forschungsdesign umzusetzen, um Jungs Konzept des Psychoids als archetypische Verbindung von Psyche und Soma im Übertragungs-Gegenübertragungsgeschehen zu überprüfen.

Verschiedene Autoren haben sich mit dem Einfluss archetypischer Faktoren auf die Bewältigung von Lebensübergängen bzw. kritischen Lebensereignissen befasst und damit auch Jungs Konzept des Individuationsprozesses als einer archetypischen Struktur von Entwicklung über die Lebensspanne überprüft. Pedersen-Schaefer (2002) ordnete 153 weibliche Probandinnen in der Lebensmitte den weiblichen Archetypen nach Bolen zu und untersuchte über standardisierte klinische Testinstrumente (SCL-90-R, Quality of Life Questionnaire) deren Stressniveau und psychische Belastung. Ein interessantes Ergebnis ist hier, dass Frauen, die einem in unserer Kultur unterbewerteten weiblichen Archetyp zugeordnet wurden (z. B. Persephone oder Demeter), mehr globalen Stress erfuhren, während Frauen mit einem hoch bewerteten Archetyp mehr Ängstlichkeit erlebten. Prendergast (2005) dagegen untersuchte Männer in der Lebensmitte anhand von Tiefeninterviews und konnte feststellen, dass dieser Übergang für alle Probanden schwieriger als alle vorherigen Übergänge erlebt wurde. Der Übergang konnte eindeutig besser bewältigt werden, wenn Gefühle kommuniziert werden konnten und die Person eine spirituelle Orientierung hatte. Cureton (2003) untersuchte anhand qualitativer Interviews bei Krebspatienten mit einer ursprünglich lebensbedrohlichen Diagnose, deren Erkrankung völlig ausgeheilt war, ob diese Erfahrung auch psychisch einen Effekt im Sinne der Erfahrung von Ganzheit oder Vervollständigung hatte. Es wurden mehrere Faktoren gefunden, die diese Ganzheitserfahrung beförderten, darunter eine Lebensorientierung, die Transformation beinhaltet, sowie Sinnfindung. Oxidine (2001) untersuchte die bewusste und unbewusste Erfahrung des Individuationsprozesses bei über 65-Jährigen anhand der grounded-theory-Methodologie. Alle vier Autoren interpretieren ihre Ergebnisse als Belege für Jungs Auffassung einer archetypischen Struktur des Individuationsprozesses.

### 4.2.7 Diskussion der empirischen Evidenz

Es lässt sich also zunächst einmal festhalten, dass es offenbar auch nach heutigem Wissensstand nachweisbare universelle, angeborene oder zumindest (neuro-) physiologisch verankerte Fähigkeiten bzw. Qualitäten auf psychischer Ebene bei Menschen gibt. Außerdem zeigt der Überblick, dass sich das Archetypenkonzept durchaus in wissenschaftlicher Forschung in einer überprüfbaren Weise operationalisieren lässt. Der Überblick über den Forschungsstand macht aber zum anderen auch deutlich, dass die Zahl dieser universellen psychischen Eigenschaften sehr begrenzt ist und diese sich außerdem auf sehr einfache, basale mentale Kompetenzen beschränken. Dies ist ein erster zentraler Punkt, an dem die heutigen wissenschaftlichen Erkenntnisse Jungs ursprüngliche Auffassung von Archetypen zumindest infrage stellen: die nachweisbaren »archetypischen« Qualitäten sind in ihrem Komplexitätsniveau viel zu einfach und sehr weit entfernt von etwas so komplex wie beispielsweise dem Mythos der Heldenreise. Diese Problematik wird auch bei aktuellen jungianischen Autoren wahrgenommen, aber kontrovers diskutiert. Der amerikanische Jungianer John Ryan Haule (2010) hat kürzlich in einem umfangreichen zweibändigen Werk ausführlich zu Jungs Archetypenkonzept Stellung genommen und eine Fülle an theoretischem und empirischem Datenmaterial zusammengetragen. Er hebt immer wieder Jungs vorausschauende Einsichten und deren Übereinstimmung mit modernen Erkenntnissen hervor, sammelt aber zugleich Material, das Jung in verschiedenen Punkten widerspricht. Seine generelle Argumentation ist die, dass mittlerweile in den Naturwissenschaften genügend Belege für die Existenz archetypischer Strukturen vorhanden sind. Als herausragendes Beispiel für einen biologisch begründeten Archetyp nennt er die menschliche Fähigkeit zu Sprache. Hier scheint es tatsächlich, wie bereits dargestellt, biologisch begründete Bereitschaften zu geben. Haule übersieht jedoch meines Erachtens, dass die von ihm hervorgehobenen Archetypen wie z. B. Sprache, für die es wissenschaftliche Belege gibt, zahlenmäßig sehr gering sind und zudem weit entfernt von vielen Konzepten, die Jung selbst als archetypisch bezeichnet hat. Dazu gehören eben wie oben ausgeführt auch komplexe soziale Verhaltensmuster, mythische Narrative u. a. Haule versucht diesen Problemen hier mit dem Begriff der »symbolischen Penetration« des biogenetischen Strukturalismus zu begegnen: Mythen und Rituale seien so konzipiert, dass sie bestimmte universelle neuronale Strukturen beim Menschen ansprechen und daher interkulturell vergleichbare Reaktionen hervorrufen. Auch mit diesem Argument hat man sich schon aus wissenschaftlicher Perspektive befasst, wie im Folgenden dargestellt wird.

Bischoff (1997) unternimmt den Versuch, einmal im Detail die von Jung gezogene Analogie Archetyp – Angeborener Auslösemechanismus (AAM) anhand des ethologischen Schemas Kind (Eibl-Eibesfeldt 1987) einerseits und des Archetyps des Kindes (Jung GW 9/1) andererseits zu untersuchen und zu überprüfen, ob die Parallelisierung zwischen Ethologie und Psychologie trägt. Das sog. Kindchen-Schema besteht darin, dass bei den meisten Tierarten der Kopf der Jungtiere im Verhältnis zum Körper größer ist und das Gesicht kompakter, d. h. gedrungenere Nase, Augen/Nase/ Mund enger beieinander usw. Diese Form stellt einen Auslöser für erwachsene Individuen der Art dar, der Aggression hemmt, Fürsorge und Brutpflegeverhalten aktiviert u. a. m. Dem stellt Bischoff nun Jungs Ausführungen zum Archetyp des Kindes gegenüber, insbesondere den bildlichen Darstellungen, in welchen dieser sich zeige. Fazit: »Zwischen diesen Interpretationsmustern liegen Welten. ... Für das ethologische Konzept steht offenkundig die physiognomische Erscheinung der Kindgestalt im Mittelpunkt des Interesses. Es geht hier um ganz bestimmte Formeigenschaften, die wie ein Schlüssel ins Schloß jenes Wahrnehmungsfilters passen müssen, der Pflegehandlungen auslösen soll.« (Bischoff 1997, S. 121 f.). Bei den bildlichen Darstellungen, die Jung als Manifestationen des Kind-Archetypus untersucht, trägt das Kind symbolische Bedeutung, die durch die Raumsymbolik vermittelt wird: »Das Kind ist ein Bedeutungsträger, von dem überhaupt nicht interessiert, wie er aussieht, sondern nur, dass er sich im Mittelpunkt des Bildes befindet und von einer bergenden, uterinen Hülle allseitig umschlossen wird. Man kann sich recht gut vorstellen, dass ein Diamant in einer Schatulle, eine Perle in einer Muschel, ein kostbares Elixier in einer Retorte ähnliche Anmutungen hervorrufen, und daher werden diese Bilder von Jung eben auch als zulässige Alternativen genannt« (S. 122).

Das Problem ist also, dass Jung hier zwei Entitäten parallel setzt, die auf kategorial völlig unterschiedlichen Ebenen liegen: einerseits eine instinktives, fast reflexartiges Verhaltensmuster und andererseits eine mehr oder weniger komplexe symbolische Bedeutungsstruktur. Genau diese Problematik durchzieht Jungs gesamte Argumentation zu den Archetypen. Verhaltensmuster bei Vögeln lassen sich nicht mit komplexen sinnhaften Mustern wie Ritualen oder mythologischen Geschichten bei Menschen gleichsetzen.

Hinzu kommt, dass die Verhaltensbiologen zu Jungs Zeit davon ausgingen, dass das komplette Verhaltensmuster genetisch festgelegt ist. Für niedere Tierarten scheint das auch möglich, schon bei Säugetieren wird das aber fraglich – siehe z. B. Harlows Affenstudien, die zeigten, dass ein Mangel an Bemutterung im Kindesalter beim erwachsenen Affen dazu führt, dass kein oder kaum Fürsorgeverhalten gezeigt werden kann; ebenso wäre hier die große interkulturelle Variabilität im Fürsorgeverhalten bei Menschen zu erwähnen. Problematisch ist hier, dass die damaligen Biologen eine aus heutiger Sicht sehr bruchstückhafte Vorstellung von Genetik hatten, die Jung komplett übernahm. Deshalb und zur Klärung der Frage, ob Archetypen genetisch fixiert sein können, sollen in Kapitel 4.3.1 aktuelle Erkenntnisse der Humangenetik referiert werden.

Im Überblick über den heutigen Kenntnisstand wird auch deutlich, dass frühere Autoren aus der Analytischen Psychologie das Belegmaterial für die Archetypentheorie selektiv gehandhabt haben und Gegenbelege nicht beachtet oder sogar aktiv aussortiert haben. Möglicherweise wird in der Analytischen Psychologie bislang der biologische Anteil bei der Weitergabe bestimmter psychischer Merkmale überschätzt und kulturelle Einflüsse systematisch unterschätzt. Nicht einmal die Unterschiede in psychologischen Merkmalen zwischen den Geschlechtern sind offenbar in erster Linie auf biologische Unterschiede zurückzuführen, sondern wohl hauptsächlich erlernt und beruhen daher vor allem auf kulturellen und sozialisatorischen Einflüssen. Die Psychologin Cordelia Fine (2010) hat in einer Reihe ausgeklügelter Experimente diese Einflussfaktoren deutlich gemacht. So schneiden Frauen bspw. in Mathematiktests dann gleich gut ab wie Männer, wenn ihnen vorher verdeutlicht wird, dass es keine Unterschiede zwischen Männern und Frauen in solchen Tests gäbe. Sagt man den Frauen aber vorher, dass »es nun mal so ist, daß Männer in Mathematiktests besser sind«, dann schneiden die Frauen auch signifikant schlechter ab. Noch drastischer wird der Einfluss von Erwartungen, hier Rollensterotypen, wenn man Frauen diese Tests in Badeanzüge gekleidet absolvieren lässt, dann schneiden sie nämlich deutlich schlechter ab als in normaler Kleidung. Also sind die ja tatsächlich empirisch vorfindbaren Geschlechterunterschiede eher durch kulturell geprägte Erwartungen bedingt als durch biologische Faktoren. Ein weiteres Feld, in dem man immer universelle Übereinstimmungen vermutet hat, ist das der

Kinderbetreuung. Lieselotte Ahnert (2010), die herausragende deutsche Forscherin im Bereich Frühpädagogik, hat in einer kulturvergleichenden Studie nachgewiesen, dass es keinen Universaltyp einer ursprünglichen Form von Kinderbetreuung gibt, stattdessen findet man zwischen Kulturen mehr Unterschiede als Gemeinsamkeiten. Gerade auch bei traditionellen Völkern scheint dies der Fall zu sein, von denen Jung ja immer annahm, sie seien näher an den Archetypen. Die einzige universelle Gemeinsamkeit liegt im Bereich der Bindungsorganisation, hier scheint es sich tatsächlich um biologisch angelegte Abläufe zu handeln.

Schließlich bleibt auch noch das Argument, das für die Übereinstimmungen in menschlichen Verhaltensweisen oder in der Mythologie immer auch andere Erklärungen herangezogen werden können, die ebenfalls von Jungianern in der Regel ausgeblendet werden. Es gibt meines Wissens beispielsweise keine ausführliche Auseinandersetzung von jungianischer Seite mit der Strukturalen Anthropologie von Claude Levy-Strauss (1976), obwohl diese sich mit genau denselben Fragestellungen wie Jung befasst, allerdings eine sozialwissenschaftliche Argumentation einschlägt.

Andererseits aber gibt es doch vielfach empirische Hinweise, gerade auch aus den erwähnten experimentellen Studien, dafür, dass es so etwas wie Archetypen geben muss, wie immer sie auch zustande kommen. Im Grunde macht sich die Kontroverse um das Verständnis von Archetypen bei Jung selbst immer wieder an der Frage fest, wie diese denn von Generation zu Generation weitergegeben werden. An diesem Punkt der Diskussion wird deutlich, dass sich die entscheidende Frage beim Archetypenkonzept um den Punkt dreht, wie die Universalität der archetypischen Muster zustandekommt. Jung – und bis heute weite Kreise der Analytischen Psychologie – argumentieren, sie seien eben angeboren und würden auf genetischem Wege weitergegeben. In den oben erwähnten Erkenntnissen aus der Forschung wird aber auch deutlich, dass offenbar manche der als archetypisch bezeichneten Kompetenzen sich erst im Verlaufe der Entwicklung aus verschiedenen Grundkomponenten heraus verknüpfen. Die Frage, wie man sich diese Abläufe detaillierter erklären kann, bestimmt die derzeitige Debatte um das Archetypenkonzept. Diese wird im Folgenden mit einem Überblick über den heutigen Kenntnisstand zur Humangenetik und der Weitergabe von psychischen Qualitäten auf diesem Wege eingeleitet.

## 4.3 Erklärungsansätze für das Zustandekommen und die Weitergabe von Archetypen

### 4.3.1 Aktueller Stand der Humangenetik und Epigenetik

Jung argumentiert, die Archetypen seien in der genetischen Ausstattung des Menschen zu lokalisieren. Wir haben schon gesehen, dass man unterscheiden muss, was mit Archetyp genau gemeint sein soll. Es macht einen enormen Unterschied, ob behauptet wird, das Muster, wie bspw. der Webervogel sein Nest baut, sei genetisch angelegt, oder ob eine komplexe mythologische Vorstellung, ein kognitiver Inhalt, genetisch codiert sein soll. Das zweite ist schlichtweg nicht möglich. Seit der vollständigen Kartierung des menschlichen Genoms im Rahmen des Human Genome Projects weiß man, dass das menschliche Erbgut auf ca. 24 000 Gene begrenzt ist und der Großteil davon mit dem Bau der Organe belegt ist (Bauer 2008). Zudem encodieren Gene nur den Bau bestimmter Eiweiße, was wiederum bestimmte biochemische Vorgänge nach sich zieht. Würde »die Natur« tatsächlich versuchen, mit diesem Code eine komplexe symbolische Information wie z. B. eine mythologische Vorstellung zu codieren, würde dafür ungeheuer viel »Speicherplatz« benötigt – ganz abgesehen von der Frage, ob so etwas überhaupt möglich ist. Die vorhandenen Gene würden zur Codierung dessen, was in Jungs Theorie als Archetypen konzipiert ist, niemals ausreichen. Die Humangenetiker sind sehr klar in ihrer Aussage, dass Gene nicht als Träger komplexer symbolischer Information dienen können. Genetisch gesteuert entstehen in der frühen menschlichen Entwicklung fast nur subkortikale Strukturen. Symbolische Information braucht aber Vernetzungen im Neokortex, die erst im Laufe der Entwicklung (deutlich jenseits des ersten Lebensjahres) entstehen (Knox 2003). Das heißt zunächst einmal, dass Archetypen im Sinne komplexerer symbolischer Strukturen, also z. B. Mythologeme wie der Heldenmythos, grundsätzlich nicht genetisch codiert sein können, und die tatsächlich vorhandenen angeborenen mentalen Strukturen sind so

## 4.3 Erklärungsansätze für das Zustandekommen und die Weitergabe

rudimentär bzw. nur auf Wahrnehmungssteuerung ausgerichtet, dass sie meilenweit von diesen komplexeren symbolischen Mustern entfernt sind. Es hat schon bei Jung und auch nach ihm verschiedenste Versuche gegeben, die biologisch-genetische Konzeption der Archetypen zu retten. Das Problem, dass eine symbolische Information nicht genetisch codiert sein kann, wurde auch Jung schon ansatzweise bewusst. Er unterschied daher ab 1947 zwischen dem Archetyp an sich, der nur einen Kern bilde und inhaltsleer sei, und dem individuell erfahrbaren archetypischen Bild, bei dem es durchaus kulturell unterschiedliche Inhalte gebe. Leider bleibt Jung hier extrem vage, was man sich unter dem Archetyp-an-sich vorzustellen habe oder wo er zu verorten sei (z. B. »übertragen durch Mendelsche Partikel«). Man muss hier auch die Frage stellen, ob Strukturen des Archetyps-an-sich überhaupt inhaltsleer gedacht werden können oder ob nicht jegliche mentale Struktur immer auch durch Inhalte definiert ist.

Jungs Behauptung einer genetischen Anlage der komplexen Archetypen basierte auf den zu seiner Zeit noch bruchstückhaften Kenntnissen über Genetik. Die tatsächliche Funktionsweise von Genen, wie man sie heute kennt, unterschiedet sich deutlich von der Vorstellung, die offenbar Jung noch zugrunde legte, und die auch in vielen heutigen Argumentationen noch aufscheint. Diese überholte Vorstellung ließe sich vereinfacht vielleicht folgendermaßen formulieren: der genetische Code ist gleichbedeutend mit einem Bauplan, in dem der gesamte Aufbau des Menschen und auch seines Gehirns schon von vornherein festgelegt ist, und dieser Bauplan wird in der Entwicklung nur noch abgelesen und umgesetzt.

Tatsächlich hat man gerade in den letzten Jahren herausgefunden, dass es verschiedene Mechanismen gibt, durch welche die Gene in hohem Maße mit ihrer Umwelt interagieren und es sogar durch soziale und psychische Einflüsse in der Entwicklung zu einer Veränderung genetischer und anderer biologischer Strukturen kommen kann (Bauer 2008, 2006, 2005, 2002). Vor allem zwei Mechanismen, DNA-Methylierung und Histonmodifikation, wurden beschrieben, die zusammenfassend als Epigenetik bezeichnet werden (Buiting 2005, Doerfler 2005). Vereinfacht könnte man sagen, dass Gene nicht nur aus einer Information zur Herstellung von bestimmten Eiweißen (codierende Einheit) bestehen, sondern auch aus einer Sequenz, die auf biochemischem Wege Signale aus der Umwelt (zunächst der der Zelle, aber durch neuro-biochemische Signalleitung auch aus der Umwelt der Person) empfangen kann und dies in eine Aktivierung oder Deaktivierung des Gens umsetzt – ein Gen-Schalter oder Promoter. Kurz gesagt wird ein Gen nicht einfach wie ein Bauplan ausgeführt, sondern es wird in Abhängigkeit von Umgebungsbedingungen an- und abgeschaltet, was als Gen-Expression bezeichnet wird. Diese Gen-Schalter können »verpackt« sein, entweder durch Aufspulung auf dem Histon oder durch Anlagerung von Methylgruppen; beides hat den Effekt, dass der Gen-Schalter weniger leicht zugänglich ist oder gar nicht mehr erreichbar, und dass deshalb das Gen weniger oder gar nicht mehr gelesen wird. Das höchst interessante an diesen neuen Erkenntnissen ist nun, dass diese »Verpackung« durch frühe Erfahrungen (intrauterin und in den ersten Lebensmonaten) veränderbar ist. Ein Beispiel wäre die Modifikation der Stressreaktion (Bauer 2006, Meaney 2010): Mütterliche Zuwendung in den ersten Lebensmonaten führt über verschiedene neuro-biochemische Zwischenschritte zur Entfernung der Methylgruppen vom Genschalter des Glucocorticoid-Rezeptor-Gens, was dazu führt, dass das Gen dauerhaft stärker abgelesen wird. Dies bewirkt einen dauerhaft höheren Pegel des Antistresshormons und stellt somit einen bleibenden Puffer gegen Stress dar.

Francis Collins, einer der Leiter des Humane Genome Projects und einer der führenden Humangenetiker weltweit, fasst die heutigen Erkenntnisse über die Wechselwirkung von Anlagen und Umwelt zusammen, indem er schreibt, »daß die Gene die Basis bilden, auf die dann die Umwelt einwirkt« (Collins 2011, S. 231), und seinen Kollegen Matt Ridley zitierend: »Gene sind weder Puppenspieler noch Blaupausen. Und sie sind nicht einfach nur Erbfaktoren. Sie sind während des Lebens aktiv, sie schalten sich gegenseitig ein und aus, sie reagieren auf die Umgebung. Sie mögen zwar im Mutterleib den Aufbau des Körpers und des Gehirns steuern, aber dann bauen sie alles, was sie errichtet haben, ab und wieder neu auf – allein als Reaktion auf äußere Reize. Sie sind sowohl die Ursache als auch das Ergebnis unserer Aktivitäten. Manchmal sind die Anhänger der ›Umweltseite‹ vor der Stärke und der Zwangsläufigkeit der Gene so sehr erschrocken, dass sie die wichtigste Botschaft übersehen: Die Gene sind auf ihrer Seite.« (Collins 2011, S. 231). Diese letzte Bemerkung spielt auf die berühmte Debatte Anlage versus Umwelt an, die im Grunde die

Diskussion in zahlreichen Wissenschaften wie z. B. der Genetik und Entwicklungspsychologie im 20. Jahrhundert maßgeblich beherrscht hat. Mit Bezug auf diese Debatte könnte man nun eigentlich argumentieren, dass sich diese Frage, nämlich ob die Anlage oder die Umweltfaktoren bei der Ausformung psychischer Merkmale überwiegen, sich durch die Erkenntnisse der Epigenetik im Grunde erledigt hat – beide haben nämlich recht, die eigentlich interessante Frage ist aber, wie die Wechselwirkung zwischen beiden Größen gestaltet ist.

Die genetische Forschung hat mittlerweile verschiedene Genvarianten identifiziert, die mit psychischen Merkmalen einhergehen, allerdings auch wieder mit Umwelteinflüssen interagieren. So existiert bspw. offenbar ein »Depressionsgen« (5-HTTLPR), dessen kurze Variante das Risiko zu Depressionen erhöht – allerdings nur, wenn auch belastende Erlebnisse in der Kindheit vorliegen. Belsky (2009) prägt dafür den Begriff der »unterschiedlichen Empfänglichkeit«. Für eine ausführlichere Darstellung der Zusammenhänge siehe Teicher (2011).

Zusammengenommen bedeuten diese Ergebnisse vor allem eines: Auch wenn der Mensch zweifellos mit genetischer Information ausgestattet ist, so spielen doch Erfahrungen, und zwar in der frühen Entwicklung vor allem Erfahrungen in Beziehungen mit Pflegepersonen, eine ganz wesentliche Rolle dabei, welche genetische Information überhaupt und wie und wann abgelesen wird (Genexpression). »... experience itself can modify the expression of genes« (Marcus 2004, S. 98). Haule (2010) bemerkt hierzu: »Specifically, the genes whose expression is modified (turned on or off) are those that manufacture the proteins which alter the synapses, ›hardening‹ the wiring in some and ›softening‹ it in others« (S. 143). Erfahrungen bewirken also letztlich eine sehr unterschiedliche Ausformung derselben genetischen Anlage bzw. bestimmte Gene können nur auf bestimmte Erfahrungen hin überhaupt aktiviert werden. Das Schlüsselwort der modernen biologischen Entwicklungstheorie (Developmental Systems Theory) heißt also nicht mehr Bauplan, sondern Interaktion. Die Debatte Anlage vs. Umwelt ist damit obsolet geworden. Merchant (2012) hat die Implikationen dieser Erkenntnisse für die Archetypentheorie hervorragend zusammengefasst ebenso wie den aktuellen Stand der Debatte zwischen Befürwortern einer rein biologischen Verankerung von Archetypen vs. Anhängern einer interaktionistischen Sichtweise. Interessanterweise kommt Merchant in dieser neueren Arbeit bei der Überprüfung von Jungs eigenen Fallbeispielen, mit denen er die genetische Anlage von Archetypen zu beweisen suchte, zu der Erkenntnis, dass alle diese klassischen Fallbeispiele auch ohne die zwingende Annahme biologisch vererbter Archetypen erklärbar seien (▶ Kap. 6). Er nimmt in der Folge eine Position ein, die als Emergenz bezeichnet wird und weiter unten ausgeführt wird. Eine besonders wichtige Implikation betrifft die Universalität von Archetypen. Jung meinte, die Archetypen müssten bei allen Menschen gleichermaßen vorliegen, und dies sei nur dann gewährleistet, wenn sie genetisch verankert wären. Die aktuelle Genetik stellt genau dies infrage: selbst wenn etwas genetisch angelegt ist, heißt das keineswegs, dass es dann auch bei allen Genträgern zur selben Ausprägung führt. Wie gezeigt, hängt dies in so hohem Grade von Umwelteinflüssen ab, z. B. ob das Gen überhaupt gelesen wird, dass die Aussage, es liege bei mehreren Personen das gleiche Gen vor, zunächst einmal kaum etwas besagt. Das heißt auch, die Argumentation, Archetypen entsprängen der gleichartigen Bauweise des menschlichen Gehirns, wird obsolet, weil diese Gleichartigkeit keineswegs gegeben ist. Wenn Menschen im Laufe ihres Lebens unterschiedliche Erfahrungen machen, dann haben Sie letztlich auch unterschiedliche Gehirne, denn die Erfahrungen schlagen sich in der Struktur des Gehirns nieder. Hinzu kommt die Erkenntnis der hohen Kontextsensitivität von biologischer Entwicklung: schon kleinste Einflüsse können im Laufe der Entwicklungen massive Veränderungen auslösen, so dass selbst bei optimaler Kontrolle von Gen- und Umweltbedingungen praktisch keine Vorhersage über Merkmalsausprägungen möglich ist.

Dies kollidiert vor allem mit einer Konzeption Jungs, die sich implizit durch sein gesamtes Werk zieht: dass die Individualität und die psychische Eigenart der Person irgendwie in ihr angelegt ist, präformiert und unabhängig von den Einflüssen der Außenwelt – die Theorie der Archetypen ist hier ja nur die prominenteste Ausformung dieser zugrunde liegenden Konzeption (vgl. auch Roesler 2007). Diese Überbetonung der Autonomie des Individuellen und der Innenwelt ist sicherlich, um Jungs eigenes Wort zu benutzen, seine persönliche Gleichung. Jung hat damit einen enormen Beitrag zur Rehabilitation der Innenwelt und der Imagination, der Introversion und der individuellen Entwicklung in der Psychologie einer doch eher extravertierten Kultur geleistet. Diese Orientierung Jungs hatte aber m. E. die Schattenseite, dass er die Bedeutung zwischenmenschlicher Beziehungen für die Entwicklung auf weiten Strecken vernachlässigt hat (mit wenigen Ausnahmen, z. B. Die Psychologie der Übertragung, Jung GW 16). Hinzu kommt heute, dass die Erkenntnisse der Epigenetik die Bedeutung der Umweltbedingungen und insbesondere der frühen Beziehungen noch einmal verstärken, dass nämlich derselbe Genotyp in Abhängigkeit von Umweltbedingungen und hier vor allem von frühen Beziehungserfahrungen zu völlig unterschiedlichen Ausprägungen, und zwar nicht nur im psychischen, sondern bis in den biologisch-physischen Bereich, führt.

Schon andere Autoren (z. B. Tresan 1996) haben Jung bei seinem Versuch einer biologischen Begründung der Archetypen einen unangemessenen Reduktionismus vorgeworfen. Stadler (1997) hat detailliert herausgearbeitet, wie Einflüsse aus der Lebensgeschichte in Jungs Theoriebildung systematisch vernachlässigt wurden. Ich persönlich vermute folgenden Hintergrund für Jungs jahrzehntelanges Bemühen, sein Archetypenkonzept in eine biologische Konzeption hineinzuzwingen: Jung (so wie auch Freud) waren sich sehr wohl bewusst, dass sie mit der Entwicklung einer Psychologie des Unbewussten in einem Zeitalter positivistisch-materialistischer Wissenschaftsorientierung sich erheblicher Kritik aussetzen würden (vgl. auch Shamdasani 2003). Zugleich waren beide ganz offensichtlich extrem beeindruckt von den Fortschritten der »harten« Naturwissenschaften in ihrer Zeit. Dies zeigt sich m. E. auch in Jungs Versuch, seine Theorie der psychischen Energetik streng an den gerade entdeckten physikalischen Gesetzen der Thermodynamik auszurichten (Ironischerweise gelten diese mittlerweile in den Naturwissenschaften zumindest in der Formulierung aus Jungs Zeit als überholt, z. B. bezüglich des Entropie-Satzes, was erstaunlicherweise aber nach meinem Kenntnisstand in der Analytischen Psychologie nicht rezipiert wurde oder gar zu einer Veränderung des Energetik-Konzepts geführt hätte). Jedenfalls führte dies offenbar dazu, dass Jung meinte, seine Theorie stehe nur dann auf soliden Füßen, wenn er sie als Quasi-Naturwissenschaft formuliere. Dies steht in seltsamer Spannung zu seiner wissenschaftlich-praktischen Vorgehensweise, die nämlich durchwegs hermeneutisch ist – und diese Spannung durchzieht sein gesamtes Werk. Hier gilt m. E. für die Analytische Psychologie, was Habermas (1968) schon der Freudschen Psychoanalyse als ihr »szientistisches Selbstmissverständnis« vorgehalten hat. Dabei ist doch eigentlich alle Psychologie immer mit menschlicher Bedeutungsgebung und somit dem Verstehen von Sinnstrukturen befasst – worauf gerade Jung mit seiner Betonung der Zentralität von »Sinn« klar hingewiesen hat – und dieses Unternehmen kann nicht als Naturwissenschaft konzipiert werden, sondern benötigt immer den Einsatz eines interpretierenden Geistes.

Bezüglich des entscheidenden Merkmals Universalität von Archetypen stehen wir also vor einem Dilemma: ein genetischer Übertragungsweg quasi als Sicherung der universellen Verbreitung der archetypischen Information fällt angesichts dieser neuen Erkenntnisse aus; wie kann man dann einen Weg der Weitergabe universeller psychischer Archetyen theoretisch konzeptualisieren?

Im folgenden sollen deshalb einige aktuelle theoretische Konzeptionen aus verschiedenen Wissenschaften referiert werden, die mögliche Kandidaten für ein revidiertes Erklärungskonzept von Archetypen darstellen.

## 4.3.2 Endophänotypen

Eine mögliche Lösung für das genannte Dilemma liegt eventuell in dem neuen theoretischen Konzept der »Endophänotypen«, das Staufenberg (2011) folgendermaßen beschreibt: »Endophänotypen (oder auch intermediäre Phänotypen) sind ein forschungstheoretisches Konzept und stehen als eine Art Brückenglied zwischen dem nur molekularbiologisch meßbaren Genotyp und dem sicht- und beobachtbaren Phänotyp, der er (mit) hervorbringt. Der Phänotyp wird nicht nur durch die Gene und ihre komplexen Transkriptionen und Gen-Gen-Interaktionen, sondern auch durch epigenetische Faktoren, also auch durch die Umwelteinflüsse hervorgebracht« (S. 87). Die Autorin versucht dieses Konzept für die Erklärung der Störung ADHS nutzbar zu machen. Hier ist besonders deutlich, dass es zwar genetische Prädispositionen für die Ausbildung dieses Störungsbildes gibt, diese aber nicht hinreichend sind, damit die Störung auch manifest wird, sondern es braucht weitere, z. T. auch psychosoziale Faktoren. Diese wiederum bringen aber nur bei Vorhandensein der spezifisch genetischen Prädisposition die Krankheit zum

Ausdruck. Hier gibt es jedoch offenbar keine unendliche Zahl an Kombinationsvarianten, sondern es existieren offensichtlich typische Kombinationen von genetischer Anlage und Umweltbedingungen, die in ebendieser Kombination als Auslöser der Störung empirisch gefunden werden können. Für eine Beschreibung von Archetypen hieße dies, dass Archetypen als eben solche spezifischen Kombinationen von genetischer Anlage mit spezifischen Erfahrungen definiert werden könnten. Gerade in der Psychopathologie zeigt sich ja, dass es nicht eine unendliche Vielfalt an Störungsbildern gibt, sondern typische »Syndrome«, für die man auch typische Verursachungskonstellationen finden kann, z. B. Trennungserfahrungen bei Depression. Offenbar müssen aber auch genetisch bedingte Bereitschaften vorhanden sein, damit eine Person auf eine solche Erfahrung auch mit dem spezifischen Störungsbild reagiert. Das würde erklären, warum nicht alle Kinder, die entsprechende Erfahrungen machen, auch mit der Ausbildung eines entsprechenden Störungsbildes reagieren.

### 4.3.3 Konzepte und Forschungsergebnisse aus der Gestaltpsychologie, den Kognitions-und Neurowissenschaften

In der Berliner Schule der Gestaltpsychologie (Metzger 1954) wurde argumentiert, es sei eine Eigenschaft unserer kognitiven Struktur, prägnante, in sich stimmige Konfigurationen zu bilden, die sich dann stabilisieren, d. h. weiteren Veränderungen Widerstand leisten. Diese »guten Gestalten« finde man deshalb ubiquitär, was auch experimentell untersucht wurde (Stadler & Kruse 1990). Probanden wurde ein Punktmuster präsentiert, dass sie dann aus dem Gedächtnis reproduzieren mussten. Diese Reproduktion wurde einem weiteren Probanden vorgelegt, der sie wiederum reproduzieren musste, dies wiederum einem weiteren usw. Es war zu beobachten, dass die Ergänzungen irgendwann auf eine stabile Konfiguration hinausliefen, die nicht weiter verändert wurde, und die über verschiedene Serien von Probanden übereinstimmte. Das dahinterliegende Wirkprinzip wird als Konvergenz bezeichnet und erklärt die überall in der Natur sich findende Übereinstimmung grundlegender Formen, die eben in sich selbst so gute adaptive Eigenschaften haben, dass sie nicht mehr weiter verändert werden. In der Weiterentwicklung der Gestalttheorie floss das Konvergenzprinzip in die allgemeine Theorie selbstorganisierender Systeme ein. Diese Theorie wiederum wurde in der Analytischen Psychologie von Saunders und Skarr (2001) aufgegriffen und auf das Archetypenkonzept angewandt. Sie argumentieren, wo Jung sage, der Archetyp sei nur »Form ohne Inhalt«, verwechsle er dies mit dem *Prozess*, der die gleichartigen Muster hervorbringt. Die Ergebnisse der Neurowissenschaften, insbesondere konnektionistischer Modelle, sprechen dafür, dass Informationen im Gehirn nicht an einem Ort lokalisiert sind, sondern vielmehr in der koordinierten Aktivität neuronaler Netzwerke, also in einem Prozess. Nach Saunders und Skarr wären die Archetypen in den Prozessen der Selbstorganisation des Gehirns zu verorten, die die psychischen Muster hervorbringen: »When we employ a dynamical systems view of development, we no longer need the archetype-as-such to explain the formation of complexes. In fact we could do without it altogether and still have the same basic psychological system that Jung proposed« (Skar 2004, S. 247). Dies würde aber bedeuten, dass Archetypen nicht mehr völlig apriorisch sind. Die Organisationsformen des Gehirns bilden sich im Zusammenspiel von angelegten, durchaus angeborenen Schemata und frühesten Erfahrungen, an die dann weitere Erfahrungen angeglichen werden. Früher entwickelte kognitive Strukturen haben die Tendenz, fortzubestehen und neue Erfahrungen in die bestehenden Organisationsstrukturen einzufügen – in der Kognitionswissenschaft wird dies als top-down-Prozess bezeichnet. Unterschiedliche Erfahrungen werden durch diese Verarbeitungsprozesse aneinander angeglichen und fallen dann in dieselbe Kategorie. Diese Angleichungsprozesse sind schlichtweg eine Eigenschaft selbstorganisierender Systeme. Das heißt interessanterweise, dass vor allem Jungs Theorie der Komplexe von der modernen Kognitionswissenschaft gestützt wird. Wie oben ausgeführt steht allerdings infrage, dass die Bauweise des Gehirns tatsächlich von Mensch zu Mensch so ähnlich ist, wie hier angenommen wird, vielmehr führen unterschiedliche frühe Erfahrungen zu starken Unterschieden bis in die Physiologie des zentralen Nervensystems (vgl. Bauer 2002).

Die kognitive Entwicklungspsychologie nimmt in Übereinstimmung mit neurowissenschaftlichen Erkenntnissen zur neuronalen Entwicklung

## 4.3 Erklärungsansätze für das Zustandekommen und die Weitergabe

an, dass während der Embryonalentwicklung und in den ersten Lebensmonaten im Gehirn des Kindes zunächst eine maximale Anzahl an synaptischen Verbindungen zwischen den Neuronen gebildet wird; abhängig von ihrer Aktivierung werden diese synaptischen Verbindungen gestärkt oder atrophieren bei Nicht-Verwendung (Kandel 2008). Interessanterweise formulieren die freudianischen Autoren Turnbull und Solms (2005) diesbezüglich: »Wir werden alle mit mehr Synapsen geboren, als wir benötigen. Diese Synapsen repräsentieren die potentiellen Verbindungen zwischen Neuronen, die vielleicht einmal für die Entwicklung innerer Karten oder Modelle der Welt, in der wir uns bewegen, benötigt werden. In einem gewissen Sinne repräsentieren sie all die möglichen Welten, in denen wir uns potentiell wieder finden könnten. Die tatsächliche Umwelt, in die wir hineingeboren werden, bewirkt, dass lediglich ein Teil dieser Verbindungen aktiviert wird« (S. 76). Wenn man wollte, könnte man dies als Beleg für Jungs Auffassung lesen, dass allen Komplexen, die ja auf individueller Erfahrung basieren, ein archetypischer Kern zugrunde liegt.

Das besagte Konvergenzprinzip könnte man im Grunde auch auf Prozesse in sozialen Gemeinschaften anwenden, wie dies ja auch die Theorie sozialer Systeme tut, die menschliche Gemeinschaften ebenfalls als dem Selbstorganisationsprinzip unterworfen betrachten. In diesem Sinne könnte man argumentieren, wie dies ja auch schon der Ethnologe Claude Levy-Strauss in Bezug auf interkulturell übereinstimmende soziale Regeln und Riten getan hat, dass menschliche Gemeinschaften überall in der Welt und zu allen Zeiten dieselben strukturellen Probleme wie z. B. die Vermeidung von Konflikten in der Gemeinschaft mit denselben sozialen Verfahren und Regeln lösen, weil diese sich über Generationen hinweg als gute Gestalten herausbilden.

### 4.3.4 Archetypen als emergente Strukturen

Neuere jungianische Autoren sehen eine Lösung des beschriebenen Dilemmas vor allem in dem neueren wissenschaftlichen Konzept der Emergenz (Tresan 1996, Knox 2003, Hogenson 2004, Zsfg. bei Merchant 2012, S. 59 ff.). In emergenten Prozessen führen Verbindungen von elementaren Bausteinen bzw. das Zusammenwirken von Systemelementen zu qualitativen Sprüngen auf eine ganz neue Ebene, auf der völlig neue Gesetzmäßigkeiten gelten, die sich nicht aus den Eigenschaften der einzelnen Bestandteile vorhersagen lassen. Es wird nun argumentiert, dass Archetypen keine Lokalisation, z. B. in Genen, hätten, sondern gänzlich emergente Phänomene seien: »[Archetypen sind] die emergenten Eigenschaften der Entwicklungsdynamik von Gehirn, Umwelt und Narrativ« (Hogenson 2001, S. 27). Merchant (2009) fasst diese Argumentation folgendermaßen zusammen:

> »… the possibility that there are no such things as pre-existent, innate archetypal structures which direct psychological life and which are at the core of complex development. Rather there would be developmentally produced mind/brain structures (image schemas) underpinning a later scaffolding through various processes of emergence and self-organization. It is the latter which has the capacity to generate symbolic imagery. The crucial point is that such imagery would be arising out of mind brain structures which are themselves derived from early preverbal developmental experience and not from innate archetypes. The ramifications are substantial, for the very existence of archetypes as Jung conceived them is called into question« (S. 342).

Diese Denkrichtung in der Analytischen Psychologie geht also schon davon aus, dass man die Archetypen im Sinne Jungs nicht über den Weg einer genetischen Weitergabe konzeptualisieren kann. Vielmehr entwickeln sich »archetypische« Strukturen aus einem Wechselspiel zwischen Entwicklungserfahrungen und Basalstrukturen des Gehirns. Allerdings, so wird betont, stellt dies die Universalität der so entstandenen Strukturen infrage, weil nicht alle Menschen in ihrer Entwicklung exakt dieselben Erfahrungen machen.

Hier setzt die Theorie der basalen Schemata oder »image schema« von Jean Knox (2003) an, die als herausragende Vertreterin der Emergenz-Position betrachtet werden kann. Bilderschemata, eines der grundlegenden Konzepte in der kognitiven Semantik, sind die ersten Formen von Darstellungen, welche im kindlichen Gehirn geformt werden, indem sie die angeborene Fähigkeit des Gehirns als eines komplexen adaptiven Systems zur Selbstorganisation nutzen und so als »Anziehungspunkte« (Attraktoren) innerhalb des menschlichen Selbstorganisationssystems angesehen werden können (Hampe 2005). Gene kann man auf der Grundlage des aktuellen Kenntnisstandes so sehen, dass sie weniger

## 4.3 Erklärungsansätze für das Zustandekommen und die Weitergabe

spezifische Information enthalten, als vielmehr Prädispositionen für Entwicklung darstellen, die dann zum Zuge kommt, wenn sie auf entsprechende Umweltstimuli trifft. Was die mentale Entwicklung betrifft, so dienen die hierfür zuständigen Gene offenbar vor allem dazu, die Aufmerksamkeit auf bestimmte Reize zu lenken, so dass dadurch weitere neuronale Stimulation und kortikale Entwicklung ermöglicht werden. Wie schon erwähnt, existiert ein genetisch fixiertes Verhaltensmuster, das menschliche Neugeborene dazu bringt, solche Strukturen, die dem menschlichen Gesicht entsprechen, länger zu fixieren als andere Objekte. Dies wird bei der Bezugsperson in der Regel dazu führen, dass sie das Blicken des Säuglings als Kommunikation interpretiert und darauf wiederum mit Kommunikation antwortet, so dass hieraus eine Interaktionsbeziehung entsteht, die dem Säugling als Entwicklungsumwelt dient und seine weitere kognitive Reifung fördert. Das Gen sichert also mit nur einem minimalen Aufwand an Information ein basales Verhaltensschema, das jedoch das Vorhandensein von bestimmten Qualitäten in der Umwelt voraussetzt, so dass aus der Wechselwirkung zwischen Schema und Umwelt differenziertere Strukturen in einem Prozess der Emergenz entstehen können. »Innate mechanisms focus the infant's attention onto features in the environment which are crucial to the infant's survival; these mechanisms are biologically based and have arisen by the process of natural selection because they improve chances of survival. Innate mechanisms are activated by environmental cues, interacting with them and organizing them, leading to the formation of primitive spatial and conceptual representations (image schemas or archetypes). These form the foundation on which later, more complex representations can be built.« (Knox 2001, S. 631). Diese »primitiven Schemata oder Archetypen« seien mehr oder weniger universell, weil die Grundbedingungen der Umwelt auf dieser Ebene, auf die die Aufmerksamkeit von Säuglingen gelenkt wird, überall auf der Welt dieselben seien, und daher seien die Archetypen als »image schemas« »reliably repeated early developmental achievements« (Knox 2004, S. 9).

Genau diese letztere Argumentation aber scheint fragwürdig: Wie kann man sicher sein, dass die Umweltbedingungen von Säuglingen auf dieser Ebene überall dieselben sind? Diese Argumentation ist aber wesentlich für die These, Archetypen seien universell. Zumindest muss von den

Emergenztheoretikern konzediert werden, dass das beschriebene System störanfällig ist, nämlich dann, wenn die Bezugsperson nicht dem normalerweise zu erwartenden Handlungsmuster entspricht, weil sie z. B. depressiv ist und die angelegte Interaktionsinitiative im Blick des Säuglings nicht registriert. Dann führt das basale Schema nicht zur Entwicklung einer fördernden Umwelt und damit nicht zur Entwicklung emergenter Strukturen. Das heißt wiederum, auch wenn das basale Muster angeboren ist, kann man nicht bei allen Individuen mit dem Vorhandensein der emergenten Strukturen rechnen. Damit wären sie nicht mehr universell. An dieser Stelle der Argumentation rückt also in den Blick, dass Archetypen möglicherweise in viel stärkerem Maße, als Jung das angenommen hat, durch kulturelle Weitergabe vermittelt werden.

## 4.3.5 Spiegelneurone und der »intersubjektiv geteilte Raum«

Möglicherweise existieren auch subliminale Wege, auf denen Erfahrungswissen von Generation zu Generation weitergegeben wird, ohne dass dies einer üblichen sozialisatorischen Interaktion entspräche. Belege für eine solche Weitergabe liefern die Neurowissenschaften in der Entdeckung der sog. Spiegelneurone (Rizzolati et al. 2004, Gallese et al. 1998, Bauer 2005). Es konnte in neurobiologischen Studien gezeigt werden, dass auch für die Wahrnehmung von Emotionen spezifische Spiegelneuronensysteme vorhanden sind, dass wir also eine beobachtete Emotion bei einem anderen Menschen nachempfinden können (Singer et al. 2006). »Das System der Spiegelneurone dürfte eine besonders bedeutsame Funktion für die Entwicklung des Menschen und seiner Kulturen gehabt haben: eine sowohl innerhalb der gleichen Art als auch eine über die Generationen hinweg mögliche Konservierung und Weitergabe von Wissensbeständen. ... Die Spiegelsysteme sind eine Art Gedächtnis der Menschheit: In den Hunderttausenden von Jahren vor Erfindung von Schrift, Buch und Internet waren diese Wissensbestände gleichsam lebende Bibliotheken, die ... über Resonanz und Lernen am Modell von einer Generation an die nächste weitergegeben werden konnten. Eine solche Weitergabe war bereits zu einer Zeit möglich, als es noch keine Sprache gab, denn der im

## 4.3 Erklärungsansätze für das Zustandekommen und die Weitergabe

Spiegelsystem verankerte Resonanzmechanismus funktioniert vorsprachlich, ... da Sprache Vorstellungen über Abläufe und Sequenzen beschreibt, die im System der Spiegelneurone als Programme gespeichert sind« (Bauer 2005, S. 168/169). Das liest sich wie eine neurobiologische Beschreibung für das Kollektive Unbewusste.

Auf einer aktuellen Konferenz des Italian Centre of Analytical Psychology in Mailand im Januar 2009 (Vezzoli 2009, Knox 2009, Hogenson 2009) diskutierten Jungianer und Neurowissenschaftler die Anwendbarkeit neuester Ergebnisse der Hirnforschung und der kognitiven Entwicklungspsychologie auf das Archetypenkonzept der Jung'schen Psychologie. In der Zusammenfassung kommen die Veranstalter zu folgendem Ergebnis:

»This view assumes that complexes are formed in the process of primary interactions with the care-giver that are mainly bodily interactions involving mirror neurons. The primary interactions are internalized in the sense that the motor action chains become established patterns to be used and experienced in different goal directed actions that will later emerge as embodied concepts. In their development, complexes follow the same path: they start at birth with the process of integration and deintegration and are formed by the interaction of body and brain but it is our creation of autobiographically based stories that gives significance and meaning to these social and physical interactions. ... The hypothesis that is yet to be verified is that the body carries the memory of the interactions that form the complexes, that there are bodily reactions when an affective content is activated, and that narration is the transformation of embodied concepts into a functional meaning« (Vezzoli 2009, S. 304–305).

Interessant ist dabei vor allem, dass Neurowissenschaftler offenbar angeborene neuronale Befehlsketten oder Verkettungen von Erregungsmustern entdeckt haben (Knox 2009, S. 310). Sie bieten die Hypothese an, dass es artspezifische bevorzugte Handlungsketten gibt, die über Spiegelneurone von den Jungen einer Art schneller kopiert werden können, wenn sie diese bei Artgenossen beobachten. Die Grundlage für diesen schnellen Erwerb von Handlungsketten sei, so die Hypothese, dass die neuronalen Befehlsketten für diese Handlungsformen schon – genetisch bedingt – sozusagen in die Hardware des Gehirns eingeschrieben seien. Dies darf aber, abgesehen davon, dass es sich hier zunächst um eine Hypothese handelt, keineswegs als Begründung dafür benutzt werden, von angeborenen psychischen Mustern oder gar Vorstellungen zu sprechen. Knox (2009, S. 311) weist noch einmal ausdrücklich darauf hin,

> »that the fact that animals demonstrate patterns of automatic motor action, documented and researched by ethologists such as Lorenz and Tinbergen, is mistakenly used by Jungians as the basis for arguing archetypes are also an inherited pattern of mental representation, imagery and thought, apparently part of our genetic make-up, waiting to be activated by appropriate environmental cues. I suggested that this is a misunderstanding of the distinction between:
> 
> a) automatic motor processes – the intentional action chains described by Fogassi et al. (2005) and
> b) mental representation, both conscious and unconscious.
> 
> Automatic behaviour patterns can be under significant genetic influence ...; *mental imagery and thought are the result of much more complex interactions between brain, mind and environment, in which genetic 'hard-wiring' plays virtually no part*« (Kursivierung durch den Autor).

Diese Position argumentiert ähnlich wie der obige Versuch, den Erwerb universell gleichartiger Formen eher durch zwischenmenschliche Interaktion und kulturelle Tradition zu erklären, gegebenenfalls auch auf einem unbewussten Wege über Resonanz des Spiegelneuronensystems. Das hat die Implikation, dass Jungianer sich sehr viel mehr mit sozialen Prozessen der Weitergabe »archetypischer« Muster und damit mit kulturellen und interaktionellen Prozessen beschäftigen sollten als mit Biologie und Genen. Insbesondere die Vermittlung identitätsstiftender narrativer Muster sollte hier in den Blick rücken, wie Bewusstseinsphilosophen (Hendricks-Jansen 1996) schon länger argumentieren:

> »If consciousness is the outcome of narratives that are not deliberately planned but that resemble the species-typical behavior of web-spinning spiders and dam-building beavers, shouldn't a study of consciousness begin by investigating these typically human activity patterns in their natural surroundings ... Instead of trying to justify functional components and internal representations of a fully fledged conscious mind by appeals to natural selection, wouldn't it be more logical to try to discover the underlying activity patterns that make it possible for a human infant to acquire this unique, unconscious ability to spin narratives about himself and the world? How exactly do narratives spin us? Or, to put it differently, how do our conscious selves become established as the result of participating in public dialogue that consists of coherent intentional stories« (S. 335).

## 4.3.6 Eine Reformulierung der Archetypentheorie

Ausgehend von dieser Argumentation hat der Autor (Roesler 2009) einen Versuch gemacht, eine kohärente Theorie der Archetypen zu formulieren, die sich in Übereinstimmung befindet mit unserem heutigen Wissensstand im Bereich der Genetik, Neurobiologie und Entwicklungspsychologie. Dabei werden bezüglich dessen, was wir als archetypisch verstehen, verschiedene Ebenen unterschieden.

1. **Angeborene basale Schemata:** Es gibt tatsächlich beim menschlichen Neugeborenen angeborene, genetisch fixierte Verhaltensschemata, die ein universell gleichartiges Verhaltensmuster hervorrufen. Diese Verhaltensschemata sind aber äußerst basal, in etwa so primitiv wie Reflexe. Wenn das Neugeborene Strukturen, die dem menschlichen Gesicht ähneln, länger fixiert als anderes, dann heißt das nicht, dass hier beim Säugling so etwas wie eine *Vorstellung* des menschlichen Gesichts oder gar eines sozialen Gegenübers vorliegt. Diese basalen Schemata kodieren keinerlei symbolische Information und sind weit entfernt von dem, wie Jung sich die Archetypen vorstellte. Hinzu kommt, dass die Zahl dieser angeborenen Schemata äußerst begrenzt ist, sie bewegt sich im zweistelligen Bereich und kann somit niemals die Vielfalt an archetypischen Mustern beim Erwachsenen repräsentieren, von der Jung sprach. Allerdings entwickeln sich, wie wir gesehen haben, aus diesen basalen Schemata durch Prozesse der Emergenz komplexere psychische Strukturen. Die basalen Schemata sind evolutionär so angelegt, dass sie mit minimalem Aufwand an genetischer Information das Verhalten des Säuglings so ausrichten und vor allem ein entsprechendes Verhalten der Betreuungspersonen voraussetzen, so dass optimale Bedingungen für die neuronale Entwicklung des Kindes entstehen. Emergente Prozesse entstehen hier aus dem Zusammenwirken der angeborenen Schemata mit Umweltfaktoren. Das bedeutet aber auch, dass die emergenten Strukturen sehr viel stärker von Interaktionserfahrungen abhängen, als Jung es konzipierte, deren universelle Gleichartigkeit also keineswegs gesichert ist.

2. **Vorsprachliche Repräsentationen von Beziehungserfahrungen:** Die angeborenen Schemata sind so ausgerichtet, dass sie bestimmte Umweltbedingungen »voraussetzen«, auf die sie abgestimmt sind. Beim Schema CONSPEC würde das bedeuten, dass die genetische Anlage sozusagen das

Vorhandensein einer Bezugsperson voraussetzt, die vom Blick des Kindes emotional angesprochen wird und deshalb mit dem Kind interagiert sowie mit ihm eine stabile Beziehung eingeht. Aus dieser Beziehung und einer ganzen Reihe sich gleichartig wiederholender Interaktionen kann dann beim Säugling eine komplexere psychische Struktur entstehen, eine Art Erwartung: wenn ich Mama anblicke, dann spricht sie mit mir, berührt mich usw., es entsteht eine lustvolle Interaktion, und das ist immer so. Dies könnte ein erster Kern für einen Mutterkomplex werden, an den sich dann ähnliche Erfahrungen anlagern. Man könnte diesen Komplex insofern als archetypisch bezeichnen, weil der beschriebene Ablauf einer gut gelingenden frühen Beziehung sozusagen »von der Natur so gedacht ist«. Die Anlage der angeborenen Schemata macht anders keinen Sinn, sie zielt auf eine solche gelingende Beziehung und auf die Herstellung guter Bemutterung ab. Hier könnte man also von einem Archetyp der Interaktion oder des Dialogs sprechen, wie es ähnlich auch schon Stadler (2007) behauptet hat. Wie gesagt, sind die mentalen Strukturen auf dieser zweiten Ebene aber nicht mehr universell, sondern interindividuell verschieden, weil der von der Natur vorgesehene Ablauf störanfällig ist. Unter bestimmten Bedingungen (Stress, psychische Störung u. a.) wird die Bezugsperson vielleicht nicht zuverlässig positiv auf den Blick des Säuglings reagieren und dadurch entsteht eine andere psychische Struktur beim Kind.

Es wird also deutlich, dass auf dieser zweiten Ebene sich beim Kind aufgrund immer wieder gleichartig sich wiederholender Erfahrungen innere Repräsentationen bilden, die in der Psychoanalyse als Objektbeziehungen und in der Säuglingsforschung als »representations of interactions that are generalized« (Stern 1985) bezeichnet wurden. Kast (1990) hat herausgearbeitet, dass man diese Repräsentationen in einem modernen Verständnis mit den Komplexen der Analytischen Psychologie gleichsetzen kann. Stern (1985) macht deutlich, dass diese Repräsentationen aus einem Bild des Selbst und einem Bild des Anderen in der Interaktion miteinander sowie einem begleitenden Affekt bzw. einer emotionalen Tönung bestehen – was man in psychoanalytischer Terminologie auch als »Szene« bezeichnen kann. Diese Beziehungs- und Interaktionsrepräsentationen spielen als »Modellszenen« in der Therapiesituation (Lichtenberg 1991; Lichtenberg et al. 2000) eine wesentliche Rolle bei der analytischen Bewusstmachung und Bearbeitung, liegen sie

## 4.3 Erklärungsansätze für das Zustandekommen und die Weitergabe

doch auf einem vorsprachlichen und vorbegrifflichen Niveau und können so nur als Interaktionsgestaltung reinszeniert werden. Mittlerweile liefern neurowissenschaftliche Erkenntnisse zum Gedächtnis und ihre Verarbeitung in kognitionspsychologischen Modellen eine empirisch fundierte Beschreibungsmöglichkeit für diese vorsprachlichen Repräsentationen (Knox 2001). Hier wird das implizite Gedächtnis beschrieben als eine Form, wie frühere Erfahrungen unsere Wahrnehmungen, Gedanken und Handlungen beeinflussen, die völlig außerhalb des Bewusstseins liegen. Es liegt nahe, dieses implizite Gedächtnis als die neuronale Basis der unbewussten Komplexe zu betrachten.

Was ist daran nun noch archetypisch zu nennen? Es ist offensichtlich, dass die sich früh herausbildenden Beziehungsmuster sowie insbesondere ihr Niederschlag in inneren Repräsentationen (die ja immer auch eine Verarbeitung, also einen Beitrag durch das Kind enthalten) nicht in unendlicher Variation vorliegen, vielmehr lassen sie sich zu einer begrenzten Anzahl an Typen ordnen, wie sie bspw. die Bindungsforschung auf empirischem Wege herausgearbeitet hat (vgl. Strauss et al. 2002), und diese Bindungstypen lassen sich – auch interkulturell – immer wieder gleichartig replizieren. Das Merkmal der Universalität wäre hier also erfüllt. Die Bindungstypen sollen hier nur als ein Beispiel dafür dienen, dass sich Beziehungsmuster und Beziehungspathologien interindividuell und interkulturell zu einer begrenzten Anzahl an Typen kategorisieren lassen. Offenbar wirken hier die »Bauart« des menschlichen Geistes und der menschlichen Psyche zusammen mit den gegebenen Bedingungen menschlichen (Zusammen-)Lebens und bringen bestimmte typisierbare Formen hervor. Nun haben wir auf dieser zweiten Ebene schon etwas komplexere psychische Strukturen im Sinne von Erwartungen, d. h. rudimentäre Vorstellungen. Diese sind aber immer noch weit entfernt von etwas so komplexem wie dem Archetyp des Heldenmythos, wie ihn Jung beschreibt.

3. **Kulturelle Muster:** Was Jung als archetypisch bezeichnet, und was für die Praxis der Analytischen Psychologie tatsächlich interessant ist, sind Prozessmuster, z. B. der Individuationsprozess, der therapeutische Wandlungsprozess, der Heldenmythos oder Teile davon. Sie beschreiben einen Wandlungsprozess von einem Ausgangszustand über verschiedene Zustandsveränderungen und Operationen hin zu einem Endzustand. In der

Regel stellt der Ausgangszustand etwas Negatives dar, eine Problemsituation, einen Mangel oder eine Störung, und diese wird durch den archetypischen Ablauf in einen Zustand der Lösung überführt. Grundsätzlich sind diese Prozessmuster in sprachliche Form überführbar und haben dann linguistisch betrachtet die Form von Narrativen. Das Narrativ stellt eine Verbindung zwischen den biologisch determinierten basalen Schemata und den viel komplexeren Prozessmustern dar. Wir haben gesehen, dass die basalen Schemata die Wahrnehmung des Säuglings auf die Bezugspersonen und die entstehenden Beziehungsmuster, d. h. immer wieder gleichartig sich wiederholende Beziehungserfahrungen richten, die Niederschlag in Repräsentationen finden. Diese Repräsentationen beschreiben dann Handlungsverläufe zwischen Selbst und Anderem und Veränderungen von einem Ausgangszustand (z. B. ängstlich) zu einem Endzustand (sicher und entspannt). Insofern stellen diese frühesten Repräsentationen im Grunde Vorformen von Narrativen dar. Es wäre nun denkbar, dass im Kind aufgrund früher Erfahrungen eine Repräsentation im Sinne der Ebene 2 vorliegt, die in ihrem Kern mit einem archetypischen Geschichtenmuster der Ebene 3 übereinstimmt, und die Person, wenn sie mit der Geschichte in Berührung kommt, ein »Wiedererkennen« erlebt. So kann ein Kind im Alter von acht Jahren sich von dem Märchen Hänsel und Gretel angesprochen fühlen, weil es in sich selbst eine Repräsentation einer frühen Verlassenheitserfahrung trägt, die allerdings vorbegrifflich ist. Dass solche Parallelen bestehen, konnte M. Gergen (1996) in einer Untersuchung des Zusammenhangs zwischen zentralen Geschichten und Aspekten der Lebensgeschichte eindrucksvoll verdeutlichen. Sie befragte Collegestudenten nach der Lieblingsgeschichte ihrer Kindheit. Parallel erfasste sie in biographischen Interviews die Lebensgeschichte, das Selbstverständnis der Person und bestimmende Aspekte ihres jetzigen Lebens und konnte hier deutliche Parallelen zum Muster der persönlichen Lieblingsgeschichte der Kindheit feststellen. Dabei müssen wir davon ausgehen, dass diese frühen, in der Regel vorsprachlichen Erfahrungen durch eine Art primitives, bildhaftes und metaphorisches Denken, in dem eine subjektive Erfahrung in Bildern und Szenen verdichtet wird, zu dem geformt wird, was wir dann archetypische Bilder nennen. Wie ist es dann aber vorstellbar, dass ein ganzer Kanon an archetypischen Prozessmustern sich in der Person wieder findet, dass also

## 4.3 Erklärungsansätze für das Zustandekommen und die Weitergabe

die individuelle Psyche Muster produzieren kann, die nicht aus der individuellen Erfahrung stammen. Wie wir gesehen haben, können diese symbolischen Strukturen nicht angeboren sein. Wie kommen sie also ins Individuum hinein?

Die archetypischen Geschichten/Prozessmuster werden durch kulturelle Vermittlung im Laufe der Sozialisation weitergegeben im Rahmen des kulturellen Geschichtenkanons. Allerdings gibt es aufgrund der vorsprachlichen Repräsentationen von Beziehungserfahrungen in Verbindung mit dem oben erwähnten archaischen bildhaften Denken so etwas wie eine Bereitschaft, bestimmte Geschichtenmuster als archetypische Muster zu erkennen und aufzunehmen. Meine These ist hier, dass für Erwerb bzw. Lernen von archetypischen Prozessmustern in der neuronalen Struktur etwas Ähnliches existiert wie Chomskys (1978) bereits oben erwähntes »language acquisition device«. Meine Annahme ist hier, dass in ähnlicher Weise Kinder und Heranwachsende im Sozialisationsprozess auf eine implizite Weise die archetypischen Strukturen aufnehmen und im impliziten Gedächtnis speichern, mit denen sie in Form des kulturellen Geschichtenkanons in Berührung kommen, über ein Mustererkennungssystem für archetypische »patterns«. Möglicherweise wird dies dadurch erleichtert, dass die Geschichten- oder Prozessmuster, die wir als archetypisch bezeichnen, der Struktur der vorsprachlichen Interaktionsrepräsentationen ähnlich sind. Auch hier würde dies aber bedeuten, dass Erfahrung und Sozialisation beim Erwerb der Archetypen eine viel größere Rolle spielen, als Jung es konzipierte. Eine Möglichkeit der Erklärung eines solchen Mustererkennungssystems für archetypische Strukturen läge in den oben erwähnten Spiegelneuronen. »Da dieser Mechanismus allen Menschen eigen ist, stellt das System der Spiegelnervenzellen ein *überindividuelles neuronales Format dar, durch das ein gemeinsamer zwischenmenschlicher Raum* erzeugt wird. Da der Inhalt dieses gemeinsamen menschlichen Bedeutungsraumes *Programme für alle typischen, erfahrungsgemäß auftretenden Sequenzen des Handelns und Empfindens innerhalb der eigenen Spezies* enthält, bildet er zugleich auch die intuitive Basis für das Gefühl einer – im großen Ganzen – berechenbaren, vorhersagbaren Welt« (Bauer 2005, S. 166/167, Hervorhebungen vom Autor). »Die Reaktionsprogramme, die jeder für typischerweise vorkommende Situationen bereithält, können von Mensch zu Mensch durch Resonanz aktiviert, abgeglichen und kommuniziert werden. Denn überall dort im Gehirn, wo Programme für Handlungssequenzen und dazugehörende Empfindungen gespeichert sind, haben sich Spiegelnervenzellen eingenistet. ... Die Spiegelneurone stellen somit eine Art soziales neurobiologisches Format dar, sie sind das gemeinsame Vielfache, in dem sich jeder Einzelne, aber auch die Gemeinschaft wieder findet« (ebd., S. 159). In fast gleichen Worten spricht der Neurowissenschaftler Vittorio Gallese (2003) vom »shared meaningful intersubjective space«.

Die Archetypen und das Kollektive Unbewusste wären damit nicht in der individuellen Biologie, sondern im neuronal fundierten zwischenmenschlichen Austausch gegründet, d. h. ein soziales Phänomen. Die gemeinsamen archetypischen Strukturen würden also erworben in einem langen Prozess unbewussten Austauschs von Erfahrungen und Handlungsprogrammen durch intuitive Nachahmung und Resonanz – was Sozialisation voraussetzt. In diesem Sinne wird das Gedächtnis der Menschheit, des Kollektivs, weitergegeben. Es geht hier nicht mehr um die Frage, ob die Weitergabe biologisch oder kulturell sei – es ist beides, eine zutiefst neurobiologisch fundierte kulturell-sozialisatorische Weitergabe.

Angesichts der oben referierten Erkenntnisse scheint es mir zentral, die klassische Auffassung Jungs, dass Archetypen genetisch angelegt seien, endgültig aufzugeben. Es lassen sich aber, wie dargestellt, andere Wege der Weitergabe zumindest hypothetisch konstruieren. Deutlich wird aber auch, dass hierbei Sozialisation eine erhebliche Rolle spielt, diese sehr unterschiedlich verlaufen kann, und damit die Universalität aller Archetypen infrage steht. Andererseits sollten wir aber auch nicht unterschätzen, welchen immensen Einfluss die Enkulturation, d. h. das Aufwachsen in einer ausdifferenzierten Kultur, auf die Entwicklung unseres Geistes, insbesondere auch des unbewussten Teils davon, hat. Jung selbst hat das einmal sehr schön ausgedrückt: »Die Kultur ist Teil unserer Natur«. Jede Kultur stellt für die typischen, allgemein menschlichen Erfahrungen Geschichtsmuster zur Verfügung. Auf diese Weise sind die kulturellen Archetypen entstanden. Der Mensch wird nicht mit einem Kollektiven Unbewussten geboren, sondern er wächst erst im Laufe der Sozialisation da hinein, und insofern ist das Kollektive Unbewusste ein kulturelles Unbewusstes, wie es auch schon Joseph Henderson formulierte (1991). Diese Sichtweise impliziert aber auch, dass sich eine Theorie der

Archetypen sehr viel stärker als bisher mit den Kulturwissenschaften beschäftigen sollte und nicht mehr mit Fragen der Genetik, der Verhaltensbiologie oder der Suche nach Universalien. Darüber hinaus wäre es interessant, die Entwicklung eines archetypischen Musters im Sozialisationsprozess einmal im Detail zu untersuchen.

## 4.4 Forschung zum Kollektiven Unbewussten im Sinne einer unbewussten Verbindung zwischen Menschen

Die bisherigen Ausführungen bezogen sich natürlich auch schon auf die Hypothese eines Kollektiven Unbewussten, bislang aber eher in dem Sinne des Inhalts dieses Unbewussten, nämlich den Archetypen. Im Folgenden sollen nun aber Forschung und Konzepte dargestellt werden, die sich auf den zweiten Aspekt dieser Hypothese bei Jung beziehen, nämlich den einer unbewussten Verbindung zwischen verschiedenen Personen bis hin zu Gruppen. Jung nahm an, dass insbesondere im Prozess der Analyse ein gemeinsamer unbewusster Raum zwischen Analytiker und Klient entsteht, den man heute in der Analytischen Psychologie als »interaktives Feld« bezeichnet, in dem unbewusste Austausch- und Übertragungsprozesse stattfinden. Ganz im Gegensatz zum Konzept der Archetypen sind diese unbewussten Interaktionsprozesse auch schon länger Untersuchungsgegenstand in der Psychoanalyse Freudscher Tradition.

Bezüglich einer systematischen Untersuchung derartiger unbewusster Austauschprozesse sind vor allem zwei Forschungsgruppen besonders hervorzuheben: zum einen die von Rainer Krause an der Universität Saarbrücken sowie die Bostoner Säuglingsforscher um den Psychoanalytiker Daniel Stern. Krause hat unbewusste affektive Übertragungsprozesse zwischen zwei Personen, die miteinander ein Gespräch führen, über Jahre hinweg mit der Differentiellen Affekt Skala (DAS; Merten & Krause, 1993) untersucht. Dazu wurden die Personen während des Gesprächs auf Video aufgezeichnet und die Bilder ihrer Gesichter auf einen Split Screen projiziert. Sodann lassen sich die Mimik und die damit verbundenen Affekte der Personen mit der DAS codieren. Es kann dabei gezeigt werden, dass je stärker die eine Person psychisch gestört ist, desto mehr gleicht sich die Mimik des Gegenübers in der Codierung an die des Patienten an. Dies wäre ein systematischer Nachweis einer unbewussten Synchronisation des affektiven Austauschs. Krause hat damit einen empirischen Nachweis für affektive Übertragungs- und Gegenübertragungsprozesse geliefert.

Auch die Säuglingsforschung hat sich in den letzten Jahrzehnten intensiv mit unbewussten Austauschprozessen zwischen dem Säugling und seinen Bezugspersonen beschäftigt, wie dies z. B. Daniel Stern und seine Kollegen in der Boston Study Group getan haben. Auch für diese Forschung wurden Mikroanalysen von Interaktionsprozessen, die auf Video aufgezeichnet waren, durchgeführt. Ein zentrales Ergebnis ist, dass das Kind schon am Anfang seines Lebens auf eine Beziehung, die aus einer gemeinsamen psychischen Welt besteht, in der Synchronisation und Resonanz stattfinden, geradezu existenziell angewiesen ist. Im Grunde haben diese Forschungen das Konzept der koänesthetischen Wahrnehmung nach Spitz nicht nur bestätigt, sondern ausgebaut. Die Bostoner Forscher sprechen von einem System der »relationalen Psychophysiologie« (Ham & Tronick 2009): zahlreiche physiologische Prozesse wie Endokrinologie, Immunsystem, Schlaf-Wach-Rhythmus des Säuglings werden mit physiologischen Prozessen der Mutter koordiniert. Diese enge psychische und physiologische Wechselbeziehung zwischen Mutter und Kind entsteht durch rhythmische Synchronisation in der Interaktion, z. B. in Bezug auf Kopfbewegungen, Blickkontakt, Stimmmodulation, Lautierungen und anderes mehr. Dieser zutiefst unbewusste und bis weit ins körperliche hineinreichende Austausch zwischen den beiden Personen ist aber nicht auf die frühe Kindheit beschränkt, sondern findet sich sogar bei Erwachsenen. So konnten Bryant und Haselton (2009, zit. n. Gödde & Buchholz 2011) in einer Studie nachweisen, dass männliche und weibliche Probanden an der Stimme die fruchtbarsten Tage des weiblichen Zyklus einer Sprecherin erkennen konnten. Auch lässt sich nachweisen, dass es zwischen den Frauen in einer Familie und sogar zwischen guten Freundinnen zu einer Synchronisation der Menstruationszyklen kommt. All dies bestätigt Jungs Hypothese einer unbewussten Verbindung bzw. Verschmelzung zwischen Menschen, die er auch in

Anlehnung an die französische Anthropologie als »participation mystique« bezeichnete. Während man sich psychische Synchronisationsprozesse zwischen Personen, die in einem Gespräch oder anderen Kommunikationsprozess miteinander stehen, noch einigermaßen erklären kann, wird dies bei den zuletzt genannten Phänomenen schwieriger, wobei man vermuten kann, dass noch immer Sinneswahrnehmungen im Austausch stattfinden (z. B. Duftstoffe). Gänzlich unerklärlich wird der Austausch aber, wenn die beteiligten Personen gar nicht physisch miteinander in Kontakt stehen und somit auch keine wie auch immer durch Sinnesorgane wahrnehmbare Kommunikation stattfindet. Verschiedene neurowissenschaftliche Studien haben in den letzten Jahren zu erhellen versucht, welche neuropsychologischen Mechanismen hinter diesen Synchronisationsphänomenen liegen. So konnte eine Forschungsgruppe der Princeton University mit bildgebenden Verfahren nachweisen, dass es zu einer Synchronisierung der neuronalen Erregungsmuster zwischen zwei Personen kommt, die von den Autoren als neuronale Koppelung bezeichnet wird (Stephens et al. 2010). Interessant ist dabei vor allem, dass diese neuronale Koppelung/Synchronisation nur dann zustande kommt, wenn sich die beiden Personen sympathisch sind. In einer ähnlichen Studie in Deutschland konnte dasselbe mit dem Untersuchungsinstrument des EEG nachgewiesen werden: es findet ein direkter Transfer von ereignisbezogenen Potenzialen (ERPs) im EEG zwischen zwei Personen statt, insbesondere wenn sie z. B. durch vorherige gemeinsame Meditation innerlich verbunden waren (Seiter 2003). Es ließ sich sogar eine geradezu telepathische Verbundenheit der Gehirne in EEG-Studien nachweisen (Hinterberger & Anton 2012): es wurden Korrelationen im Alpha-Band bei Versuchspersonen gefunden, die bis zu 750 km voneinander getrennt waren.

Zur Erklärung solcher Phänomene wurde in den Bewusstseinswissenschaften in Weiterentwicklung der Quantenphysik in der Folge des Pauli-Jung-Dialogs (Atmannspacher et al. 1995) die so genannte verallgemeinerte Quantentheorie entwickelt. Bekanntlich diskutierte Jung mit dem Quantenphysiker und Nobelpreisträger Wolfgang Pauli sein Konzept der Synchronizität bzw. des »unus mundus«. Jungs Hypothese war, dass der Teilung der empirisch erfahrbaren Welt in geistig-psychische Phänomene einerseits und physikalische Phänomene andererseits (der sog. Cartesische

Schnitt) eine Welt gegenüberstehe, in der die Phänomene zwar nur als Potenzialität und nicht manifest vorliegen, hier aber eine Teilung noch nicht stattgefunden hat, sondern in diesem »unus mundus« Geistiges und Physikalisches noch verbunden sind. Dies wurde von Pauli und Jung parallel zu den Beobachtungen der Doppelnatur des Lichts gedacht: Je nach Versuchsanordnung erweist sich Licht einmal als Welle, einmal als Teilchen, was sich in der klassischen Physik widerspricht. Die Quantenphysik geht aber davon aus, dass vor der Messung das Licht nur Potenzialität darstellt, und die Beobachtung/Messung/Wahrnehmung dann erst festlegt, als was es sich manifestiert. Die Quantenwelt ist gekennzeichnet durch bestimmte Merkmale, die der klassischen Physik widersprechen: Hier gelten Non-Lokalität (der Ort eines Teilchens ist z. T. nur annäherungsweise bestimmbar) bzw. Verschränkung (räumlich weit entfernte Teilchen können trotzdem unmittelbar interagieren), es gibt keinen kontinuierlichen Zeitstrom sowie keine herkömmliche Kausalität. Analog stellten sich Jung und Pauli den unus mundus bzw. das Kollektive Unbewusste vor. Dieses Unbewusste wird strukturiert durch die Archetypen, die unanschauliche Anordner der Phänomene darstellen, die sich wiederum erst in der klassischen Welt entweder als Psychisches oder Physikalisches manifestieren bzw. »entscheiden« (Atmanspacher et al. 2002, Fach 2011). Grundidee ist, dass alle menschliche Realität sich ja auf Quantenphänomenen aufbaut, da diese Teilchen die Grundlage aller physikalischen und auch neuronalen Realität darstellen. Wenn nun aber in der Quantenwelt Non-Lokalität, Zeitlosigkeit bzw. Gleichzeitigkeit und Akausalität sowie Verschränkung herrschen, muss sich das auch auf die menschlich erfahrbare Realität auswirken. Für unsere Fragestellung hieße das, dass die Archetypen als unanschauliche Strukturprinzipien in einer Sphäre der Potenzialität vorliegen und sich beim Übergang über den sog. Heisenbergschnitt dann entweder als körperlich-physikalisches Phänomen oder als psychisch-geistiges manifestieren. Synchronizitätsphänomene legen aber nahe, dass sie sich auch manchmal in beiden Sphären synchron manifestieren. Diese Potenzialitätssphäre kann also die Grenze zwischen Physischem und Geistigem in unserer erfahrbaren Welt überbrücken. Es wäre also auch denkbar, dass sich über diese Sphäre psychische Inhalte zumindest als Potenzialitäten von einem abgegrenzten Individuum zum anderen übermitteln bzw. dass wir alle an diesem

## 4.4 Forschung zum Kollektiven Unbewussten

potenziellen Raum partizipieren (vgl. ausführlich Roesler 2015). Das würde eine Theorie des Erwerbs psychischer Archetypen erübrigen, da sie immer als Potenzialitäten vorliegen und alle Individuen daran partizipieren. Nebenbei bemerkt ist diese Variante der Erklärung des Zustandekommens von Archetypen, die der oben erwähnten »transzendentalen Argumentation« bei Jung entspricht, die theoretisch kohärenteste.

# 5 Anwendung der Archetypentheorie

Von Beginn an war die Archetypentheorie ein vor allem klinisch angewandtes Konzept. Jung entwickelte die Archetypentheorie bei seiner Arbeit an der psychiatrischen Universitätsklinik in Zürich, um sich so die bizarren und zum Teil archaischen Inhalte der Phantasien und Wahnbildungen seiner psychotischen Patienten zu erklären. Dieser Ansatz, den Jung zusammen mit Bleuler erstmals anwandte, war revolutionär, weil er den Inhalten der Wahnerkrankungen einen Sinngehalt zusprach. So konnte Jung z. B. beobachten, dass Patienten, die kurz vor dem Ausbruch einer Psychose standen, regelmäßig in ihren Bildgestaltungen diejenigen Motive wählten, die Jung später als Mandalas bezeichnete. Jung sah in diesen Bildgestaltungen den Versuch, die vom Zerfall bedrohte Psyche wieder an einer Ordnungsstruktur zu orientieren und zu zentrieren. Neben der klinischen Anwendung war die Archetypentheorie aber immer auch eine Kulturtheorie. Auch heute dient sie dazu, kulturelle Phänomene sowie typische Motive in der Kunst, in Narrativen und in anderen Gestaltungen zu erklären.

Eine zentrale Annahme Jungs hierbei ist, dass Archetypen in symbolischer Form erscheinen und sich zunächst als Bild darbieten; das Bild ist für Jung die primäre Ausdrucksform der unbewussten Psyche bzw. das Bindeglied zwischen dem Unbewussten und dem Bewusstsein. Dies deckt sich nicht ganz mit der heutigen entwicklungspsychologischen Auffassung, die davon ausgeht, dass die anfängliche psychische Repräsentationsebene Handlungsschemata darstellen; so gehen alle kognitiven Entwicklungstheorien in der Nachfolge von Piaget davon aus, dass die ersten mentalen Repräsentationen beim Kleinkind sensomotorische Schemata sind, dass die ersten Repräsentationen also enaktiv sind und nicht ikonisch. Dem trägt die moderne Psychoanalyse insofern Rechnung, als sie annimmt, dass die zentralen unbewussten Konflikte sprachlich nicht darstellbar sind, sondern unbewusst in Szene gesetzt werden, worauf der Analytiker wiederum mit dem so genannten szenischen Verstehen reagiert, also versucht, aus der Handlung eine Botschaft zu entschlüsseln. Auch in der heutigen Analytischen Psychologie finden sich Anschlüsse an diese neuere Sichtweise, z. B. bei dem Jungianer Peter Schellenbaum (1995), der einen Ansatz entwickelt hat, aus spontanen Gesten des Klienten so genannte Spontanrituale zu entwickeln, die in der Psychotherapie den Weg zur Auflösung von Konfliktsituationen weisen können, also eine Vorgehensweise, die auf der Ebene des Handlungsdialoges bleibt. Für den klassischen Ansatz in der Jung'schen Psychologie war aber Jungs Setzung, dass das Bild primär sei, immer maßgeblich. Daraus haben sich die umfangreichen Methoden der Arbeit mit symbolischem Material entwickelt, neben der Arbeit mit Bildern und dem Sandspiel insbesondere die Traumdeutung, die weiter unten exemplarisch dargestellt ist. Zunächst aber soll Jungs grundsätzliche Methode der Herangehensweise an die Deutung von Archetypen, die so genannte Amplifikation, erläutert werden.

## 5.1 Die Methodik der Amplifikation

Um den archetypischen Bedeutungsgehalt von Symbolen, Bildern oder mythischen Gestalten auf eine systematische Weise zu identifizieren, hat Jung eine originäre Methode entwickelt, die so genannte Amplifikation. Wörtlich übersetzt bedeutet dies ein Umkreisen oder Herumwandern um das Symbol. Konkret geschieht dies, indem die Verwendung des spezifischen Symbols und seiner Bedeutungen in verschiedenen Kulturen, Epochen, Religionen, Mythologien usw. zunächst gesammelt werden. Interessant sind dann hierbei vor allem die Parallelen Bedeutungsgebungen. Der Vorgang des Umkreisens des Symbols meint aber auch, dass man in der Regel nicht eine eindeutige Bedeutung spezifiziert, sondern vielmehr ein Bedeutungsnetzwerk erstellt, an dessen Knotenpunkt sich das spezifische Symbol befindet. Insofern lässt sich dann aus tiefenpsychologischer

Perspektive sagen, dass die Verwendung dieses spezifischen Symbols das gesamte Netzwerk in Schwingung versetzt. Im spezifischen Falle ist dann die Aufgabe, herauszufinden, welche Aspekte dieses Bedeutungsnetzwerkes nun konkret angesprochen sind. Diese Vorgehensweise entspricht dem neurowissenschaftliche Verständnis der frühen Psychoanalyse und insgesamt der Psychiatrie in der Zeit Jungs, die sich vor allem für den so genannten Assoziationismus interessiert hat. Hierbei wird davon ausgegangen, dass Bedeutungen im Gehirn über assoziative Bahnen miteinander vernetzt sind. Deshalb auch hat Freud seine Methode der freien Assoziation gewählt, um auf diese Weise von einer Bedeutung zur anderen schließlich zum Konfliktkern vorzustoßen. Interessanterweise ist diese Auffassung durch die neuere Neurowissenschaft bestätigt worden, die davon ausgeht, dass Bedeutungen im Gehirn nicht an bestimmten Orten niedergelegt sind (Lokalisationismus), sondern vielmehr in Netzwerken verankert sind, die synchron aktiviert werden (Konnexionismus).

Bei der konkreten Anwendung der Methode der Amplifikation sammelt man also für ein spezifisches Symbol, dessen Bedeutung man untersuchen möchte, möglichst viele parallele Verwendungen aus unterschiedlichen kulturellen Kontexten. Hierzu hat sich in der Analytischen Psychologie die Verwendung bestimmter Symbollexika und anderer Ressourcen eingebürgert. Dabei lehnt es die Analytische Psychologie vor dem Hintergrund des oben dargestellten eher ab, solche Symbollexika zu verwenden, die einem Symbol eine eindeutige Bedeutung zuweisen (z. B.: der Turm bedeutet Phallus). Vielmehr werden solche Symbollexika vorgezogen, die einen Überblick über verschiedene Verwendungen des Symbols in unterschiedlichen kulturellen Kontexten geben. Hier eine empfehlenswerte Auswahl:

- Lexikon der traditionellen Symbole von Cooper (1986),
- Herder Lexikon Symbole (Österreicher-Mollwo 1990),
- Handwörterbuch des deutschen Aberglaubens (Bächtold-Stäubli 2000),
- Sammelband »Der Mensch und seine Symbole« (Jung et al. 1968);
- Symbolik von Pflanzen (Brosse 1992) und
- Bäumen (Brosse 1994),
- von Tieren (Zerling & Bauer 2003),

- Symbolik von Grundformen (Kreuz, Kreis etc.; Riedel 1985a),
- Symbolik der Farben (Riedel, 1985b),
- Zahlensymbolik (Betz, 1989).

Eine neuere umfassende Darstellung und Interpretation archetypischer Symbole stammt von den Autoren des Archive of Research in Archetypal Symbolism (ARAS) (2011) am Jung Institute von Los Angeles. ARAS stellt auch eine hervorragende Website zur Verfügung, in der über 17 000 Abbildungen von Symbolen gespeichert sind und über eine Suchfunktion gezielt ausgewählt werden können; hinzu kommen zahlreiche Artikel und Abhandlungen über einzelne Symbole, Bilder und archetypische Darstellungen (www.aras.org).

Letztlich kann man aber auch Jungs gesammelte Werke als einen ungeheuren Fundus von Symbolbedeutungen nutzen. Im Grunde war Jung Zeit seines Lebens vor allem damit beschäftigt, die Bedeutung von Archetypen zu untersuchen und sie in den unterschiedlichsten kulturellen und religiösen Kontexten nachzuverfolgen. Praktisch ist dies insofern möglich, als es zu den Gesammelten Werken einen detaillierten Gesamtregisterband gibt, in dem zu zahlreichen Stichworten und eben auch Symbolen entsprechende Textstellen aufgefunden werden können. (Praktisches Beispiel für eine Amplifikation eines Symbols aus einer Traumserie ▶ Kap. 5.3.2.)

## 5.2 Klinische Anwendung

### 5.2.1 Charakter – Identität – Lebensweg

Eine sehr frühe Idee in Bezug auf die Archetypen bei Jung war es, anzunehmen, dass der unverwechselbare Kern der Persönlichkeit eines Menschen, sein Wesen, archetypisch bestimmt ist. Diese Idee findet sich in der späteren Ausformulierung des Archetypus des Selbst wieder, der die Einzigartigkeit der Person beinhaltet, zugleich aber – paradoxerweise –

die Ganzheit der Person umfasst. Die Idee ist hier, dass in jedem Menschen ein bestimmter Wesenskern archetypisch, das heißt präformiert angelegt ist, der im Zuge seines Lebens zum Ausdruck kommen und gelebt werden will. Am radikalsten hat dieses Konzept wieder einmal James Hillman (2002) ausformuliert und weitergeführt in seinem Buch »Charakter und Bestimmung«. Hier argumentiert er, dass in jedem Menschen sozusagen schon vor der Geburt keimhaft die Einzigartigkeit seiner Persönlichkeit und insofern auch im Grunde sein Lebensweg vorherbestimmt sind, und sich diese Wesensart gegen alle Widerstände im Laufe des Lebens durchsetzen wird. Er führt dies an zahlreichen Beispielen aus der Menschheitsgeschichte, an Persönlichkeiten aus der Politik, den Künsten usw. im Detail aus. Auch bei Jung gibt es die Idee, dass die Person in innere Konflikte, ja geradezu in eine psychische Störung hineingeraten kann, wenn sie ihren Lebensweg gegen diesen präformierten Persönlichkeitskern anlegt. Die entscheidende Frage, z. B. im Rahmen einer Jung'schen Psychoanalyse, wäre dann, welchen Archetyp bzw. welchen Mythos dieser Mensch eigentlich leben soll, weil nur dies zur Erfahrung von Sinn im eigenen Leben führen wird. Schon bei Jung zeigt sich hier aber auch ein gewisses Schwanken in diesem Konzept insofern, als Jung die übermäßige Identifikation mit einem Archetyp im Lebensvollzug geradezu als pathologisch sieht und hierfür auch einen klinischen Begriff geprägt hat, nämlich den der Inflation: Dies meint ein übermäßiges sich Identifizieren, ja geradezu Verschmelzen mit einem bestimmten Archetyp, bzw. das archetypische Bild überschwemmt aus dem Kollektiven Unbewussten heraus das Bewusstsein, so dass dieses bildlich gesprochen in dem Archetyp ertrinkt. Das Ich hat sozusagen keinen Entscheidungsspielraum mehr, sondern wird von dem archetypischen Handlungsmuster gesteuert.

*Fallbeispiel: Ein Mann um die 40 kommt in verzweifelter Stimmung in die Psychotherapie, weil er eine Serie von Paarbeziehungen zu Frauen hinter sich hat, in denen am Anfang eine große Verliebtheit stand, in denen es aber zunehmend zu einer großen Entfremdung zwischen den Partnern und schließlich zum Abbruch der Beziehung von Seiten der Frauen kam, ohne dass der Mann die Hintergründe verstehen kann. In der biographischen Anamnese wird deutlich, dass der Klient in seiner Ursprungsfamilie eine sehr angespannte und von Gewalt gekennzeich-*

## 5.2 Klinische Anwendung

> *nete Beziehung zwischen seinen Eltern erlebt hat. Der Vater neigte immer wieder zu gewalttätigen Übergriffen gegenüber der Mutter, und schon der kleine Junge fühlte sich loyal mit der Mutter als Opfer verbunden und versuchte, sie vor dem gewalttätigen Vater zu beschützen. Im Jugendalter, als der Klient dem Vater auch physisch Paroli bieten konnte, gelang es ihm effektiv, die Mutter vor den Übergriffen des Vaters zu schützen. In seinen darauf beginnenden eigenen Paarbeziehungen zeichnete sich dann aber ab, dass er eine starke unbewusste Identifikation mit dem Bild des heldenhaften Befreiers verfolgter Frauen und des Erlösers der Opfer entwickelt hatte und dieses Muster unbewusst in jeder neuen Beziehung inszenierte. Dabei blieben natürlich seine eigenen Beziehungsbedürfnisse völlig auf der Strecke, zudem waren die Partnerinnen davon mit zunehmendem Verlauf der Beziehung nicht immer begeistert und fühlten sich zunehmend vereinnahmt und bedrängt, was dann regelmäßig zum Abbruch der Beziehung führte.*

Beide Konzepte, sowohl die Identifikation mit dem Archetyp als Inflation als auch das Herausarbeiten des eigenen archetypischen Wesenskerns, lassen sich integrieren in der Überlegung, dass vor allem bei krisenhaften Ereignissen oder Verläufen auf dem Lebensweg es verstärkt zu einer Orientierung an archetypischen Grundmustern kommt, was der Neuorientierung bzw. Zentrierung der Persönlichkeit angesichts der Herausforderung durch die Krise dient. Der Autor hat dieses Konzept selbst in einer empirischen Studie untersucht (Roesler 2005). Es wurden lebensgeschichtliche Erzählinterviews mit 20 Personen durchgeführt, die im Verlaufe ihres Lebens mit einer chronischen Krankheit bzw. einer Behinderung konfrontiert wurden und diesen Einbruch in ihre bisherige Identität verarbeiten mussten. Es liegt die Idee zugrunde, dass in dieser Situation der Verunsicherung der bisherigen Identität durch den Einbruch einer Krankheit oder Behinderung die Identität neu konstituiert werden muss und dabei archetypische Strukturierungen verstärkt einwirken können, die dann die Identität prägen. Es konnte dabei gezeigt werden, dass insbesondere diejenigen Befragten, denen eine konstruktive Bewältigung des krisenhaften Einbruchs in ihr Leben gelang, sich bei der Gestaltung ihrer Lebenserzählung sehr stark auf prägnante archetypische Geschichtenmuster stützten. Zudem ergab sich eine begrenzte Liste unterschiedlicher archetypischer Muster von Lebenserzählungen, die verschiedene Befragte unabhängig voneinander für die Restrukturierung ihrer Identität wählten.

Tab. 5.1: Typologie der aufgefundenen archetypischen Geschichtenmuster

| Archetypisches Geschichten- muster | Strukturelemente | spezifische narrative Elemente und Strategien | prototypisches Exemplar |
|---|---|---|---|
| Konversion/ religiöse Bekehrung | • Passage aus alter in neue Identität<br>• fundamentale Wandlung vom früheren falschen Leben zum Guten, Wahren durch Wirken Gottes<br>• Umwertung aller bisherigen Werte<br>• Mitgliedschaft in auserwählter Gemeinschaft<br>• – missionarischer Impuls | • Authentifizierungsstrategien für Beleg der transzendenten Wirkkraft<br>• Parallelisierung der persönlichen Geschichte mit religiösen Heilsgeschichten<br>• Verwendung vorgegebener Geschichtenformate der religiösen Gemeinschaft | Bekehrung des Saulus zum Paulus in der Apostelgeschichte |
| Heldenmythos | • Lebensgeschichte als Kampf gegen einen Gegner (Krankheit, Gesellschaft o. Ä.), scheint aussichtslos, da Gegner übermächtig<br>• Erzähler ist auf sich allein gestellt (»ausgesetzt«), findet aber auch hilfreiche Figuren | • Narrative Kontrastierungen (gut – böse, Helfer – Gegner)<br>• Konstruktion idealer »Vorbild«-Personen als Richtschnur für eigenen Identitätsentwurf | Klassische Heldensagen, z. B. Siegfried, Perseus, Herakles usw. |

Tab. 5.1: Typologie der aufgefundenen archetypischen Geschichtenmuster
– Fortsetzung

| Archetypisches Geschichtenmuster | Strukturelemente | spezifische narrative Elemente und Strategien | prototypisches Exemplar |
|---|---|---|---|
| | • Identität selbst erarbeitet gegen Widerstände und Krisen, als subjektive Leistung, Konzept persönlicher Stärke<br>• Autonomie hat zentralen Stellenwert<br>• Erzähler hat Auftrag oder Botschaft für das Kollektiv<br>• Kampf für eine gute Sache, der Gegner ist negativ | | |
| Psychotherapie als »neuer Mythos« der Selbstverwirklichung | psychologische Deutung des Lebens:<br>• Persönlichkeit als Ergebnis von Kindheitserfahrungen<br>• Krankheit als psychosomatisch<br>• Leben als Entwicklungsprozess, als fortschreitende Verwirklichung des eigenen Selbst<br>• Identitätsveränderung durch Psychotherapie<br>• Verwendung psychologischer Wissensbestände | • Verwendung des Formats »Selbstverwirklichungsnarrativ«: progressive Makrostruktur<br>• »Biographisierung« der Lebensgeschichte: hoher Grad an Eigendeutung der Lebenserzählung<br>• hoher Grad an Kohärenz | |

Tab. 5.1: Typologie der aufgefundenen archetypischen Geschichtenmuster
– Fortsetzung

| Archetypisches Geschichtenmuster | Strukturelemente | spezifische narrative Elemente und Strategien | prototypisches Exemplar |
|---|---|---|---|
| Wunderheilungsgeschichte | • Gestaltung als numinoses Geschehen<br>• Verwendung des Motivs Todesabstieg und Wiedergeburt für den Krankheitsprozess<br>• Anführen von Zeugen für Beleg des Wunders<br>• Selbstdarstellung als geheilt trotz bleibender Behinderung | • Authentifizierungsstrategien: Zeugen für das Wunder werden in direkter Rede vorgeführt<br>• Dramatisierung durch Kontrastierungen | Heilungsgeschichten auf Votivtafeln in Wallfahrtsorten |
| Fortschrittsmythos: Überwindung aller Krankheiten durch technischen Fortschritt | • Überwindung der Krankheit durch technologischen Fortschritt<br>• Erzähler ist Teil einer kollektiven Bewegung zur Überwindung aller Menschheitsprobleme | • Wechsel des Erzählstils markiert technische Überwindung der Krankheit<br>• Betonung kollektiver Entwicklungen<br>• Narrative Zukunftsentwürfe | Pygmalion, Dädalos – Ikaros |
| Archetyp des tragischen Lebens | • Lebensgeschichte als fortschreitender Abstieg<br>• Verflochtenheit von eigener Schuld und Nicht-anders-Handeln-Können, von Unwissen und Nicht-Wissen-Wollen<br>• Krankheit ist Sühne für eigene Fehler<br>• Ergebnis ist größere Weisheit | • konsequent regressives Erzählformat<br>• permanentes Changieren der Selbstdeutungen (z. B. Fehler – Unwissen)<br>• Rechtfertigungsfiguren | Antike Tragödie, z. B. Ödipos |

Tab. 5.1: Typologie der aufgefundenen archetypischen Geschichtenmuster
– Fortsetzung

| Archetypisches Geschichtenmuster | Strukturelemente | spezifische narrative Elemente und Strategien | prototypisches Exemplar |
|---|---|---|---|
| Mythos des unschuldigen Opfers | • Abstiegsgeschichte ist durch andere verschuldet<br>• Eigene Identität wird als ungebrochen dargestellt | • Regressives Erzählformat<br>• Aufwendige Belegkonstruktionen für die Schuld anderer | Hiob |
| Der ungerecht Verfolgte/ Diskriminierungsgeschichte | • Krankheit als Beschädigung der sozialen Identität<br>• Angst vor Stigmatisierung als dominantes Interpretationsschema<br>• soziale Andere werden als potenzielle Bedrohung gesehen<br>• Leben im Verborgenen<br>• Geheimhaltung und unbedingte Anpassung/Normalität als lebensbestimmendes Prinzip | • Normalisierungsstrategien | |

Beispielhaft für die Ergebnisse der Untersuchung soll im Folgenden der Archetyp der religiösen Konversion, der Bekehrungsgeschichte, ausführlicher dargestellt werden. Drei Lebenserzählungen aus der Untersuchung stellen eine religiöse Bekehrung in den Mittelpunkt ihrer Identitätskonstruktion und ihrer Verarbeitung der biographischen Infragestellung durch Krankheit bzw. Behinderung. Kilbourne und Richardson (1988) fassen in einer Überblicksarbeit über die soziologische Forschung zur Konversion die Merkmale des klassischen Typs zusammen: Konversion bedeutet ein plötzliches und dramatisches Ereignis von irrationaler Natur, es beinhaltet das Wirken einer mächtigen, überpersönlichen Kraft, stellt ein einmaliges Ereignis dar, welches die Negation des alten Selbst und die Affirmation eines neuen Selbst mit sich bringt und den Wechsel von einem statischen Zustand zu einem anderen, ebenfalls statischen bedeutet; es stellt eine »gute Sache« dar, und eine Verhaltensänderung folgt der Glaubensänderung. Der Gestaltung der eigenen Lebensgeschichte als Konversion liegt, so lässt sich mit der Analytischen Psychologie sagen, ein Archetyp menschlichen Lebens zugrunde, die fundamentale Wandlung des Lebens durch Bekehrung. Den herausragenden Prototyp dieses archetypischen Lebensgeschichtenmusters stellt in unserem Kulturkreis die in der neutestamentarischen Apostelgeschichte dargestellte Bekehrung des Saulus zum Paulus dar. In anderen religiösen Kulturkreisen existieren vergleichbare prototypische Geschichten, z. B. die Bekehrung des indischen Kaisers Ashoka zum Buddhismus. Diese interkulturelle Verbreitung belegt die Archetypenhaftigkeit dieses Geschichtenmusters. Die eigene Lebensgeschichte als Konversionsgeschichte zu erzählen, stellt also eine Form der Bearbeitung und der Sinngebung an die Krankheits- bzw. Behinderungserfahrung dar, die auf archetypischen Sinngebungselementen fußt.

Bei einer vergleichenden Betrachtung der drei Lebenserzählungen lassen sich die folgenden allgemeinen Strukturmerkmale und charakteristischen narrativen Bausteine dieses Typs der Identitätskonstruktion abstrahieren:

1. Die Konversion lässt sich beschreiben als Passage aus einer alten in eine neue Identität, d. h. die Konversionserfahrung teilt das Leben in zwei Abschnitte, die eine jeweils sehr unterschiedliche Bedeutung und Bewertung erhalten und miteinander kontrastiert werden. Die Erzähler erhalten mit dieser Schilderung den Status von Auserwählten oder Eingeweihten.
2. Durch die Konversion ist die Person fundamental gewandelt, hat eine völlig neue Identität erworben, die ihn zum Guten, Richtigen, Wahren usw. befreit, d. h. die eine umfassende Sinngebung vermittelt und die alle Bereiche des Lebens abdeckt.
3. Diese fundamentale Wandlung ist keine Leistung des Biographen, sondern geht auf das Wirken Gottes oder einer nicht näher bezeichneten übermenschlichen, transzendentalen Macht zurück.

4. Das frühere Leben wird entweder als völlig unwesentlich behandelt oder wird ausgehend von der neuen Selbstdeutung nach der Konversion reinterpretiert.
5. Dabei wird die frühere Lebensorientierung als falsch, als Irrtum oder als nur brüchige Selbstgewissheit interpretiert und negativ bewertet, während das neue Leben als richtig, befreit, in Übereinstimmung mit oder Erkenntnis der Wahrheit bzw. als Realisierung des wahren Selbst der Person erlebt und somit positiv bewertet wird.
6. Die Konversion geht einher mit einer fundamentalen Umwertung, einer Umkehrung aller bisherigen Werte.
7. Aus der Bekehrungserfahrung entsteht ein missionarischer Impuls, das Bedürfnis, das an sich selbst erfahrene Heil irgendwie weiterzugeben, eine Botschaft zu vermitteln.
8. Die Bekehrung beinhaltet als Folge die Aufnahme und unverbrüchliche Mitgliedschaft in einer neuen religiösen Gemeinschaft, die sich in Übereinstimmung mit der religiösen Wahrheit befindet.
9. Im Vergleich mit anderen Lebenserzählungen wird bei Konversionsgeschichten auffallend häufig besonders explizit Bezug auf religiöse oder andere kanonische Schriften genommen. Dies dient auch dazu, potenziell auftretende Zweifler, die die Bekehrung infrage stellen könnten und die offenbar auch Bestandteil dieses archetypischen Musters sind, zu widerlegen.

Es kann empirisch gezeigt werden, dass im Vergleich mit anderen Fällen der Archetyp der Konversion besonders effektiv zu einer Rekonstitution der beschädigten oder zerstörten Identität beigetragen hat. Als exemplarischer Fall aus dieser Untersuchung soll hier die Lebenserzählung des Herrn Quant vorgestellt werden, der infolge eines Hirnschlags größtenteils gelähmt wurde und in der weiteren Folge seine Berufsfähigkeit, die meisten seiner körperlichen Fähigkeiten, seinen Freundeskreis und schließlich auch seine Ehe verloren hat, im Grunde also eine Vernichtung seiner Existenz erlebt hat. Nach einer schweren persönlichen Krise findet der Erzähler in seinem persönlichen Glauben wieder Halt, was eine umfangreiche Wandlung bewirkt hin zu einem Lebensglück, dass der Erzähler vor seiner Erkrankung nicht kannte. In seiner Darstellung sind es die durch die Behinderung bedingten Verluste und das Leiden daran selbst, die seine Wandlung bewirken: gerade durch die Erfahrung, so viel verloren zu haben, wird das, was bleibt, und schon Weniges, das wieder zurückkehrt, ungeheuer wertvoll und sinnstiftend. Darüber hinaus offenbart sich ihm die eigentliche Wertlosigkeit von vielem, das er früher nicht verlieren wollte. Er exemplifiziert dies unter anderem an seiner Ehe sowie an Freundschaften, die sich nach seinem Hirnschlag auflösten, wodurch sie sich als nicht wirklich wertvoll erwiesen. Seine Wandlung beinhaltet auch den neuen Wert, dass er nun Verständnis für Randgruppen und Ausgestoßene hat, weil er selbst Leid, Verlust und soziale Ausstoßung kennengelernt hat. Mit dieser Form folgt die Lebenserzählung des Herrn Quant dem zentralen christlichen Topos der Entwicklungs- und Wandlungsgeschichte durch Leiden zum Heil. Er selbst parallelisiert explizit seine Selbstdeutung mit einer christlichen Heilsgeschichte:

> ich denk ich hab, sogar ne gewisse Naivität, im Glauben entwickelt also einfach indem ich sag, mer muss: un mer mer darf an des was s Evangelium an Hilfestellung gibt recht naiv rangehen, muss gar nix so sehr / ... Is is für mich einfach keine hohe Phrase der Herr ist mein Hirt, – un dann wenns ersch dreckig geht dann, des hab ich einfach von Anfang an auch in der Krankheit immer äh empfunden und geglaubt, dass ich gar nich, dass mirs nie so dreckig gehen wird dass ich einfach an en Ende komme, es gibt da diese wunderbare Geschichte wo, wo die wo der der Mensch der am Ende seines Lebens is und dann Jesus begegnet, sagt ich hab so viel Phase gehabt wo ich scheinbar allein war im Leben oder wo du nicht da warst Herr, und der Herr sagt dann, des meinst du nur und und er sieht so seine Spur durchs Leben der Mensch, und und sieht dann immer dann wenn die ganz schlimmen Phasen warn, sieht er zwei Spuren, da sagt Jesus zu ihm, siehst du da hab ich dich getragen. – nein. falsch ich habs falsch verzählt, n er sieht er sieht eigentlich / er sieht immer zwei Spuren, und dann wenn die ganz dreckigen Phasen warn im Leben, wos ihm also schlecht ging, da sieht er nur noch eine Spur, un dann sagt er siehst du Herr als es mir ganz schlimm ging, da war ich allein da sagt, sagt Jesus nein da hab ich dich getragen.
> (MB, Herr Quandt, Transkriptnr. 1)

Der zentrale Aspekt dieser Sinngebungsform ist bei allen Erzählern, die sich auf religiöse Sinnstiftung beziehen, dass ihnen im religiösen Kanon prototypische Geschichten angeboten werden, die beschreiben, wie Menschen den eigentlichen Sinn ihres Lebens erst in der Erfahrung des Hereinwirkens einer transzendentalen Macht in ihr Leben finden. Ein möglicher, aber nicht notwendiger Deutungsaspekt ist dabei, dass erst eine Situation des Ausgesetztseins, des Leidens, der Zerstörung der bisherigen Selbstgewissheit die Voraussetzung schafft, dieses Hereinwirken zu erfahren.

Die Verwendung des Geschichtenarchetyps der Konversion für die Gestaltung der eigenen Lebensgeschichte gibt dieser in einem hohen Maße Kohärenz und Sinnhaftigkeit, da letztlich alle Lebensereignisse, gerade auch zunächst leidvolle wie Unfall, Krankheit und bleibende Behinderung, als Bestandteil eines umfassenden, höheren Lebensplanes verstanden werden können. Insofern lässt sich sagen, dass dieser (Lebens-) Geschichtenarchetyp der eigenen biographischen Identitätserfahrung in besonderem Maße Ganzheit und umfassenden Sinn vermitteln kann.

## 5.2.2 Die Bedeutung von Archetypen im psychotherapeutischen Prozess

Wie wir schon gesehen haben, können psychische Störungen als Ausdruck davon verstanden werden, dass die Person von einem Archetyp beherrscht wird und diesen in ihrem Leben inszeniert (Inflation). Daher ist es in einem solchen Fall in der Psychotherapie wichtig, den im Hintergrund wirkenden Archetyp zu erkennen und bewusst zu machen, damit sich der Ich-Komplex davon unterscheiden kann. Andererseits kann es in der Psychotherapie aber gerade auch darum gehen, den archetypischen Wesenskern der Person im Sinne ihrer Individualität, den diese im bisherigen Lebensverlauf verfehlt hat, im Unbewussten zu erkennen, freizulegen und dem Bewusstsein der Person dabei zu helfen, sich an diesem Leitfaden neu auszurichten im Sinne eines genuinen Individuationsprozesses. In dieser Gegenüberstellung wird deutlich, dass es in der Jung'schen Psychotherapie im Wesentlichen um eine Unterstützung auf dem Individuationsweg geht, der durch Schwierigkeiten in der Sozialisation oder in anderen

Lebensphasen unterbrochen oder blockiert wurde, was zu einer Spaltung zwischen der Orientierung des Bewusstseins und dem unbewussten Wesenskern, dem Selbst, geführt hat. Zugleich wird deutlich, dass die psychotherapeutische Unterstützung des Individuationsprozesses eine fortwährende Gratwanderung darstellt zwischen den Extremen, sich einerseits übermäßig mit einem vielleicht auch wesensfremden Archetyp zu identifizieren und andererseits den lebendigen Kontakt zum eigenen Wesenskern zu verlieren. Das zentrale Mittel, um zwischen diesen Polen zu steuern, ist die Bewusstmachung des archetypischen Materials. Erst dies ermöglicht es den Klienten, sich einerseits von den archetypischen Inhalten zu unterscheiden und sein persönliches Ich und seine umgrenzte Persönlichkeit von diesen unbewussten Wirkkräften abzugrenzen; andererseits kann er nur in der Erkenntnis der archetypischen Inhalte, die in seinem eigenen Unbewussten aufsteigen, seine eigene Wesensnatur erkennen und diesen Bestandteilen seiner Persönlichkeit einen angemessenen Platz im eigenen Leben einräumen. Die Komplexität dieses Bewusstmachungsprozesses, die einerseits Unterscheidung und andererseits Verbindung beinhaltet, wurde in der Nachfolge Jungs von seinem Schüler Erich Neumann im Konzept der Ich-Selbst-Achse zusammengefasst. In diesem Sinne soll der psychotherapeutische Prozess dazu verhelfen, das Ich wieder mit dem Selbst zu verbinden, so dass das Ich fortwährend aus dem Selbst genährt und aufgebaut wird, und andererseits das Ich genügend zu stärken, damit es sich vom Selbst abgrenzen kann und nicht von diesem verschlungen wird – Letzteres käme einer Psychose gleich.

Wie äußern sich nun Archetypen konkret im Rahmen einer psychischen Störung bzw. im psychotherapeutischen Prozess? Es können hier mehrere Ebenen unterschieden werden:
1. Entsprechend dem oben erwähnten entwicklungspsychologischen Konzept wäre die basale Ebene einer Äußerung von Archetypen, dass die Person unbewusst in ihrem Handeln ein archetypisches Muster inszeniert. Ebenso können sich in den Symptomen der psychischen Störung, auf einer körpernahen Ebene, archetypische Muster äußern. So können wir beispielsweise eine Suchterkrankung als Ausdruck davon verstehen, dass die Person in den frühen Lebensjahren das Getragensein in einem ozeanischen Verschmelzungsgefühl mit der Mutter schmerzlich vermissen musste und deshalb noch als Erwachsener sehnsüchtig diesen Zustand

immer wieder (mithilfe des Suchtmittels) zu erreichen versucht, ohne ihn letztendlich wirklich verinnerlichen zu können. Ein anderes Beispiel wäre eine Person mit Zwangsstörung, die sich aus einem tiefen Schuldgefühl gegenüber den eigenen aggressiven Impulsen immer wieder in endloser Wiederholung die Hände waschen muss, ohne dass dies eine dauerhafte Erleichterung bei den Schuldgefühlen vermitteln würde.

2. Eine nächste Ebene der Differenzierung, auf der archetypische Muster auftauchen können, stellen nun Bilder dar. Spontan treten diese vor allem in Träumen auf. Typisches Beispiel hierfür wäre ein wiederkehrender Albtraum, in dessen Bild die zentrale Problematik des Klienten sozusagen prototypisch zusammengefasst ist. So kann ein Klient beispielsweise immer wieder im Traum vor einer entscheidenden Abschlussprüfung stehen, in der er dann versagt, der er ausweicht, in der die Prüfer ihn ablehnen und durchfallen lassen usw. Weil sich die unbewussten Inhalte, auch die archetypischen, vor allem über Träume mitteilen, stellt auch in der Analytischen Psychologie die therapeutische Arbeit mit Träumen und deren Deutung immer noch den Königsweg zur Bewusstmachung des Unbewussten dar. Analog zu Träumen können archetypische Bilder aber auch in Tagträumen, Visionen, Ahnungen und anderen bildhaften Erscheinungen auftreten. Darüber hinaus versucht man in der analytischen Psychotherapie gezielt dem Unbewussten eine Bühne zu bieten, um archetypische Bilder zum Ausdruck zu bringen, indem man den Klienten auffordert, Bilder zu malen oder mit dem therapeutischen Sandspiel mit Figuren Bilder im Sandkasten zu stellen (Riedel 1985). Auf diese Weise ermöglicht man einen bildhaften Ausdruck der archetypischen Inhalte, die dann einer Deutung und Bearbeitung zugänglich werden. Man kann auch häufig im therapeutischen Prozess beobachten, dass Klienten spontan zum Medium der Bildgestaltung greifen, um den Inhalten, mit denen sie in ihrem Inneren stark beschäftigt sind, Ausdruck zu geben. Im Jung'schen Verständnis ist allein schon die Gestaltung des Bildes ein wesentlicher Schritt in der Auseinandersetzung mit dem archetypischen Material und insofern auf dem Weg der Bewusstmachung.

3. Schließlich geht es aber darum, die unbewussten, archetypischen Inhalte auf eine kognitive Ebene zu heben, um hier die bewusste Auseinandersetzung möglich zu machen. Dies geschieht vor allem in der verbalen Äußerung, sei es, indem die inneren Erfahrungen im Rahmen der

Psychotherapie dem Therapeuten erzählt werden, oder indem die Inhalte niedergeschrieben werden, wie es Jung selbst in der Auseinandersetzung mit seinem Unbewussten in Form des so genannten »Roten Buches« getan hat. So weit entspricht die Darstellung der klassischen Auffassung in der Jung'schen Psychologie. Betrachtet man sowohl die Publikationen in der Analytischen Psychologie zur Arbeit mit archetypischen Material im psychotherapeutischen Prozess als auch die Ausbildungspraxis an den Instituten, so liegt die wesentliche Bedeutung der Archetypen im psychotherapeutischen Prozess nun aber darin, dass ihr Auftauchen im Rahmen der Psychotherapie einen hilfreichen und konstruktiven Impuls darstellt, der den Klienten auf den Weg zur Integration von Konflikten, zur Heilung und Ganzwerdung bringen kann. Modern formuliert, ist diese Verwendung von archetypischen Impulsen im psychotherapeutischen Prozess ein ressourcenorientiertes Vorgehen, das auf die Selbstheilungskräfte der Psyche setzt. In diesem Sinne stellen archetypische Elemente Informationen aus dem Unbewussten dar, die dem Bewusstsein bisher nicht zur Verfügung standen, und die im Stande sind, Prozesse der Selbstheilung in Gang zu setzen bzw. zu fördern. Insofern hat das Archetypenkonzept absolut zentrale Bedeutung für das psychotherapeutische Vorgehen in der Analytischen Psychologie. Man geht davon aus, dass universell vorhandene Archetypen in Krisensituationen bzw. bei psychischen Störungen wirksam werden und sich – gefördert durch den therapeutischen Rahmen und die Beziehung – in Träumen und symbolischem Material äußern und Heilungsprozesse in der individuellen Psyche anstoßen bzw. strukturieren können. Der Rahmen und die analytische Beziehung sind geradezu darauf angelegt, diese Prozesse in Gang zu setzen bzw. zu fördern. Ein Beispiel, das dieses Verständnis verdeutlicht, findet sich in den schon oben erwähnten Tavistock Lectures, in denen Jung sich auf den Traum eines Patienten bezieht, in dem ein Krebs auftaucht, was Jung interpretiert als eine Information aus dem Unbewussten, dass das cerebrospinale und sympathische Nervensystem des Träumers gegen seine bewusste Einstellung rebelliert, weil ein Krebs nur diese Art von Nervensystem habe. Das Unbewusste des Klienten stellte im archetypischen Symbol einen Bezug zu einem Wissensbestand her, der dem Bewusstsein des Träumers nicht zugänglich war. Insofern transportierte das archetypische Element eine zusätzliche, das Bewusstsein übersteigende Information (»transzendente

Funktion«), die auf die Heilung des Patienten abzielte und für den therapeutischen Prozess nutzbar gemacht werden konnte. Das ist der Grund, warum in der Ausbildung zum Jung'schen Psychotherapeuten ein solches Gewicht auf Kenntnisse in Mythologie und Symbolgeschichte gelegt wird. Der Therapeut sollte in der Lage sein, in Träumen und symbolischen Produktionen des Klienten archetypische Muster zu erkennen.

Ein weiteres Beispiel für diese Verwendung des Archetypenkonzepts in der Psychotherapie ist die in der Einleitung dargestellte Situation, in der der Klient einen Initiationsritus träumt, wodurch das Unbewusste auf die Notwendigkeit eines solchen Transformationsprozesses für den Träumer hinweist und insofern der Fortgang der Psychotherapie durch dieses Archetypische Bild informiert wird. Der Traum mit seiner archetypischen Information lieferte uns Hinweise für den weiteren Fortgang der Therapie, z. B. dass er ein Opfer bringen sollte. Träume, Phantasien, Bilder und anderes symbolisches Material entsprechen einem archetypischen Muster, z. B. einem mythologischen Narrativ, und dies liefert Information über die weitere notwendige Entwicklung der Persönlichkeit, den Fortgang der Therapie usw. Die Jung-Schülerin Marie-Louise von Franz verdeutlichte diese Verwendungsweise des Archetypenkonzepts an zahlreichen Beispielen in ihren Büchern über Märchen (z. B. von Franz, 1977). So wird zu Beginn einer Psychotherapie standardmäßig nach der Lieblingsgeschichte oder den Lieblingsmärchen der Kindheit gefragt. Man geht dabei davon aus, dass sich in der emotionalen Anziehung oder gar Faszination durch eine bestimmte Geschichte eine tiefere Wahrheit über den Entwicklungsweg der Person ausdrückt. Ins Psychologische übersetzt kann das Wissen um eine Lieblingsgeschichte Hinweise auf den in der Therapie einzuschlagenden Entwicklungsweg bzw. bedeutsame Erkenntnisse über das Wesen der Person beinhalten.

Diese Vorgehensweise soll exemplarisch an dem Buch von Katrin Asper (1987) »Verlassenheit und Selbstentfremdung« verdeutlicht werden, in der sie das Grimmsche Märchen »Die Sieben Raben« verwendet und ausdeutet, um sowohl die Psychodynamik narzisstischer Störungen zu beschreiben als auch die Elemente, die man in einer Psychotherapie zur Heilung solcher Problematiken benötigt.

Das Märchen wird im Folgenden in der Urfassung (nach Asper 1987, S. 117 f.) zitiert:

Es war einmal eine Mutter, die hatte drei Söhnlein, die spielten eines Sonntags unter der Kirche Karten. Und als die Predigt vorbei war, kam die Mutter nach Haus gegangen und sah, was sie getan hatten. Da fluchte sie ihren gottlosen Kindern und also bald wurden sie drei kohlschwarze Raben und flogen auf und davon. Die drei Brüder hatten aber ein Schwesterchen, das sie von Herzen liebte, und es grämte sich so über ihre Verbannung, dass es keine Ruhe hatte und sich endlich aufmachte, sie zu suchen. Nichts nahm es sich mit auf die lange lange Reise, als ein Stühlchen, worauf es sich ruhte, wann es zu müd geworden war, und nichts aß es die ganze Zeit, als wilde Äpfel und Birnen. Es konnte aber die drei Raben immer nicht finden, außer einmal waren sie über seinen Kopf weg geflogen, da hatte einer einen Ring fallen lassen; wie es den aufhob, erkannte ihn das Schwesterchen für den Ring, den es einstmals dem jüngsten Bruder geschenkt hatte. Es ging aber immer fort, so weit, so weit bis es an der Welt Ende kam, und es ging zur Sonne, die war aber gar zu heiß und fraß die kleinen Kinder. Darauf kam es zu dem Mond, der war aber gar zu kalt, und auch bös, und wie er es merkte, sprach er »Ich rieche rieche Menschenfleisch«. Da machte es sich geschwind fort und kam zu den Sternen, die waren ihm gut und saßen alle jeder auf Stühlchen, und der Morgenstern stand auf und gab ihm ein Hinkelbeinchen, »Wenn du das Beinchen nicht hast, kannst du nicht in den Glasberg kommen, und in dem Glasberg da sind deine Brüder«. Da nahm es das Hinkelbeinchen, wickelte es wohl in ein Tüchelchen und ging so lange fort, bis es an den Glasberg kam, das Tor war aber verschlossen. Und wie es das Beinchen hervorholen wollte, da hatte es das Beinchen unterwegs verloren. Da wusste es sich gar nicht zu helfen, weil es gar keinen Schlüssel fand, nahm ein Messer und schnitt sich das kleine Fingerchen ab, steckt es in das Tor und schloss glücklich auf. Da kam ein Zwerglein entgegen und sagte: Mein Kind, was suchst du hier? Ich suche meine Brüder, die drei Raben. Die Herren Raben sind nicht zu Haus, sprach das Zwerglein, willst Du aber hier drinnen warten, so tritt ein, und das Zwerglein brachte drei Tellerchen getragen und drei Becherchen, und von jedem Tellerchen aß Schwesterchen ein bisschen und aus jedem Becherchen trank es ein Schlückchen und in das letzte Becherchen ließ ist das Ringlein fallen. Auf einmal ward es in der Luft ein Geschwirr und ein Geweh, da sagte das Zwerglein: die Herren Raben kommen heim geflogen. Und die Raben fingen jeder an und sprachen: wer hat von meinem Tellerchen gegessen? Wer hat aus meinen Becherchen getrunken? Wie der dritte Rab aber seinem Becherchen auf den Grund kam da fand er den Ring, und sah wohl, dass Schwesterchen angekommen war. Da erkannten sie es am Ring, und da waren sie alle wieder erlöst und gingen fröhlich heim.

Das Märchen verdeutlicht in seinen Symbolen und Bildern sowohl die Genese und Problematik der narzisstisch verwundeten Persönlichkeit und ihrer Depression, als auch liefert es die archetypische Grundstruktur der Heilung und so quasi eine Landkarte für die Psychotherapie. Der Beginn des Märchens schildert den Ursprung der Selbstentfremdung, die der narzisstischen Verwundung zugrunde liegt. Am Anfang steht die Ablehnung durch die Bezugsperson, die den Selbstwert der Person zutiefst beschädigt und ihn quasi mit Schwärze überschattet, so dass die Person sich schließlich selbst ablehnt und keinen Zugang mehr zu ihren eigenen Gefühlen und Bedürfnissen findet, was in der Verbannung der Raben in den Glasberg symbolisch zum Ausdruck kommt. Der narzisstisch verwundete Mensch ist von seinen eigenen Gefühlen und Bedürfnissen abgeschnitten, diese sind wie hinter Glas, und gleichzeitig ist diese Abwehr, die die Person vor schmerzlicher Zurückweisung ihrer Bedürfnisse schützt, in höchstem Maße zerbrechlich, z. B. bei alltäglich auftretenden Kränkungen. Weil diese Menschen so verletzlich sind, neigen sie oft selbst zum Rückzug, wofür ebenfalls das Bild der Verbannung in den Glasberg steht. Das Schwesterchen, das sich auf den Weg macht, die verlorenen Brüder wiederzufinden, steht als Bild für ein Ich, dass wieder die Verbindung zu den verlorenen (Selbstwert-) Gefühlen sucht. Der Ring steht hier als Symbol für die Beziehungsfunktion. Damit ist gemeint, dass das Ich die Verbindung zu seinem Inneren, zu Emotionen und Bedürfnissen nicht aufgibt, sondern versucht den Kontakt zu halten bzw. wiederherzustellen. Dies wäre eine erste hilfreiche Haltung, mit der das Märchen die Psychotherapie informiert. Das Märchen drückt zugleich aus, wie mühsam und langwierig dieser Weg ist. Das Stühlchen, das auf die Reise mitgenommen wird, kann symbolisch verstanden werden als eine Haltung, dass der Mensch sich Ruhe und Zeit zum nachspüren erlaubt, ebenfalls eine hilfreiche therapeutische Haltung beim narzisstisch verwundeten Menschen. Die lange Reise kommt auch dadurch zustande, dass der narzisstische Mensch in seiner Verwundung sich versucht zu stabilisieren, indem er seine Wunde, sein Leiden möglichst weit von seinem Bewusstsein entfernt hält. Die therapeutische Haltung ist also gerade die, sich der Wunde, dem Leiden anzunähern, so schmerzhaft das auch sein mag. Das Märchen informiert den Psychotherapeuten, dass diese Annäherung nur langsam stattfinden kann und die Schutzmaßnahmen der Persönlichkeit gegenüber dem abgespaltenen Leiden gerechtfertigt sind und gewürdigt werden müssen. Bei dem Weg der Annäherung an die eigene Verwundung begegnet das Ich dann zunächst einmal den uneinfühlsamen, kalten Elternfiguren, und die Erfahrung mit diesen muss im Verlaufe der Therapie erinnert werden. Die Erfahrung mit den Eltern wurde nämlich verinnerlicht und die Person nimmt in ihrem Bewusstsein diese Haltung zu sich selbst und den eigenen Gefühlen ein. Dafür stehen hier Sonne und Mond, symbolisch für das männlich Väterliche und weiblich Mütterliche. Weil sie Gestirne sind, drücken Sie hier auch das Streben des narzisstisch verwundeten Menschen nach Absolutem und Perfektion aus, es fällt diesen Menschen schwer, die eigene Begrenztheit und die Begrenztheit menschlicher Beziehungen zu akzeptieren. Der Morgenstern dagegen ist in der Astronomie gleichbedeutend dem Planeten Venus, der Göttin der Liebe. Diese ist vom Märchen dargestellt als ein hilfreiches Schlüsselelement, da der narzisstisch verwundete Mensch bei der Wiederherstellung seines Selbstwertgefühls der Liebe bedarf, was sich in der Therapie zunächst als ein Bedürfnis auf die Person des Therapeuten richtet. Die Autorin empfiehlt hier eine mutterspezifische gegenüber einer vaterspezifischen therapeutischen Haltung, d. h. eine Haltung, die von Verständnis, Mitgefühl und Einfühlung in die innere Situation des Klienten geprägt ist. Weil der Betroffene die notwendige Selbstliebe in sich zunächst nicht finden kann, muss diese liebevolle Haltung sich selbst gegenüber zunächst in der therapeutischen Beziehung erfahren werden.

Die therapeutische Erfahrung zeigt, wie es auch im Märchen dargestellt ist, dass nach der Bezugnahme auf die eigene Kindheit und die Erfahrung mit den eigenen Eltern sich der Weg nach innen öffnet und der Bezug zum eigenen Selbst möglich wird. Der Schlüssel ist dabei die Selbstliebe. Diese ist aber beim narzisstischen Menschen brüchig und geht immer wieder einmal verloren, wie es das Märchen auch darstellt. Allerdings, so zeigt das Märchen, ist mittlerweile eine gewisse innere Stabilität entstanden, die es dem Ich ermöglicht, in der Notlage eine Lösung zu finden. Hier kommt ein weiteres archetypisches Element im psychotherapeutischen Prozess zum Tragen, nämlich dass für die letztendliche Lösung ein Opfer gebracht werden muss, im Märchen muss der kleine Finger abgeschnitten werden. Bei narzisstischen Menschen geht es hier darum, den Anspruch auf völlige Kontrolle über sich selbst und die eigene Erscheinung als auch über die Beziehungen zu anderen Menschen aufzugeben und mit der Begrenztheit der eigenen Person und der anderen leben zu lernen. Das ermöglicht aber eine größere Lebendigkeit und eine bessere Verbindung zu den eigenen

Emotionen und Bedürfnissen. Die Erlösung der Raben ist ein Bild für die Überwindung dieser inneren Spaltung, die abgelehnten psychischen Anteile werden wieder an die Persönlichkeit angeschlossen und integriert. Heimgehen bedeutet wieder zu sich selbst kommen und in sich selbst aufgehoben sein.

In diesem Sinne werden Märchen und andere mythologische Geschichten in der Jung'schen Psychotherapie als Landkarten für die Gestaltung des psychotherapeutischen Prozesses und der in diesem notwendigen Stationen genutzt. Auf einer umfassenderen Ebene bietet der oben dargestellte Individuationsprozesses eine allgemeine Landkarte für die Psychotherapie, in der es quasi einen archetypischen Entwicklungsweg gibt: Persona – Schatten – Anima/Animus (Seelenbild) – alter Weiser/ Große Mutter – Selbst. Diese Landkarte hilft dem Jung'schen Psychotherapeuten, sich in dem häufig chaotischen Material aus Symptomen, Beschwerden, Erzählungen des Patienten, Träumen und anderem symbolischen Material zurechtzufinden und zu orientieren. Dabei ist aber zu beachten, dass diese archetypischen Stationen des Entwicklungsprozesses in der Psychotherapie nicht linear durchlaufen werden. Jung selbst verwendete das Bild einer spiralförmigen Aufwärtsbewegung, bei der man zwar immer wieder an dieselben Punkte kommt, aber jeweils auf einer höheren Ebene. Die klinische Erfahrung zeigt, dass es nicht ungewöhnlich ist, schon zu Beginn eines Psychotherapieprozesses der Ganzheitssymbolik des Selbst zu begegnen, die dann aber wieder verloren geht, so dass man sich durch die Mühen der Auseinandersetzung mit dem Schatten und mit dem Seelenbild hindurcharbeiten muss. Die frühe Berührung mit einem Gefühl von Vollständigkeit und Ganzheit dient dann als ein Versprechen, das den Patienten für die mühsame Arbeit der Psychotherapie motiviert. Auch in anderen therapeutischen Schulen wird Ähnliches beobachtet und als »therapeutic honeymoon« bezeichnet.

Diese Landkarte des Individuationsprozesses als Wegweiser für den psychotherapeutischen Prozess zu erarbeiten und auszudifferenzieren war im Grunde Jungs zentrales Interesse in seinem Lebenswerk, deshalb beschäftigte er sich mit Mythologie, Religionsgeschichte etc. Besonders fündig hinsichtlich der archetypischen Elemente dieses Transformationsprozesses wurde er in der mittelalterlichen Alchemie. Ein herausragendes Beispiel hierfür ist Jungs Interpretation des spätmittelalterlichen, alchemistischen Bilderzyklus des Rosarium Philosophorum in seiner Arbeit »Die Psychologie der Übertragung« (Jung GW 16). Jung leitete aus dieser Interpretation Anleitungen für den Therapeuten ab, wie er sich im therapeutischen Prozess auf die Übertragung seines Klienten einstellen sollte.

### 5.2.3 Fallbeispiel für die therapeutische Arbeit mit einem archetypischen Traumelement

Archetypen informieren aber nicht nur den psychotherapeutischen Prozess auf einer übergreifenden Ebene, sondern tauchen auch in Form von umgrenzten Symbolen in Träumen, Bildern oder anderen symbolischen Material auf. Hier gilt ebenfalls das Prinzip: Das archetypische Element transportiert eine umfassendere Informationen, z. B. eine ganzheitlichere Sichtweise oder eine fehlende Perspektive, auf das im therapeutischen Prozess anstehende Problem, die dem Bewusstsein bislang nicht verfügbar war. Daher versucht man in der Psychotherapie diese umfassendere Informationen mithilfe von Amplifikation und Deutung zugänglich und für den therapeutischen Prozess nutzbar zu machen. Dies soll im Folgenden an einem Fallbeispiel ausführlicher erläutert werden.

Der Patient meldete sich zur Psychotherapie, nachdem er eine mehrjährige Haftstrafe wegen schwerer Körperverletzung in zahlreichen Fällen verbüßt hatte. Bei der Entlassung hatte man ihm empfohlen, eine Psychotherapie zu machen. Im Gefängnis hatte der Klient eine religiöse Konversion durchlaufen und sich einer fundamentalistischen christlichen Sekte angeschlossen. Er hatte seine Gewalttätigkeit völlig in den Griff bekommen, auch mithilfe der rigiden Moral seiner Sekte, er litt aber immer wieder unter schwer zu beschreibenden, kaum aushaltbaren Zuständen von Anspannung, Unruhe und innerer Leere. Das einzige Mittel, diese Zustände zu bekämpfen, war für ihn der Konsum von pornographischen Videos, insbesondere solche, bei denen Frauen Gewalt angetan wurde. Dann komme er innerlich zur Ruhe, fühle sich aber danach wie ausgebrannt. Nach einiger Zeit baue sich dann die innere Unruhe wieder auf. Der Patient war in sozial äußerst schwierigen Verhältnissen aufgewachsen und erlebte eine schwerst belastete

Kindheit. Die Mutter hatte einen Migrationshintergrund, der Vater hatte sie aus dem Heimatland nach Deutschland gebracht. Seine Mutter habe bis heute nicht richtig Deutsch sprechen gelernt und verhalte sich bis heute in sozialen Situationen äußerst ungeschickt, berichtet der Klient. Vermutlich liegt eine leichte geistige Behinderung vor. Er habe seine Mutter nicht achten können, ja später dann sogar abgelehnt. Er könne ihren Körpergeruch nicht ertragen. Sie habe ihn schon als Kind immer körperlich »betüttelt« und an ihm »rumgetatscht«, aber »nicht begriffen, was abläuft«. Der Vater war Alkoholiker gewesen und hatte im volltrunkenen Zustand sich immer eines der Kinder gepackt und durchgeprügelt. Einmal wurde der Klient vom Vater so am Hals gewürgt, dass er glaubte, sterben zu müssen. Die Mutter habe den Vater nicht bremsen können. Als Kinder hätten sie immer versucht zu erkennen, in welchem Zustand der Vater war, um sich dann gegebenenfalls zu verstecken. Der Vater sei aber sehr unberechenbar gewesen. Als der Patient etwa 14 oder 15 Jahre alt war, habe er begonnen zurückzuschlagen, darauf habe der Vater ihn in Ruhe gelassen.

Der Vater besaß eine riesige Sammlung pornographischer Videos, die im Schlafzimmer in einem Wandschrank versteckt war, wovon der Klient äußerst fasziniert war. Offenbar hatte der Vater eine sexuelle Obsession und gab für Prostituierte so viel Geld aus, dass er die Familie damit mehrfach fast ruiniert hätte. Der Vater war auch selbst wegen Diebstahl straffällig. Im Jugendalter wurde der Klient aufgrund der häuslichen Verhältnisse vom Jugendamt in einer Pflegefamilie untergebracht, wo es offenbar zu einem sexuellen Missbrauch durch die Pflegemutter kam. Sobald als möglich lebte der Klient dann allein und schloss sich einer Gruppe krimineller Jugendlicher an, mit der er zahlreiche Gewalttaten verübte, wofür er dann auch schließlich verurteilt wurde.

Durch diese Aufwachsensbedingungen und die in der Familie erlebte Gewalt ist von einer schweren Traumatisierung des Klienten auszugehen. Dies erklärt auch die immer wieder auftretenden depressiven Zustände. Die frühere gewalttätige Orientierung kann als ein verzweifelter Kompensationsversuch für die innere Leere und die tiefe Frustration aufgrund der Mangelerfahrung verstanden werden. Beeindruckend ist seine eigenständige Überwindung dieser Gewalttätigkeit im Rahmen der Haft und die Orientierung an einem strengen Moralgebäude, das im Sinne eines rigiden Über-Ichs das schwache Ich stabilisiert. Dies kann allerdings nicht das Auftreten von Zuständen tiefer innerer Leere verhindern. Der Konsum gewalthaltiger Pornovideos kann als Suchtmittel zur Bekämpfung der Depression verstanden werden.

Im Laufe der ca. sechsjährigen Psychotherapie wurden zahlreiche Träume bearbeitet, die folgende Liste deckt den gesamten Zeitraum der Therapie ab.

1. Ich bin eine Straße runtergelaufen, in der Finsternis. Rechts und links Gatter und Häuschen. Scharen bellender Hunde springen gegen die Gatter. Ich habe Angst aber dann bekomme ich Mut. Ich habe selbst einen Hund aggressiv angebellt und der wurde ruhig.
2. Ich bin mit einem Fahrrad unterwegs bergauf. Es ist anstrengend. Um mich herum große Bäume, es ist wie im Gebirge. Oben ist ein kleiner weißer Pudel, der hat gebellt, ist an der Leine. Ich bin weitergefahren bergab in Serpentinen. Dobermänner sind hinter mir her, konnte sie nicht abhängen wegen den Kurven. Sie rennen neben mir her und bellen mich an. Es ist dann hell und sonnig, oben auf dem Pass ist es schön. Eine Gastronomie, wie in Italien, schöne Häuser. Oben auf dem Pass kommen die schwarzen Hunde.
3. Am stehenden Wasser, ein Fluss? Da ist ein Steg, jemand ist auf der anderen Seite, der fällt ins Wasser. Er ist wie unter ein Holz gerutscht. Ich habe ihn rausgezogen, aber erst nach Zögern. Er ist wie tot. Aber der hat ein Teppichmesser und hat dem anderen Helfer die Kehle durchgeschnitten. Ich fliehe.
4. Ein Bild: eine Katze, die überfahren wurde, liegt verletzt im Rinnstein und wimmert.
5. Traum aus der Jugendzeit: Einer Katze wurde von einem Auto über die rechte Pfote gefahren. (Später habe ich eine solche Katze real vor unserem Haus mit einer verbundenen rechten Pfote gesehen.)
6. (In schwarz-weiß): Bei einem Bahnhof. Ein Mädchen und eine andere Person, die masochistisch wirkt, und ein schwarzer energievoller Hund. Der Hund zieht die zweite Person mit bis ins Wasser, einen

Tümpel, später wieder aus dem Wasser raus und einen Abhang hoch. Die Person befriedigt sich selbst oral, dann sehe ich, dass er den Hund oral befriedigt. Dann an einem Hochhaus. Ich sage: der Hund muss angeleint werden. Die masochistische Person sagt: Man muss den Hund streicheln. Ich: Nein, er muss angeleint werden und dann weg. Masochistische Person ist beleidigt und geht in das Hochhaus. Die andere Person sagt: Du musst ihm nach, er ist beleidigt. Der Hund hat gestunken, ich habe ihn abgelehnt und Ekel empfunden.

7. Ein älterer, nicht gut riechender Hund ist mit mir und meiner Freundin in Paris. Er ist uns zugelaufen. Wir steigen in einen Bus, der Hund konnte nicht mit, wir haben ihn draußen sitzen gelassen. Sind schon außerhalb der Stadt, fahren zurück zur Stadt aber auf einer Autobahn. Der Hund hätte nicht hinterherlaufen können.

8. Ich war in einem Haus Verwalter im Cafe. Ich wurde hinaufbefördert (wie Joseph im Haus des Potifar). Ein Vater mit kleinem Sohn wird verabschiedet, er ist im Hinterhof. Dort ist ein alter Mann mit einem Pitbull. Er sagt: Ich kann Dir zeigen, wie böse der ist. Ich musste aber gleich weggehen. Ich gehe einen Weinberg hinauf. Der Hund ist los und geht zähnefletschend auf mich los, aber ich springe über Zaun und Mauer. Der Weg geht den Weinberg hoch und auf der anderen Seite wieder hinunter.

9. Ein kleines Baby ist in Not. Ich wickele es in ein Zeitungspapier und nehme es mit durch ein Rohrsystem. Dann vergesse ich es aber und lasse es wohl irgendwo liegen. Ich habe es dann aber gemerkt, dass es fehlt, und bin zurück und habe es in den Röhren wiedergefunden. Ich habe es weitergeschleppt und gefüttert. Ich habe gedacht: eigentlich ist es so klein, es bräuchte Muttermilch, aber ich habe ihm festes Essen gefüttert.

10. Ich habe einen riesigen Zeh gesehen. Die Nagelhaut war weit vorgewachsen. Ich dachte: Die muss man wegmachen. Sie ging ganz leicht zurück. Da war eine andere Schicht wie das Nagelbett, ging ganz leicht runter. Das hat gar nicht wehgetan, obwohl ich das vorher dachte. Darunter waren ganz kleine schwarze Würmer, alles verfault, aber es ließ sich ganz leicht wegwischen. Darunter war es wie neu.

Das auffälligste, weil immer wieder auftretende Element in dieser Traumserie ist das Symbol des Hundes. Dieses wird im Folgenden anhand der Darstellung in verschiedenen Symbollexika amplifiziert:
In zahlreichen Kulturen steht der Hund im Zusammenhang mit dem Tod. In Ägypten und Griechenland bewacht der Hund das Totenreich (Zerberus, Anubis) und ist ein Mittler zwischen der Welt der Lebenden und der Toten. Die Götter mehrdeutiger und nächtlich-dunkler Bereiche erscheinen des Öfteren in Hundegestalt. Das Symbol des Hundes hat insofern eine ambivalente Bedeutung, als mit ihm einerseits Weisheit, Güte und Frömmigkeit verbunden werden (weißer Hund), andererseits aber auch niedere Regungen, wie Unreinheit, Laster und Neid (dunkler Hund). Auch wird er in Verbindung mit dem Bösen gebracht. In manchen Kulturen erscheint der Hund als Ahnvater und Erzeuger des Menschen und der Zivilisation aufgrund der ihm zuerkannten Weisheit und starken Sexualkraft. In verschiedenen Kulturen, z. B. in der muslimischen Welt, gilt der Hund als unrein, weil er als besonders sexuell triebhaft und promiskuitiv (Straßenhunde paaren sich untereinander ohne Regeln und Grenzen) betrachtet wird. Auf der Ebene der praktischen Erfahrung ist der Hund ein Beziehungstier, er gilt als treuer Freund des Menschen, und übernimmt seit der Jungsteinzeit verschiedene Aufgaben für den Menschen, z. B. Herden zu hüten, Haus und Hof zu bewachen, Blinde zu führen usw.

Diese Amplifikation des Traumsymboles Hund und sein Auftreten in den verschiedenen Träumen vor dem Hintergrund der dargestellten biographischen Anamnese macht deutlich, dass in einem solchen archetypischen Element eine Vielzahl an Bedeutungsebenen in komplexer Weise verdichtet ist. Aus Sicht der Jung'schen Psychologie verkörpert der Hund zumindest in den ersten Träumen der Serie einen bedrohlichen Komplex des Patienten. In diesem Komplex hat sich zum einen ganz offensichtlich die Erfahrung mit dem gewalttätigen Vater niedergeschlagen, die Erfahrung realer Bedrohung durch die unberechenbare Gewalttätigkeit des Vaters wird in der Bedrohung durch die Hunde konkret wiedergegeben. Zum anderen kann man in der Aggressivität der Hunde aber auch die eigene destruktive Gewalttätigkeit des Patienten deutlich erkennen, die durch das Ich zumindest zu Beginn der Therapie noch nicht wirklich beherrscht und kontrolliert ist und deshalb die Steuerungsfähigkeit des Ich immer wieder bedroht und infrage stellt. Interessanterweise findet sich im Symbol des Hundes aber auch die vielschichtige Bedeutung obsessiver Sexualität im Leben des Patienten wieder, sowohl in der Faszination an der Obsession des Vaters als auch im eigenen sexuell getriebenen Verhalten. Der Hund als Türhüter zur Unterwelt ist hier wirklich ein sinnfälliges Symbol für die zwiespältige und ungelöste Beziehung des Patienten zu seinen eigenen »unterirdischen« Impulsen von triebhafter Sexualität und Gewalttätigkeit.

Der Hund als archetypisches Symbol bildet hier aber nicht nur eine psychische Wirklichkeit ab, sondern enthält wie jeder Archetyp eine innere Dynamik, die mit der ihm inhärenten Polarität in Verbindung steht. Wie bei der Amplifikation deutlich wurde, hat der Hund sowohl positive als auch negative Konnotationen. In der Traumserie ist deutlich zu erkennen, das im Verlauf der Therapie – und vermutlich auch bedingt durch den therapeutischen Prozess – langsam eine Bedeutungsveränderung des Symbols und eine Veränderung des Verhältnisses zwischen dem Ich und dem Komplex stattfindet. Mit der Zeit kommen zunehmend die positiven Aspekte des Symbols, hier insbesondere die Beziehungsfunktion, zum Ausdruck. Im Symbol des verletzten oder hilfsbedürftigen Tieres wird das Ich aufgefordert, sich auf diesen bedürftigen Anteil der eigenen Persönlichkeit in fürsorglicher Weise zu beziehen. Das fällt dem Ich anfangs noch schwer, es dominiert Ekel und Ablehnung gegenüber diesen Persönlichkeitsanteilen. Durch den Fortgang der Therapie allerdings gelingt es dem Ich schließlich, sich in einer mehr oder weniger fürsorglichen und bezogenen Weise gegenüber diesem Anteil zu verhalten, woraufhin dieser sich auch von der Tiergestalt hin zu der menschlichen Gestalt eines Säuglings wandelt, was man psychodynamisch betrachtet als eine Entwicklung hin zu größerer Bewusstseinsnähe und Integration verstehen kann. Schließlich endet die Traumserie mit dem Symbol einer Wandlung und Neuwerdung. Dies deckt sich mit dem Ergebnis der Therapie: Der Patient hatte mittlerweile geheiratet, eine Familie gegründet, eine solide Berufsausbildung abgeschlossen und eine gute Einstellung in einem durchaus differenzierten Beruf erworben, und war in jeder Hinsicht sozial und beruflich gut eingebunden. Zwar traten immer noch von Zeit zu Zeit depressive Verstimmungen auf, dem Patienten gelang es dann aber zunehmend, sich mit dieser Bedürftigkeit an seine Partnerin zuwenden und weniger gewalttätige Pornos zur Bewältigung dieser Situationen einzusetzen.

Die dargestellte Traumserie macht also deutlich, dass in einem archetypischen Symbol zum einen verschiedene Bedeutungsebenen in komplexer Weise miteinander verwoben und dargestellt sind, dass der Archetyp also zum einen eine Darstellungsfunktion für die innere psychische Situation hat. Zugleich steckt in dem Archetyp eine erhebliche Dynamik, indem nämlich die in ihm inhärente Polarität in der Lage ist, die vorherige Einseitigkeit (hier: Gewalttätigkeit, Verleugnung der eigenen Bedürftigkeit, unbezogene triebhafte Sexualität) durch den jeweiligen Gegenpol auszugleichen bzw. zu ergänzen und zu vervollständigen (hier: zunehmende Bezogenheit, Akzeptanz der eigenen Bedürftigkeit, Kommunikation statt Gewalt). Die Jung'sche Psychotherapie ist darauf angelegt, diesen Prozess des Ausgleichs und der Vervollständigung in Richtung auf Ganzheit der Persönlichkeit durch die Arbeit mit den archetypischen Symbolen in Gang zu setzen und zu fördern. Dabei fließen natürlich die verschiedenen Ebenen der Bewusstmachung der unbewussten archetypischen Bedeutungsschichten, die Erfahrung in der therapeutischen Beziehung, und andere therapeutische Interventionen sowie die gelebte Erfahrung im Alltag des Patienten in komplexer Weise ineinander. Auch ist es nicht immer der Fall, dass im Verlaufe einer Psychotherapie ein bestimmtes archetypisches Symbol so wie im obigen Beispiel derart im Vordergrund steht. In anderen Fällen spielen eine Vielzahl von archetypischen Elementen eine Rolle, oder es gibt einen Prozessverlauf über eine Kette sich aneinander anschließender archetypischer Symbole. Ein herausragendes Beispiel für Letzteres ist die von Jung dargestellte Traumserie in seiner Publikation »Traumsymbole des Individuationsprozesses« (GW 12).

### 5.2.4 Archetypische Übertragung

Neben der dargestellten Verwendung des Archetypenkonzeptes in der Psychotherapie gibt es bei Jung den spezifischen Begriff der archetypischen Übertragung. Damit ist gemeint, dass ein archetypisches Element, dass eine grundlegende psychische Qualität oder einen Persönlichkeitsanteil beschreibt, von der betroffenen Person zunächst nicht als zu sich gehörig erlebt wird, sondern auf ein Gegenüber, im Kontext der Therapie auf den Psychotherapeuten, projiziert wird und die Wahrnehmung des Gegenübers prägt. Das klassische Beispiel für diesen Mechanismus, das Jung beschreibt, stammt aus dem berühmten Film »Matter of Heart«, in dem Jung von einem englischen Journalisten ausführlich zu seiner Psychologie und zu seinem Leben befragt wurde. Jung beschreibt hier den Fall einer Patientin, einer jungen Frau, die eine stark idealisierende Übertragung auf ihn entwickelte. In den Träumen, die im Zuge der Therapie bearbeitet wurden, erschien Jung häufig und durchwegs in Gestalt einer überlegenen Autorität, Vaterfigur, Koryphäe usw. Dieser Traumserie gipfelte schließlich in einem Traum, in dem sich die Patientin in Jungs Armen liegend erlebte, Jung selbst war dabei von riesiger Gestalt und stand in einem Kornfeld, über das der Wind wehte, und die riesige Gestalt Jungs mit der Patientin in seinen Armen wiegte sich im Rhythmus des Windes hin und her, wie ein Vater, der sein Kind in den Schlaf wiegt.

Da das Kornfeld im Traum reif zur Ernte ist, leitet Jung daraus ab, dass die Patientin nun selbst reif ist, die Auflösung dieser Übertragung zu verarbeiten. Er amplifiziert ihr zunächst das Traumbild mit Material aus der Religionsgeschichte, in der z. B. Gott als Wind erscheint, und deutet ihr schließlich die Übertragung als ein inneres Gottesbild, dass sie aber aufgrund ihrer tiefen Selbstwertstörung als nicht zu sich gehörig betrachten kann. Wenn sie akzeptieren könnte, dass diese Qualitäten von Aufgehobensein in den Armen Gottes, von innerer Autorität usw. tatsächlich zu ihr selbst gehören, wäre dies der Weg, ihre tiefen Selbstzweifel zu überwinden.

Dieses Fallbeispiel macht den grundlegenden Mechanismus der archetypischen Übertragung deutlich: ein noch ungelebter, undifferenzierter Anteil der eigenen Persönlichkeit, eine psychische Qualität, steigt aus dem Unbewussten in Form eines archetypischen Bildes auf, das aber zunächst nicht als etwas eigenes erlebt wird, sondern nur in der Projektion auf ein Gegenüber erfahrbar ist. In diesem Sinne ist die Projektion in Jungs Verständnis auch nicht nur ein Abwehrmechanismus, sondern ein sinnvoller und entwicklungsorientierter psychischer Vorgang, in dem ein noch sehr unbewusster eigener Anteil überhaupt erst einmal erfahrbar wird. Typischerweise wird bei der archetypischen Übertragung die Nähe zu dem idealisierten Gegenüber gesucht, was eine konkrete Erfahrung mit der jeweiligen Qualität ermöglicht. Dabei wird aber natürlich das Gegenüber stark verzerrt wahrgenommen und nicht in seiner tatsächlichen Realität erkannt. Was es nun schließlich braucht, ist das, was Jung »die Rücknahme der Projektion/Übertragung« nennt. Es ist notwendig, dass die Person die Projektion als solche erkennt und realisiert, dass das, was am Gegenüber wahrgenommen wurde, tatsächlich nicht zum Gegenüber gehört, sondern zur Person selbst, um auf diese Weise in die Persönlichkeit integriert zu werden als eine eigene, gelebte Fähigkeit/Qualität.

Dieses Konzept ist später von Peter Schellenbaum (1995) zur so genannten »Leitbildspiegelung« erweitert worden. Es stellt einen grundlegenden psychischen Mechanismus dar, in dem eigene noch ungelebte Qualitäten/Fähigkeiten/Kompetenzen zunächst einmal durch Projektion nach außen gebracht und schließlich in einem durchaus mühevollen Prozess langsam bewusst gemacht und integriert werden. Dies ist insofern interessant, als man die Jung'sche Psychologie ja durchaus auch als eine sehr individuumsorientierte Psychologie betrachten kann. Hier aber ist ein zutiefst interpersoneller, interaktiver Prozess der Bewusstwerdung archetypischer Inhalte beschrieben, der Beziehung in jedem Falle voraussetzt, ja der nur in einer gelebten Beziehung tatsächlich stattfinden kann. Dieser Mechanismus soll weiter unten bei der Darstellung der Verwendung der Archetypentheorie in der Paartherapie noch einmal aufgenommen werden.

### 5.2.5 Der Archetyp des verwundeten Heilers als Orientierung für die Haltung des Psychotherapeuten

Bei der Beziehung zwischen Heiler und Krankem, zwischen Psychotherapeut und Patient, handelt es sich ebenfalls um eine archetypische Konstellation. Wenn ein Mensch Lösung für sein Leiden bei einem Heiler sucht, dann wird, so nimmt die Jung'sche Psychologie an, die archetypische Heiler-Patient-Konstellation aktiviert. Dabei liegt es in der Natur dieses Archetypus, dass er polar konfiguriert ist – Heiler und Patient bilden zusammengehörige Aspekte. Jeder, der an einer solchen Konstellation beteiligten Akteure, trägt grundsätzlich beide Anteile, sowohl den des Heilers, als auch den des Verwundeten in sich (Hofmann & Roesler 2010, Frick 1996). Berühmt wurde in diesem Zusammenhang die Aussage Jungs »Nur wo der Arzt selbst getroffen ist, wirkt er. Nur der Verwundete heilt« (Jaffe 1971, S. 139). Jung verwendet den antiken Mythos von Chiron, dem verwundeten Heiler aus der griechischen Mythologie, um diese archetypische Konstellation und ihre Dynamik zu beschreiben (s. ausf. Merchant 2012). Chiron war ein Mischwesen, welches göttliche, menschliche und animalische Attribute in sich vereinigte. Seine Gestalt bestand aus dem Hinterleib und den Beinen eines Pferdes, sein Kopf, Torso und die Arme waren menschlicher Natur. Chiron ging aus der Vereinigung des griechischen Titanen Kronos mit der Nymphe Thylia hervor. Da Thylia sich der Gestalt ihres Zentauren-Sohnes wegen schämte und auch Kronos ihn verlies, wuchs Chiron ohne seine leiblichen Eltern auf (eine erste psychische Verwundung). Er wurde von seinem Ziehvater Apollon, dem Gott der Musik, der Wahrsagung und des Heilens aufgezogen und von diesem in seine Künste eingeführt. Bei einem Fest, bei dem auch reichlich Wein floss, wurde Chiron versehentlich von einem Pfeil des Herakles getroffen. Da die Spitze dieses Pfeils mit dem Blut der Hydra getränkt war, vermochte selbst der Halbgott Chiron, der als Sohn eines Titanen und einer Nymphe das Privileg der Unsterblichkeit besaß und als größter Heiler seiner Zeit galt, seine eigene Wunde nicht zu heilen. Zwar war er in der Lage die Wunden anderer zu heilen, hinsichtlich seiner eigenen Verwundung war ihm dies jedoch nicht möglich. In Jungs Interpretation ist die Fähigkeit, andere zu heilen, unauflöslich mit der eigenen Verwundung und der Unfähigkeit, diese selbst zu heilen, verbunden.

»Man könnte ohne allzu viel Übertreibung sagen, dass jede tiefer greifende Behandlung etwa zur Hälfte in der Selbstprüfung des Arztes besteht, denn nur, was er in sich selber richtig stellt, kann er auch beim Patienten in Ordnung bringen. Es ist kein Irrtum, wenn er sich vom Patienten betroffen und getroffen fühlt: nur im Maße seiner eigenen Verwundung vermag er zu heilen. Nichts anderes als eben das will das griechische Mythologem vom verwundeten Arzt besagen« (Jung 1984, S. 78 f.)

Jung sah es also geradezu als Voraussetzung an, dass der Arzt, Therapeut oder Heiler eine eigene Verwundung trägt und sie sich bewusst gemacht hat, denn erst dies befähigt ihn dazu, zum Patienten eine therapeutische Beziehung aufzunehmen, die Heilung entfaltet. Dies war auch der Grund, warum Jung schon zu Beginn der psychoanalytischen Bewegung vehement für die verpflichtende Einführung der Lehranalyse in der Ausbildung der angehenden Psychotherapeuten eintrat.

In traditionellen Medizinsystemen, wie z. B. dem Schamanismus oder den asklepischen Kulten, wurde die Berufung, Autorität und Wirksamkeit von Heilern oftmals mit deren eigener Verwundung in Zusammenhang gebracht und durch diese legitimiert. Die Wunde wurde nicht als Zeichen von Verletzbarkeit und Scheitern verstanden sondern vielmehr als ein Hinweis auf bestandene Prüfungen und erlangtes Wissen. So hat der zukünftige Schamane, das Chaos einer vorübergehenden, tiefgreifenden Auflösung der inneren und äußeren Ordnung am eigenen Leib durchlebt. Der Schamane, als Urbild des verwundeten Heilers, war im Rahmen seines initiatorischen Prozesses gefordert, sich selbst dem Wirken unkontrollierbarer archetypischer Energien und Kräfte anheim zu geben, um schließlich eine größere Ganzheit und Zugang zu zuvor verschlossenen Dimensionen der Wirklichkeit und der Heilung zu erlangen. Auch in der griechischen Mythologie finden sich vielfältige Bilder des Abstiegs in die Unterwelt und der Rückkehr aus dieser, die sich als Ausdruck des Individuationsweges hin zu einer umfassenderen seelischen Ganzheit verstehen lassen.

Im Bild des verwundeten Heilers schwingt von daher mit, dass dieser den Weg in die Unterwelt des psychischen und physischen Leidens im eigenen Erleben vollzogen hat und in einem positiv gewandelten Sinne daraus hervorgegangen ist. Dies verweist natürlich auf Jungs eigene Konfrontation mit seinem Unbewussten in den Jahren 1913/14, wie er sie im so genannten »Roten Buch« dokumentiert hat.

Im Verständnis der Analytischen Psychologie ist also der gute Analytiker immer ein selbst verwundeter Heiler, der seine Verwundung in der »Nachtmeerfahrt« im Rahmen seiner eigenen Lehranalyse erfahren und reflektiert hat, was es ihm ermöglicht, mit seinem Patienten diese Reise ins Unbewusste ebenfalls anzutreten, Begleiter und Lotse auf diesem Weg zu sein. Darüber hinaus bedeutet dies, dass zwischen Therapeut und Patient im Rahmen der Analyse ebenfalls ein »liminaler« Raum entsteht, der sozusagen nicht ganz von dieser Welt ist, der offen ist für die

## 5.2 Klinische Anwendung

archetypischen Einflüsse des Unbewussten, in dem sich eine heilende Beziehungserfahrung konstruieren kann. Wichtig ist dabei zu betonen, dass dieses Geschehen nicht der willentlichen Steuerung und Kontrolle des Analytikers unterliegt. Jung betonte immer, dass die Psychotherapie gelingen kann »Deo concedente – so Gott will«. Dies betrifft die Anerkenntnis der grundsätzlichen Grenzen jeglichen therapeutischen Tuns. Auch dies findet im Mythos des Chiron seinen Ausdruck: Als Halbgott und als größter aller Heiler, war Chiron nicht in der Lage, sich selbst zu heilen. Das Anerkennen dieser eigenen Grenzen schützt vor Hybris und öffnet dem Heiler die Pforten zu einem vertieften Mitgefühl und einer vertieften Heiltätigkeit.

Wie wir gesehen haben, ist die Wunde der Zugang zur inneren Welt und zur Ermöglichung einer Vermittlung zwischen »unteren« und »oberen« Welten bzw. zwischen Unbewusstem und Bewusstsein. Auch dafür steht in symbolischer Weise die Gestalt des Chiron. Der Zentaur, ein Mischwesen zwischen Pferd und Mensch, ist ein Bild für die Fähigkeit des Therapeuten, der idealerweise eine gute Verbindung zwischen seinem Bewusstsein und seinem Unbewussten hat oder zumindest herstellen kann.

Schon bei Jung geht allerdings die Bedeutung der Verwundung des Therapeuten über die einer Befähigung zur Vermittlung zwischen den Welten hinaus. In seinen Konzepten zur Übertragungsbeziehung bzw. zur therapeutischen Beziehung allgemein, deutet Jung an, dass eine Psychotherapie besonders dann ihre Wirkung entfaltet, wenn zwischen Therapeut und Patient eine unmittelbare Beziehung zwischen derer beiden Unbewussten entsteht, quasi ein dritter Bereich, in dem die beiden Personen zumindest zeitweise miteinander verschmolzen sind und sich gegenseitig stark beeinflussen. Das Besondere an diesem Bereich ist, dass er nicht mehr allein den Persönlichkeiten der beiden Beteiligten angehört, sondern zum Kollektiven Unbewussten und seinen archetypischen Strukturelementen hin offen ist und von diesen stark beeinflusst wird. Gerade dadurch kann dieser Bereich aber seine heilende Wirkung entfalten. Jung hat in seinem Werk »Die Psychologie der Übertragung« (GW 16) zur Erläuterung der vielfältigen Übertragungs- und Gegenübertragungsbeziehungen zwischen Therapeut und Patient die so genannte Heiratsquaternio verwendet. In dieser Arbeit legte er den wesentlichen Fokus auf die unmittelbare Beziehung zwischen dem Unbewussten des Therapeuten und dem des Patienten, was er in seinem Werk als »participation mystique« bezeichnet.

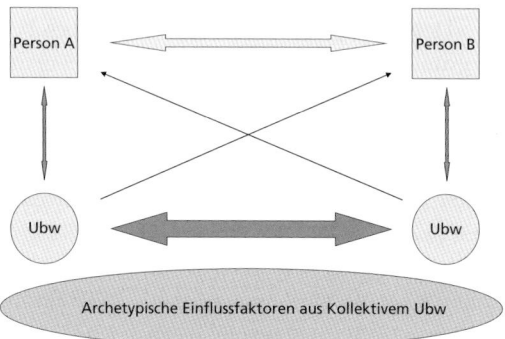

**Abb. 5.1:** Heiratsquaternio – die bewussten und unbewussten Beziehungen zwischen Therapeut und Klient sowie das Feld der kollektiv-unbewussten/archetypischen Einflussfaktoren

In den letzten Jahren wurde dieses Konzept der unmittelbaren unbewussten Beziehung zwischen Therapeut und Klient in der Analytischen Psychologie ausgebaut zum Konzept des interaktiven Feldes (Stein 1995, Schwartz-Salant 1995, 1998). Damit ist gemeint, dass durch die intensive affektive Beziehung im Rahmen der analytischen Psychotherapie zwischen Therapeut und Klient ein gemeinsamer unbewusster Raum entsteht, der mehr ist als die Summe der Unbewussten der beiden Partner. Dieser gemeinsame unbewusste Raum wird als etwas Drittes betrachtet, das sozusagen ein eigenes psychisches Leben mit eigenen Gesetzmäßigkeiten besitzt. Dieser Raum ist in besonderem Maß offen für den Einfluss archetypischer Konstellationen, die sich dann in der Beziehung zwischen den beiden Personen inszenieren können (für zahlreiche Beispiele siehe Schwartz-Salant 1998).

»Höchstwahrscheinlich übt Analytische Psychotherapie ihre Wirkungen vor allem in diesem Bereich aus, in dem unbewusst gegenseitige Beeinflussung stattfindet. ... Es ist der Bereich, wo verschiedene Elemente beider Analysepartner verschmolzen sind.« (Jacoby 1993, S. 57).

»In dieser Konzeption des Feldes mischen sich persönliche, in der eigenen Geschichte erworbene Faktoren mit einem objektiven Substratum, Jungs Kollektivem Unbewussten. Man merkt, dass dieses Feld seine eigene Dynamik hat, die getrennt und unabhängig von den Individuen ist. Dennoch kann diese Dynamik nur durch die individuellen und gemeinsamen Subjektivitäten beider Beteiligten erfahren werden. Die Erfahrung dieses Bewusstwerdens ist in sich selbst zutiefst heilend. Dieses Verständnis des Feldes, das beide Dimensionen, die subjektive und die objektive einschließt, kann als das interaktive Feld bezeichnet werden. Das interaktive Feld ist zwischen dem Kollektiven Unbewussten und dem Bereich der Subjektivität, und zugleich umfasst es sie beide« (Schwartz-Salant 1995, S. 2; Übers. d. A.). Ähnliches meinen die psychoanalytischen Begriffe des Übergangsraumes (Winnicott) und des analytischen Dritten (Ogden).

Das Konzept des interaktiven Feldes geht also davon aus, dass eine Psychotherapie – man kann auch sagen jede Heiler-Patient-Beziehung – dann ihre Heilungswirkung entfalten kann, wenn dieser dritte Bereich zwischen den Beteiligten entsteht, der es möglich macht, dass archetypische Heilfaktoren, modern würde man sagen die Selbstheilungskräfte der Psyche und des Organismus, wirksam werden können. Dies hat aber bestimmte Voraussetzungen auf Seiten des Heilers und diese werden vor allem durch dessen Bewusstsein seiner eigenen Verwundung ermöglicht. Es geht um eine therapeutische Haltung, die nicht in erster Linie Symptome wegmachen will, nicht unbedingt etwas bestimmtes anstrebt im Sinne eines Planes davon, was das Ziel wäre oder was gut sei für den Patienten. Es geht vielmehr darum, sich auf die entstehende Konstellation einzulassen, zuzulassen, was geschieht, und sich durchaus auch hineinziehen lassen, so dass man mit verwundet wird – bei manchen Klienten ist das auch gar nicht anders möglich, als zunächst einmal einfach mitzuleiden – und sich dabei des Geschehens bewusst zu bleiben. Die richtige Haltung ist eine, die »dem Unbewussten erlaubt zu kooperieren anstatt zu opponieren« (Jung GW 16, § 366). Jung betont, dass dem Heilenden in jedem Patienten auch ein Stück seiner eigenen Ganzheit begegnet, d. h. die Verwundung des Patienten ist immer auch ein Stück weit die eigene. Dies bezieht sich auch auf die geheimnisvollen Prozesse des Sich-Findens von Klient und Therapeut, d. h. schon das Zustandekommen dieser einmaligen therapeutischen Beziehung ist von einem umfassenderen Ganzen gesteuert, bei welchem die eigene Verwundetheit des Heilers eine wesentliche Rolle spielt. Jung hat dementsprechend auch betont, dass aus einer guten Therapie immer beide verändert aus dem Prozess hervorgehen, sowohl Patient als auch Therapeut.

### 5.2.6 Die Verwendung des Archetypenkonzepts für die Erklärung der Dynamik in Paarbeziehungen und sein Einsatz in der Paartherapie

Aus dem gerade Dargestellten wurde deutlich, dass die Dynamik des Individuationsprozesses sich vor allem in intensiven zwischenmenschlichen Beziehungen wie z. B. der analytischen Beziehung entfalten kann, wo auf komplexe Weise die beiden Individuen und ihr Unbewusstes miteinander verflochten sind. Auch wenn Jung den Begriff Individuation geprägt hat, so betont er, dass dies nicht mit sich allein in der eigenen Kammer stattfinden kann, sondern die Beziehung und Auseinandersetzung mit anderen Menschen braucht. Der Individuationsprozess »ist nicht nur ein subjektiver Integrationsvorgang, sondern auch ein unerlässlicher objektiver Beziehungsvorgang« (Jung GW 16, § 448). »Ohne bewusst anerkannte und akzeptierte Bezogenheit auf den Menschen gibt es überhaupt keine Synthese der Persönlichkeit« (ebd. § 444). Es wäre ein Missverständnis, Individuation als einen Prozess anzusehen, der die Person vereinzelt. Zeiten von Rückzug und Wendung nach innen mögen ein notwendiger Bestandteil des Individuationsprozesses sein, sie sind aber nicht das letztendliche Ziel. Schließlich muss sich auch die im Individuationsprozess erworbene innere Zentrierung gerade im Umgang mit anderen Menschen und den damit verbundenen Konflikten bewähren. In seiner Beschäftigung mit der Alchemie wird Jung hier noch deutlicher: »Die Alchemie sieht in der Psyche eine halb physische, halb geistige Substanz, ein hermaphroditisches Wesen, das die Gegensätze vereinigt und sich im Menschen niemals ohne Beziehung zu einem anderen verwirklicht. Der beziehungslose Mann hat keine Ganzheit, denn er erlangt sie nur durch die Seele, die wiederum nicht existieren kann ohne die andere Seite, die sich immer im ›Du‹ findet. Die Ganzheit besteht aus der Verbindung von ›Ich‹ und ›Du‹ ...«. (ebd. § 451)

Neben der analytischen Beziehung lassen sich diese Überlegungen auch für die Erklärung der psychischen Dynamik in Paarbeziehungen anwenden. Ein zentraler Gedanke im Archetypenkonzept ist, dass psychisches Leben auf Gegensatzspannungen und der Kompensation von Einseitigkeiten basiert: Jung ging davon aus, dass es zu jeder psychischen Qualität in ihrer archetypischen Wurzel eine Schattenseite oder Gegenkraft gibt, aus deren Spannungsverhältnis die psychische Energie entsteht. Das Unbewusste ist im Rahmen seiner konstruktiven, auf Ganzheit hin orientierten Bewegungsrichtung darauf ausgerichtet, mögliche Einseitigkeiten der bewussten Persönlichkeit auszugleichen, zu kompensieren. Dazu nutzt es die Spannung der Gegensatzpaare. Die Archetypen, die großen seelischen Themen sind als Polaritäten organisiert, die miteinander in Verbindung stehen, d. h. Einseitigkeit in einem System wird durch ihr Gegenteil kompensiert, wobei dieses Gegenteil durchaus nicht bei derselben Person auftreten muss, sondern auch bei anderen, mit denen die Person in naher emotionaler Beziehung steht, z. B. bei Kindern oder eben auch Partnern. Das Selbst gibt der Individuation die Richtung vor, wobei es dabei ein gewissermaßen unbewusstes Wissen um die potenzielle Ganzheit der Persönlichkeit beinhaltet, die auch die Schattenseiten der Person mit umfasst. Man kann nun argumentieren, dass eine Paarbeziehung wie kaum ein anderer Bereich im Leben ein Feld bietet, in dem Individuation angestoßen und vorangetrieben wird, weil wir hier wie in keiner anderen Beziehung mit unserem gesamten Inneren mit dem Partner verbunden und zugleich exponiert sind, d. h. auch mit den eigenen Schattenseiten und denen des Partners konfrontiert sind und diesen nicht ausweichen können. Hierzu Jung: »Eine solche Auseinandersetzung ist gar nicht möglich ohne Beziehung zu einem menschlichen Gegenüber. Eine allgemeine, akademische Einsicht in seine Fehler ist wirkungslos, denn dabei treten die Fehler gar nicht wirklich auf, sondern nur deren Vorstellung. Sie werden aber akut, wo sie in der Beziehung zum Mitmenschen wirklich hervortreten und einem selbst sowohl wie dem anderen merkbar werden. Da erst können sie wirklich empfunden und in ihrer wahren Natur erkannt werden« (Jung GW 16, § 221).

## 5 Anwendung der Archetypentheorie

Wir können davon ausgehen, dass bei der Wahl des Lebenspartners das Unbewusste mitwählt, ja dass es sogar den größeren Anteil bei der Partnerwahl hat. Dabei lässt uns das Unbewusste einen Partner wählen, der genau an den Punkten Konflikte mit uns anstößt, an denen wir ein wesentliches psychisches Thema nicht gelöst haben oder an denen wir ein Entwicklungspotenzial in uns selbst verwirklichen sollen. Im Grunde wählt nicht unser Ich den Partner, sondern das Selbst mit seinem Blick auf die Ganzheit der Persönlichkeit. Das Selbst lässt uns einen Partner wählen, der zur Individuation herausfordert und der uns dazu treibt, uns unserem innewohnenden Potenzial, der Ganzheit unserer Persönlichkeit anzunähern. Das bedeutet, die Konflikte, die wir mit unserem Partner erleben, sind eigentlich ein Aufruf an uns, dass wir uns an diesen Punkten mit uns selbst auseinandersetzen und uns weiterentwickeln müssen. Ganzheit im Sinne Jungs bedeutet nicht Funktionsfähigkeit, sondern eine Verwirklichung all der Möglichkeiten und Fähigkeiten, die in uns angelegt sind, sowie eine Versöhnung mit allem, was wir sind, auch mit den Teilen, die wir noch an uns ablehnen. Deshalb ist der Weg zur Ganzheit oft auch schmerzlich und vor allem: er ist nicht ohne Konflikte zu haben. In der Annäherung an unsere mögliche Ganzheit aber finden wir Sinn in unserem Leben. Wir erleben dann, dass wir wirklich die Person sind, die wir sein können, und dass wir das Leben leben, für das wir gemeint sind, dass wir die in uns angelegten Potenziale verwirklichen. Die Seele sucht sich also einen bestimmten Partner, weil sie unbewusst spürt, dass dieser Mensch helfen wird, in Kontakt mit den abgelehnten und ungelebten Teilen der eigenen Persönlichkeit zu kommen. Man könnte auch sagen, dass dies der Grund ist, warum alle Menschen mit einer solchen Energie einen Partner fürs Leben suchen. Im Grunde sind wir dabei auf der Suche nach Ganzheit.

Die typische Konstellation am Anfang einer Paartherapie ist folgende: Beide Partner kommen im Streit und werfen dem anderen vor, dass er bestimmte schwierige Charakterseiten habe, Defizite in bestimmten Bereichen usw. Wenn man nun diese Vorwürfe genauer untersucht, dann zeigt sich, dass die Probleme, die beide jeweils beim anderen sehen, um ein gemeinsames inneres Thema angeordnet sind. Beide Partner besetzen bei diesem gemeinsamen Thema jeweils entgegengesetzte Positionen, quasi die extremen Pole. Wir haben es also in Jung'schen Begriffen mit einer

Gegensatzkonstellation, einem gemeinsamen archetypischen Thema zu tun. Diese Gegensatzspannung führt in Paarbeziehungen mit zunehmender Dauer zu einer Polarisierung. Diese Polarisierungen drehen sich um existenzielle psychologische Themen bzw. Gegensatzpaare, die das psychische Leben aller Menschen bestimmen und für die man insbesondere in langjährigen Paarbeziehungen eine Balance finden muss. Die folgende Liste gibt einen Eindruck von diesen Thematiken, die aber keineswegs erschöpfend ist.

- Nähe – Distanz
- Hingabe – Abgrenzung
- Bindung – Autonomie
- Abhängigkeit – Unabhängigkeit
- Schwäche – Stärke
- Unterwerfung – Dominanz (Macht)
- Grandiosität – Minderwertigkeit (Selbstwert)
- Gemeinschaft – Eigensinn
- Introversion – Extraversion
- Aktivität – Passivität
- Veränderung – Beständigkeit
- Irrational – rational
- Gefühl – Vernunft
- Loslassen – Kontrolle
- Akzeptanz – Konfrontation
- Kooperation – Konkurrenz
- Verschmelzung – Trennung

Es scheint so zu sein, dass sich zwei Partner, die beide einen Komplex, also eine lebensgeschichtlich begründete Problematik, im selben Themenbereich haben, zu einer Paarbeziehung zusammenfinden (im Sinne einer unbewussten Partnerwahl) und es dann im Verlauf der Beziehung zu einer Polarisierung kommt, so dass beide Partner jeweils an die gegensätzlichen Pole desselben Themas gehen. Das heißt, bei der unbewussten Partnerwahl sucht man sich einen Partner, der quasi das Gegenstück zur eigenen unbewussten und ungelösten Problematik bildet. Am Anfang der Beziehung ist häufig gerade das anziehend und faszinierend, und wenn man

## 5 Anwendung der Archetypentheorie

Partner fragt, was sie am Anfang zum anderen hingezogen hat, dann hört man oft, das es gerade das war, was einen heute so sehr stört oder aufregt. Hier findet sich bei genauerer Betrachtung oft eine vage, größtenteils unbewusste Phantasie, dass in der Verbindung mit diesem Menschen die eigene Problematik gelöst werden könnte oder zumindest nicht mehr als so hinderlich erlebt wird. Aus der Perspektive des Selbst betrachtet ist der Sinn dieser Verbindung, dass man mit diesem Partner die eigene Problematik am besten bearbeiten kann, weil man in der Beziehung damit unweigerlich konfrontiert wird.

Die beschriebene Polarisierung ist ein Prozess, der erst in der Paarbeziehung stattfindet und sich häufig über Jahre hinzieht. Beide Partner bringen schon von vornherein eine gewisse Einseitigkeit mit, die aber erst im Verlauf der Paarbeziehung zu einer Rollenverteilung führt. Zunächst einmal dient dies der Abwehr, das eigene Ungelöste und Ungelebte auf andere zu projizieren. Wie wir aber schon oben gesehen haben, kann dieser Projektionsvorgang im Sinne der Leitbildspiegelung als ein für die Individuation sinnvoller Vorgang verstanden werden. Bei genauerer Betrachtung zeigt sich, dass genau die Eigenschaften des Partners, die jetzt abgelehnt werden, die vielleicht auch ins Extreme verzerrt sind, im eigenen Leben fehlen oder zu wenig entwickelt sind. Der zunächst noch unentwickelte, im Unbewussten als Potenzial liegende Wert wird in ein Gegenüber projiziert und kann zuerst nur dort wahrgenommen werden, entweder als faszinierendes Fremdes oder als Unwert, der bekämpft wird. Diese Projektion ist aber der Weg, wie wir den noch unentwickelten Wert aus uns herausbringen und uns mit ihm auseinandersetzen können. Wir können ihn zuerst nur an einem anderen wahrnehmen, in der Projektion. Der nächste Schritt ist dann, zu erkennen, dass dies eine Projektion ist, dass es eigentlich etwas von mir selbst ist, was ich am anderen sehe. Der letzte Schritt ist, diese Projektion auf mich selbst zurückzunehmen, d. h. diese Eigenschaft oder Fähigkeit in mir selbst, im eigenen Leben zu entwickeln, so dass es ein Teil meiner Persönlichkeit wird. Hierzu Jung (GW 16): »[Der Prozeß] möchte uns einem Du überantworten, welches aus allen jenen Eigenschaften zu bestehen scheint, die wir als eigene nicht realisiert haben.« In der Paarbeziehung projiziert die Person etwas auf den Partner, was sie selbst werden kann, ein archetypisches Potenzial, das sie sich bewusst machen und im eigenen Leben verwirklichen kann. Beide Partner haben real etwas an sich, was die Projektion möglich macht, wodurch sie gleichzeitig ein gemeinsames unbewusstes Thema haben, das einen archetypischen Kern beinhaltet. Beide bringen eine Einseitigkeit mit, die der Einseitigkeit des anderen komplementär entspricht. Dadurch kommt es dann im Verlauf der Beziehung zu der beschriebenen Polarisierung, die wir im Sinne des oben beschriebenen interaktiven Feldes als eine komplexe unbewusste Interaktionsbeziehung verstehen können. Diese wiederum führt zu einer Beziehungsdynamik, die fruchtbar werden kann, weil sie beide zwingt, sich mit dem gemeinsamen unbewussten Thema auseinanderzusetzen.

Das hier vorgeschlagene Modell der Paardynamik geht davon aus, dass sich ebenso wie in der analytischen Beziehung in einer Paarbeziehung ein interaktives Feld bildet, in welchem die mit diesem Konzept beschriebenen Transformationsprozesse und Dynamiken ablaufen. So wie Jung beschrieben hat, dass Individuen von einem Archetyp ergriffen werden und ihn ausagieren, so kann man auch von Paaren sagen, dass sie in archetypische Szenarien hineingeraten und diese immer wieder inszenieren. Jeder, der Erfahrung in einer langjährigen Paarbeziehung hat, kennt die Erfahrung, dass man in regelmäßig sich wiederholende, stereotype Muster von Auseinandersetzungen gerät, bei denen man sich ebenso regelmäßig im Nachhinein fragt, warum man sich eigentlich über eine solche Lappalie so erregt hat und warum man an diesen Punkten über Jahre nicht weiter kommt. Offenbar haben diese destruktiven Interaktionsmuster eine größere Macht über die Partner als ihr bewusster Wille, gerade das aber ist kennzeichnend für archetypische Einflüsse. Verschiedene jungianische Autoren haben diese Paararchetypen ausführlich beschrieben (z. B. Haule 1994, Kast 1983, 1987).

Wenn die Partner nun diese Prozesse als ein Wachstums- und Individualfeld verstehen können, so kann mit der Zeit ein gemeinsames wachsen, das ein neues Wesen darstellt: die Paarbeziehung als »geeinte Zweiheit«, wo beide nicht mehr nur getrennt, aber auch nicht im negativen Sinne verschmolzen sind, das Fernziel des Opus

1. »die geistige Hochzeit mit dem eigenen Seelenbild als inneres Erlebnis« (das wäre der Individuums-Ganzheit-Aspekt)

2. die Wirklichkeit des anderen Menschen erkennen zu können, d. h. befreit von den Projektionen, und eine echte Beziehung zu ihm aufzunehmen

»... und wie das alchemistische Endprodukt immer noch eine essentielle Gespaltenheit verrät, so wird auch die schmerzliche Empfindung der Zwienatur nie ganz verloren gehen. Das Ziel ist nur als Idee wichtig, wesentlich aber ist das opus, das zum Ziel hinführt.« (Jung GW 16).

**Ein Fallbeispiel: »Kein Platz für den anderen«**
Das Paar erschien zur Paartherapie auf Vorschlag der Klinik, in der die Frau wegen einer schweren Depression stationär behandelt worden war. Vorausgegangen war bei ihr ein jahrelanges Muster der altruistischen Verarbeitung ihrer depressiven Grundstörung, in ihren eigenen Worten: »Ich war immer nur für andere da«, bis sie in einen schweren depressiven Erschöpfungszustand gefallen war. Ihr Mann hatte jahrelang an einer Angststörung gelitten, diese aber in einer Psychotherapie erfolgreich behandelt. Solange er auf ihre Stärke angewiesen war, funktionierte sie reibungslos für ihn und die zwei Kinder. Als er aber aus seiner Störung auftauchte und sich mit einer ganz neuen Lebensenergie in die Erweiterung der von ihm betriebenen Bäckerei und Konditorei stürzte, brach sie zusammen und musste hospitalisiert werden. Es liegt hier also eine Polarisierung von Stärke vs. Schwäche vor, von einem Versorger und einem Pflegebedürftigen bzw. einem, auf den permanent Rücksicht genommen werden muss. Nachdem die Frau jahrelang die Rolle der Versorgerin gespielt hatte, war dieses Verhältnis durch die Besserung seiner Problematik gekippt, sie war die Bedürftige geworden und nun klagte sie dieselbe Rücksichtnahme für sich selbst ein. Insofern hatte sich die Polarisierung weiter in Richtung der Grundproblematik entwickelt, nämlich Egoismus vs. Altruismus. Nachdem sie jahrelang die altruistische Rolle ausgefüllt hatte, war die Frau nun total in die Position der Bedürftigen geraten. Dieses relativ plötzliche Umschlagen ins Gegenteil einer bisher eingenommenen Position wird schon bei Jung beschrieben und von ihm als »Enantiodromie« bezeichnet. Dies lässt sich bei stark polarisierten Paaren häufig beobachten, bspw. wenn ein Partner im Rahmen einer Einzeltherapie

etwas an seiner Position verändert, z. B. autonomer wird, und der andere daraufhin plötzlich die bisher vermiedene Gegenposition einnimmt.

Ihre Position der Bedürftigen bildet sich auch in ihrem Sandbild deutlich ab: Nur die linke Bildhälfte, die Seite des Unbewussten ist genutzt, was auf einen stark regressiven Zustand hindeutet. Sie selbst ist hier umringt von all den Menschen, »die alle was von mir wollen«. Interessant aber war nun, dass in der unteren linken Ecke, von der Rauminterpretation also im dem Unbewussten am nächsten liegenden Bereich, etwas Grünes und Neues heranwuchs, das die Klientin hinter einem Wall und Zaun schützte. Sie selbst sagte dazu, wenn sie sich dahin zurückziehen könne, gehe es ihr gut – aufgrund ihres Verarbeitungsmusters aber konnte sie sich das nur selten erlauben.

In seinem Sandbild zeichnete er seine Entwicklung aus der Angst und Schwäche hin zu neuer Stärke und Energie nach, eine sehr progressive, von links nach rechts verlaufende Entwicklungslinie, die im Tiger und starken Muskelmann gipfelt. Interessant war nun, dass ein Bild für seine Frau zunächst fehlte. Auf die Aufforderung hin, für diese eine Figur in das Bild zu stellen, platzierte er diese auf dem Rand des Sandkastens, wo sie buchstäblich immer wieder »hinten runterfiel« – deutlicher konnte es nicht ausgedrückt werden, dass in seinem Leben momentan kein Platz für seine Frau war, was diese natürlich deutlich spürte. Damit war das Thema und Ziel der Therapie schon auf den Punkt gebracht: für ihn war die immer wieder zu stellende Frage: »Wie können Sie Platz in Ihrem Leben für Ihre Frau und deren Bedürfnisse schaffen?« (also von der rein egoistischen Position sich in Richtung Altruismus zu bewegen und diesen zu integrieren); für sie war die Aufforderung, sich möglichst viel Raum für den Rückzug an ihren »guten Ort« zu nehmen, auch als Sinnbild dafür, Selbstfürsorge zu lernen und sich selbst wichtig zu nehmen (also Egoismus zu lernen und zu integrieren).

## 5.2.7 Die Verwendung des Archetypenkonzepts in pädagogisch-selbsterfahrungsorientierten Gruppenkonzepten am Beispiel eines Selbsterfahrungsgruppenkonzepts für Männer

Wie oben schon erwähnt wurde, sind insbesondere aus der Archetypischen Psychologie James Hillmans eine ganze Reihe von Publikationen zur Männerbewegung und Psychologie von Männern hervorgegangen, die auf das Archetypenkonzept zurückgreifen. Mittlerweile liegen auf der Basis dieser Publikationen ausgearbeitete Konzeptionen für die Durchführung von Selbsterfahrungsorientierten Männergruppen vor. Als Beispiel für eine solche Anwendung und deren Rückgriff auf das Archetypenkonzept soll die Konzeption einer Selbsterfahrungsgruppe für Männer (Schick 2015) dienen. Die für ca. 15 Männer konzipierte Gruppe ist auf einen Zeitraum von eineinhalb bis zwei Jahren angelegt und verwendet neben dem Archetypenkonzept auch Elemente aus der Initiatischen Therapie sowie systemischen Ansätzen. Der Verlauf der Gruppe ist an der schon oben erwähnten Heldenreise orientiert. Auch hier wird der Held als Symbol für ein Ich verstanden, das den Mut aufbringt, sich mit seinem Inneren und seinen Schattenseiten auseinanderzusetzen und auf dem Wege zu sich selbst zu mehr Authentizität und Ganzheit zu finden. Das Seminar durchläuft dabei eine Reihe von sieben Archetypen, die als charakteristisch für die männliche Identität und die verschiedenen Seiten eines Mannes betrachtet werden: Heiler, Vater, Krieger, wilder Mann, Liebhaber, Mystiker und König. Beispielhaft für das Programm soll hier die Beschreibung des Archetypus des Vaters stehen: »Das große Spannungsfeld des Vater-Archetypus ist das zwischen Unterstützung/Stärkung einerseits und Herausforderung/Bedrohung andererseits. wenn diese beiden Pole in einer gesunden Balance sind, kann der Sohn sich darin mit seinen aggressiven Anteilen und mit seiner Hingabe gut entfalten. die Essenz dieses Archetypus ist unterstützende Stärke. Der Archetyp des Vaters ist explizit polar konzipiert. Es gibt eine unterstützende, gesunde, stärkende, aggressive, haltende Seite und eine herausfordernde, verletzende, destruktive Seite. Bei der Annäherung an den Vater-Archetyp geht es letztlich darum, den Vater gänzlich – mit seinen beiden Seiten – zu nehmen und ihn als unterstützende und den Rücken stärkende Kraft zu erfahren.« (Schick 2015, S. 44).

So fruchtbar für die Persönlichkeitsentfaltung solche Seminarkonzeptionen sein mögen, so muss jedoch erwähnt werden, dass diese Verwendung des Archetypenkonzepts nicht im Sinne Jungs ist. Im klassischen Ansatz der Analytischen Psychologie werden bestimmte Archetypen dem Klienten nicht vorgegeben, sondern nur als Hintergrundfolie zur Erklärung der Phänomene, die beim Klienten auftauchen, verwendet. Die Archetypen liefern dem Therapeuten bzw. Begleiter so etwas wie eine Landkarte, die aber im Zweifelsfalle überhaupt nicht explizit thematisiert wird.

## 5.3   Kulturwissenschaftliche Anwendungen

Neben der klinischen Anwendung des Archetypenkonzepts wurde dieses von Anfang an schon von Jung selbst zur Erklärung der interkulturellen Übereinstimmungen in Märchen, Mythen, religiösen Ideen und Traditionen der Völker verwendet. Die grundlegende Idee bei dieser kulturwissenschaftlichen Anwendung des Archetypenkonzepts ist, dass die dem psychischen Leben zugrunde liegenden Archetypen die Ausformung kollektiver Ideen, Vorstellungen, religiöser Formen und sozialer Prozesse beeinflussen. Aus der Kenntnis der zugrunde liegenden Archetypen lassen sich dann wiederum die Dynamik und der inhärente Sinn dieser kollektiven Formen erschließen. Auch hier wieder dienen die Archetypen als eine Landkarte, mit der in der Vielfalt der sozialen und kulturellen Erscheinungsformen die zugrunde liegenden, allgemein menschlichen Gemeinsamkeiten sichtbar werden. Darüber hinaus erlaubt es diese Landkarte, in scheinbar irrationalen Dynamiken auch moderner sozialer und politischer Prozesse die inhärente Logik der archetypischen Grundstruktur zu erkennen.

## 5.3.1 Kulturpsychologische Analysen mythologischer Narrative

Wie schon oben erwähnt wurde, hatte man schon seit dem 19. Jahrhundert hochgradige Übereinstimmungen in Märchen und Mythen unterschiedlicher Völker festgestellt. Eines der verbreitetsten Motive ist der Mythos von der Fahrt des Helden, der sich auf allgemeine Strukturelemente reduzieren lässt: der Held nimmt sich einer kollektiven Problemsituation an (z. B. Bedrohung des Landes durch einen Drachen), nimmt den Kampf mit diesem übermächtigen Gegner ganz alleine auf und überwindet ihn schließlich, obwohl man ihm das anfangs nicht zutraute; er erhält aber auch Hilfe von wunderbaren Gestalten (z. B. sprechende Tiere). Oft befreit er auch eine gefangene Jungfrau, die er daraufhin heiratet (Propp 1975). Die Analytische Psychologie kann nun mit dem Konzept des Archetypus die Gleichartigkeit der Märchen und Mythen und die universelle Verbreitung des Motivs erklären: Weil dem Motiv eine archetypische Grundstruktur zugrunde liegt, finden wir es überall in der Welt zu allen Zeiten, und deshalb sind alle Menschen von diesen Geschichten fasziniert. Vor diesem Hintergrund hat die Beschäftigung mit Märchen und Mythen aus aller Welt in der Analytischen Psychologie eine lange Tradition. Märchen und Mythen werden hier tiefenpsychologisch interpretiert, da man sich auf diesem Wege Erkenntnisse über die hier dargestellten archetypischen Grundstrukturen verspricht. Dabei ist zu beachten, dass die Archetypen in Märchen und Mythen in narrativer Form vorliegen. Die Narratologie als Wissenschaft vom Erzählen und den Erzählformen hat sich als Spezialgebiet der Sprachwissenschaft schon lange, gänzlich unabhängig von der Analytischen Psychologie, mit der Untersuchung von Narrativen beschäftigt. Dabei lässt sich festhalten, dass Narrative grundsätzlich eine übereinstimmende Grundstruktur aufweisen. Damit ein Narrativ erzählwürdig ist, muss es von einem Erwartungsbruch handeln, den man allgemein als das Anfangsproblem fassen kann. Das Märchen beschreibt dann durch Höhen und Tiefen, manchmal in Form einer Steigerung zu einem Höhepunkt und Wendepunkt hin, den Weg zur Lösung des Problems. Insofern beschreiben Narrative also im Grunde Problemlösungswege. Verknüpft man dies nun mit der Auffassung der Jung'schen Psychologie, dass bestimmte Narrative, wie eben

Märchen und Mythen, archetypische Grundstrukturen abbilden, so lässt sich sagen, dass man hier in narrativer Form archetypische Wege von einem Anfangsproblem hin zu einer Lösung finden kann. Da diese archetypischen Strukturen darüber hinaus allgemein menschliche Problemstellungen und deren Lösungswege beschreiben, wird deutlich, warum dies für eine auch klinisch orientierte Analytische Psychologie so interessant ist: Indem man durch Märchen und Mythen die allgemeinen Strukturen der Lösung bzw. Transformation von allgemein menschlichen Problemen dargestellt findet, ist eine psychologische Interpretation dieser Erzählformen sehr hilfreich, um dadurch Anwendungsstrukturen für die Psychotherapie zu finden. In der konkreten klinischen Arbeit mit Märchen und Mythen versucht dann der analytische Psychotherapeut, strukturelle Übereinstimmungen zwischen der Lebenssituation eines Klienten bzw. seinen Phantasien oder Träumen und dem Märchen bzw. Mythos herzustellen, weil dies Anhaltspunkte liefert für die archetypischen Strukturen, die dem Problem des Klienten zugrunde liegen, als auch für archetypischen Strukturen, die zu einer therapeutischen Veränderung der Situation beitragen können. Die Auffassung Jungs und seiner Nachfolger war hierbei, dass jedes Märchen und jeder Mythos einen Abschnitt des Individuationsprozesses in narrativer Form abbilden. Insofern zielt die Beschäftigung mit Märchen und Mythen in der Analytischen Psychologie darauf ab, den Individuationsprozess als Landkarte der Seele und ihrer Entwicklungsprozesse immer besser verstehen und abbilden zu können. Insbesondere Jungs Schülerin Marie-Louise von Franz hat sich über viele Jahre hinweg intensiv mit der Interpretation von Märchen aus aller Welt beschäftigt und hierzu zahlreiche Publikationen vorgelegt (1986). Die Gesamtsumme ihrer Märcheninterpretationen ist im Werk einer Mitarbeiterin, Hedwig von Beit (1952–57), zusammengefasst und anhand zentraler archetypischer Motive, die sich in der ganzen Welt finden, geordnet. In jüngerer Zeit hat sich die Jungianerin Verena Kast in zahlreichen Publikationen mit der Interpretation von Märchen und ihrer Anwendung in der Psychotherapie beschäftigt. Tiefenpsychologische Interpretationen biblischer Geschichten finden sich z. B. bei Drewermann (2003).

Um die Vorgehensweise bei der tiefenpsychologischen Interpretation von Märchen und Mythen zu illustrieren, sollen im Folgenden ausführlich ein Mythos und seine tiefenpsychologische Interpretation dargestellt werden. Hierzu wird die Odyssee des Homer ausgewählt, zum einen, weil sie wie kaum ein anderer Mythos eine sehr umfassende Darstellung der Stationen des Individuationsprozesses gibt, zum anderen, weil die Odyssee sicherlich einen der zentralsten Mythen der abendländischen Kultur darstellt. Zur Vorgehensweise bei der Interpretation von Märchen siehe ausführlich von Franz (1986) und Drewermann (1984). Grundsätzlich gilt, dass bei der Interpretation eines Märchens/Mythos dieser auf der Subjektstufe betrachtet wird. Dies ist ursprünglich eine Interpretationsperspektive, die für die Interpretation von Träumen in der Psychotherapie entwickelt wurde. Damit ist gemeint, dass alle im Traum bzw. Mythos auftretenden Figuren und Objekte, ja im Grunde die gesamte Landschaft der Erzählung, als Bestandteile der Innenwelt des Träumers bzw. im Falle des Mythos des Menschen im Allgemeinen betrachtet werden. Hierzu ist es wichtig, sich die Entstehungsweise von Märchen und Mythen zu vergegenwärtigen. In der Analytischen Psychologie wurde schon früh vermutet, dass die Märchen der Völker ursprünglich sich aus den Träumen von einzelnen Individuen entwickelt haben. Noch heute findet man bei traditionellen Völkern die sehr weit verbreitete Gewohnheit, dass die Mitglieder einer Gruppe sich am Morgen gegenseitig die Träume der Nacht erzählen. Wenn nun ein Traum besonders viele archetypische Elemente enthält (in der Jungschen Psychologie wird dies auch als ein »großer Traum« bezeichnet), dann ist anzunehmen, dass von diesem Traum besonders viele Mitglieder der Gruppe angesprochen sind, weil er an ihren eigenen archetypischen Strukturen rührt. In der Folge wird dieser Traum dann in der Gruppe weiter erzählt und im Prozess des Weiterverbreitens fallen dann individuelle Elemente des Traumes zunehmend weg, so dass nach mehreren Generationen die Geschichte auf ihre archetypische Grundstruktur reduziert ist. Dies wäre dann das Märchen. Bei Mythen ist eher anzunehmen, dass ihnen nicht Träume, sondern reale Ereignisse, zumindest Elemente daraus, zugrunde liegen. So ist z. B. bekannt, dass der Ilias des Homer ein realer Krieg um die Stadt Troja zugrunde liegt, die man in der heutigen Türkei ausgegraben hat und in deren Mauern sich in dem entsprechenden Zeitabschnitt auch Brandspuren fanden. So kann man sich vorstellen, dass ein Mythos zunächst als eine Legende über reale Handlungen und Erlebnisse herausragender Persönlichkeiten (die Helden des Mythos) beginnt, der innerhalb einer Kultur z. B. von fahrenden Sängern weiterverbreitet wird. Im Prozess der Weiterverbreitung wird dann die reale Geschichte zunehmend mit fantastischen Elementen angereichert, die von archetypischen Strukturen inspiriert sind (z. B. sprechende Tiere, Monster und Ungeheuer, göttliche Gestalten usw.). Nach mehreren Generationen des Weitererzählens geht es dann nicht mehr in erster Linie um den Bericht über die realen Ereignisse, sondern um eine Erzählung, die die Seelen der Menschen anspricht, weil sie archetypische Strukturen darstellt. Hier sind insbesondere die Figur des Helden an sich und seine Heldenfahrt zu nennen. Tiefenpsychologisch kann der Held als Personifikation eines Ich-Bewusstseins verstanden werden, dass angesichts einer psychischen Problemsituation, z. B. dem Erfordernis einer Transformation und Erneuerung der Persönlichkeit, das Wagnis auf sich nimmt, in die eigenen Tiefen hinabzusteigen, um sich aus den dort vorgefundenen archetypischen Strukturen eine neue Lebens- und Sinnorientierung zu suchen und sich auf dieser Basis zu erneuern. Daher auch finden sich in fast allen Heldenmythen – und auch den meisten Märchen – das Motiv der Nachtfahrt: der Held muss sich in die Tiefe begeben, in die Unterwelt oder die Höhle des Drachen, jedenfalls in eine Situation äußerster Gefahr und Ausgesetztheit, um gerade dort in der Tiefe den gesuchten Schatz, die gefangene Jungfrau, das Wasser des Lebens usw. zu finden und es wieder mit an die Oberfläche zu bringen. Dies wäre ein sehr allgemeines archetypisches Bild für den Prozess, den man nach Jungs Verständnis auch in der Psychotherapie zu vollziehen sucht. Es geht um ein Sich-Einlassen auf das eigene Unbewusste, um hier eine Befruchtung oder Korrektur des Bewusstseins durch die Inhalte des eigenen Unbewussten zuzulassen, auf deren Basis es zu einer Transformation und Neuorientierung der Persönlichkeit, letztlich einer Ergänzung und Erweiterung in Richtung auf die eigene Ganzheit hin kommen kann. Der Protagonist ist hierbei deshalb ein Held, weil er dieses Wagnis und die damit verbundenen Ängste auf sich nimmt und aushält, um daraus eine Lösung des Problems und Erneuerung zu erfahren. Die Drachen und Monster der Märchen und Mythen sind also letztlich, tiefenpsychologisch betrachtet, unsere eigenen Ängste und unbewältigten Komplexe. Interessant ist bei den Märchen und Mythen, dass der Held bei dieser Nachtmeerfahrt regelmäßig Unterstützung von hilfreichen Figuren erhält.

# 5 Anwendung der Archetypentheorie

Dies ist natürlich für psychotherapeutische Prozesse besonders interessant, wenn man diese Aspekte verstehen und sie in eine psychologische Sprache übersetzen kann. Genau dies versucht die tiefenpsychologische Märchen- und Mytheninterpretation. Dies soll nun im Folgenden an der Odyssee exemplifiziert werden.

## Die Odyssee – eine Irrfahrt durchs Unbewusste und ein Prozess der Selbstwerdung

Die Odyssee des Homer zählt zusammen mit der Ilias zu den zentralsten Mythen des Abendlandes. Sie wurde in dem Zeitraum zwischen 1500 und 1000 v. Chr. aufgeschrieben, existierte aber wohl schon lange Zeit davor in mündlicher Überlieferung. Inhaltlich beschreibt sie im Wesentlichen den Rückweg des Königs von Ithaka, Odysseus, von seiner Beteiligung am Trojanischen Krieg zurück zu seiner Heimatinsel und seiner Frau Penelope. Seine Heldenfahrt ist also eine Suche, wie dies für viele Helden typisch ist (Parzival sucht den Gral, Siegfried sucht den Schatz der Nibelungen, Gilgamesch die Unsterblichkeit usw.). Diese Suche nach dem Heimweg lässt sich in tiefenpsychologischer Perspektive als die Suche nach der inneren Heimat verstehen, jungianisch formuliert also nach dem Selbst, dem Zentrum der eigenen Persönlichkeit. Odysseus wäre also in diesem Falle als Personifikation eines stärker gewordenen Ich-Bewusstseins zu verstehen, das sich, im Gegensatz zu seinen Kameraden, auf das imaginäre Zentrum der Fahrt, nämlich das Selbst konzentrieren kann. Dass Odysseus ein Bewusstseinsheld, also ein Bewusstseinsbringer ist, zeigt sich auch daran, dass sein Beiname »der Listenreiche« ist, dass also seine Bewusstseinsfähigkeiten, sein intellektueller Scharfsinn, seine Weitsicht und Planungsfähigkeit nicht nur in der Odyssee, sondern auch schon in der Ilias betont werden. In der Ilias ist es der Plan des Odysseus, das trojanische Pferd zu bauen, auf diese Weise Soldaten in die belagerte Stadt Troja zu schmuggeln und so den Krieg zu Gunsten der Griechen zu entscheiden. Nachdem dieser Krieg gewonnen ist, macht sich Odysseus mit seinen Gefährten und zehn Schiffen auf die Heimfahrt zu seiner Heimatinsel Ithaka. Im Verlaufe der Reise wird er alle seine Gefährten verlieren, an feindliche Völker, Monster und Ungeheuer, göttliche Strafen, Stürme usw. Gemäß der Regel, dass der Mythos auf der Subjektstufe betrachtet werden muss, können die Gefährten als Anteile der Persönlichkeit des Odysseus betrachtet werden. In diesem Sinne stellen die Gefährten noch unreife und unintegrierte psychische Anteile dar, die aufgrund ihrer Unreife eine starke Regressionsneigung haben. Interessanterweise richten die Gefährten immer dann Unheil an oder verstoßen gegen Gebote, wenn Odysseus schläft – wenn also das Bewusstsein mit seiner Schärfe und Fokussierung ausgeschaltet ist und sich die Gesamtpersönlichkeit in einem Zustand des Unbewussten befindet – Jung nannte dies in Anlehnung an die französische Psychiatrie »abaissment du niveau mental«. Der Verlust der Gefährten im Verlaufe der Reise wäre dann psychologisch so zu verstehen, dass das reifende Ich zunehmend seine Unreife und Regressionsneigung verliert und eine zunehmende Fähigkeit zur Impulskontrolle und Fokussierung gewinnt.

In einer frühen Episode der Reise landen die Schiffe des Odysseus an einem unbekannten Ufer, das sich als Land der Lotophagen herausstellt. Diese Lotus-Esser verbringen die größte Zeit ihres Tages in einem durch die Lotuspflanzen ausgelösten Rauschzustand. Ein Teil der Gefährten des Odysseus verfällt ebenfalls diesem Rausch und bleibt bei der Abreise der Schiffe zurück. Dies ist ein eindrückliches Bild für Regressionsneigung, in diesem Falle die Tendenz zu berauschenden Mitteln zu greifen und dabei die Kontrolle des Ich-Bewusstseins zu verlieren. In einer weiteren Episode landen die Schiffe in einem Land von Menschenfressern, denen wieder ein Teil der Gefährten zum Opfer fällt. Auch diese Menschenfresser können als Teil der Gesamtpersönlichkeit betrachtet werden, hier einem archaisch-aggressiven Teil der Persönlichkeit, dessen Impulsdurchbrüche für das Ich einen hohen Preis haben. In den weiteren Episoden begehen die Gefährten noch eine ganze Reihe von Fehlern: so beleidigen sie den Riesen Polyphem, nachdem es den Schiffen gelungen ist, ihm zu entkommen, woraufhin er sie mit Felsbrocken bewirft und dadurch mehrere Schiffe versenkt. Bei der Landung auf der Insel des Windgottes Äolos stehlen die Gefährten trotz des Verbotes des Odysseus dessen Rinder, wofür sie bei der Weiterfahrt mit ihrem Untergang in einem Sturm bestraft werden. Immer ist es Odysseus, dem es mit einer List oder Idee, einem tollkühnen Plan oder Einfall gelingt, den schwierigen Situationen zu entkommen – und immer verliert er dabei einen Teil seiner Gefährten. Dieses Motiv der zunehmenden Reduzierung ist typisch für den Individuationsprozess. Die unreifen Anteile der Persönlichkeit fallen weg und die Bewusstseinsanteile werden geschärft und verstärkt, so wie beim Bildhauen eine Figur aus dem Stein herausgehauen wird. Dies macht darüber hinaus deutlich, dass der Individuationsprozess in der Regel ein schmerzhafter Prozess ist, voller Konflikte, Verluste und Infragestellung. Sein Endprodukt ist ein auf sein wahres Maß reduziertes Ich, dass um seine Grenzen weiß, aber auch seine inneren Potenziale verwirklicht und integriert hat. Ebenfalls angesprochen ist in diesem Motiv eine Grunderkenntnis über den Individuationsprozesses bzw. über jeden psychotherapeutischen Wandlungsprozess: es geht grundsätzlich nicht ohne ein Opfer. Damit ist gemeint, dass die Persönlichkeit im Prozess ihrer Transformation und Selbstwerdung auf bestimmte Aspekte verzichten muss, z. B. Größenvorstellungen, falsche Selbstbilder, regressive Gewohnheiten usw. Diese Erkenntnis zeigt sich im Mythos bei der Fahrt durch die Meerenge von Skylla und Charybdis: Skylla ist ein Monster mit mehreren Hälsen und Köpfen, das von jedem vorbeifahrenden Schiff sich mehrere Männer holt und einverleibt; Charybdis ist ein Strudel, der die Schiffe in einen Abgrund saugt. Odysseus muss sich entscheiden, welche dieser beiden Seiten er für seine Fahrt wählt – und er wählt bewusst die Skylla, und opfert damit bewusst mehrere seiner Männer, um den Rest zu retten, weil ansonsten alle im Strudel der Charybdis verschlungen würden.

Ein weiteres durchgehendes Motiv in der Odyssee ist die Auseinandersetzung mit und die Ablösung von dem Archetyp der großen Mutter, psychologisch gesprochen also von einer Verstrickung mit dem eigenen Unbewussten, also letztlich einem unbewusst bleiben, aber auch von der realen Verstrickung mit den eigenen Elternfiguren und der Regression zu ihnen. Die bedrohlichen Monster des Mythos, der Strudel Charybdis, die Höhle des Polyphem, aber auch das regressive Baden im Überfluss bei den Lotophagen oder den Rindern des Windgottes, dies sind alles Bilder letztlich für den Archetyp der großen Mutter in ihrem festhaltenden und verschlingenden Aspekt. Insofern beschreibt der Mythos psychologisch den Weg des Ich-Bewusstseins aus dem Festgehaltenwerden im Unbewussten und seine zunehmende Differenzierung und Verselbstständigung.

Von dieser Differenzierung vom Mutter-Archetyp ausgehend beschreibt der Mythos schließlich eine Entwicklungslinie in der Beziehung zu Frauengestalten. Diese können alle als Manifestationen der Anima verstanden werden. Die erste Begegnung mit der Anima geschieht für Odysseus in der Begegnung mit der Zauberin Kirke. Diese kann als eine Form der archaischen großen Göttin, der Herrin der Tiere verstanden werden. Sie ist eine Magierin und besitzt die Fähigkeit zur Verwandlung und Verzauberung. Die Gefährten des Odysseus verfallen denn auch folgerichtig ihrem Zauber und werden in Schweine verwandelt, das heißt auf ihre reine Triebnatur reduziert. Odysseus steht nun vor der Frage, wie er mit dieser Figur gut umgehen muss. Er erhält hierbei Unterstützung von »seiner« Göttin, Athene. Sie rät ihm, mit gezogenem Schwert auf Kirke loszugehen, und dann wird sie ihm zu willen sein. Dieses Schwert lässt sich psychologisch verstehen als die Unterscheidungsfähigkeit der Vernunft als Bewusstseinsfunktion. Wenn sich das Bewusstsein, der Verstand von dem Zauber der Anima nicht einlullen lässt, also auf Regression auf die Triebnatur verzichten kann, zugleich aber fähig ist mit dieser in einen Kontakt zu gehen und für ihre Inspirationen offen zu sein, dann kann das Bewusstsein von der Weisheit der Anima profitieren. Hier hat also schon eine gewisse Differenzierung in der Haltung des Bewusstseins gegenüber dem Weiblichen stattgefunden, das Weibliche ist nicht mehr in seinem mütterlich-verschlingenden Aspekt wirksam, sondern im positiven Sinne animierend. Das gelingt aber nur, weil das Bewusstsein mittlerweile so gestärkt ist, dass es sich nicht in die Regression ziehen lässt, sondern in einem Beziehungskontakt bleibt und sich zugleich unterscheidet. Kirke wäre also ein Bild für die Anima in ihrem einlullenden und verzaubernden Aspekt, der die Persönlichkeit in die Regression führt und auf ihre Triebnatur reduziert. Nur wenn das Bewusstsein seine Schärfe und Verstandesfunktionen aufrechterhalten kann, ist es in der Lage, diesem Aspekt der Anima standzuhalten und sich von ihr befruchten zu lassen. Im Mythos gibt Kirke dem Odysseus dann auch Hinweise, wie er seinen Rückweg nach Ithaka gestalten kann, sie warnt ihn vor Gefahren und gibt ihm Anweisungen, wie er wichtige Hinweise bei einem Gang in die Unterwelt erhalten kann. Mit ihrer Hilfe findet Odysseus den Einstieg in die Unterwelt und begegnet dort dem blinden Seher Teiresias, der ihm detaillierte Anweisungen für seinen Rückweg in die Heimat gibt – darüber hinaus prophezeit er ihm den Verlust all seiner Gefährten. Der blinde Seher Teiresias wäre eine Figur des alten Weisen in seinem Aspekt des Wissenden, der sich hinter der Anima verbirgt und zu dem ein Kontakt möglich ist, wenn die Beziehung zur Anima gelingt. Psychologisch ist es ein Kontakt zwischen dem Bewusstsein und dem Unbewussten, so dass das Bewusstsein an dessen transzendenten Wissen partizipieren kann. Um zu Teiresias zu gelangen, muss Odysseus eine Fahrt zum Okeanos auf sich nehmen, der Grenze der bekannten Welt und darüber hinaus, das heißt psychologisch gesprochen, sich einlassen auf das tiefe Unbewusste, in seinem Aspekt des Unbekannten, Nicht-Ich. Die Begegnung mit Teiresias gelingt, allerdings tut sich dabei der Erebos auf, aus dem alle Seelen heraufkommen und Odysseus bedrängen. Dies kann psychologisch verstanden werden als die Gefahr der Überwältigung durch das Kollektive Unbewusste, was in der Analytischen Psychologie als Inflation bezeichnet wird, klinisch gesprochen entspräche dies der Psychose. Auch hier wieder kann Odysseus diese Gefahr durch seine Entschiedenheit abwenden. Hier, in der Unterwelt, am Acheron, an der Grenze zum Totenreich ist zugleich der Wendepunkt der Irrfahrt, ab hier wird der Heimweg beschrieben.

In der nächsten Episode, nachdem Odysseus und seine Gefährten die Insel der Kirke hinter sich gelassen haben, fahren Sie an der Insel der Sirenen vorbei. Diese sind Männer mordende Monster, die allerdings über einen wunderbaren, verzaubernden Gesang verfügen, mit denen sie die vorbeifahrenden Schiffe in ihr Verderben locken. Wieder also geht es um den verzaubernden und letztlich verschlingenden Aspekt der Anima, die hier noch – psychologisch gesprochen – stark mit dem verschlingenden Aspekt des Mütterlichen kontaminiert ist. Odysseus verstopft auf den Hinweis von Kirke hin seinen Männern die Ohren mit Wachs, damit sie dem Gesang der Sirenen nicht erliegen. Er selbst aber möchte den Gesang zumindest einmal hören, lässt sich aber hierzu an den Mastbaum fesseln, damit er der Verlockung nicht erliegt und seinen Impulsen nachgibt. Auch dies wieder ist ein eindrückliches Bild für den heldenhaften Aspekt des Ich-Bewusstseins, der sich der Gefahr bereit ist auszusetzen, d. h. sich den Einflüssen aus dem eigenen Unbewussten öffnet, und gleichzeitig in der Lage ist, seine Impulsivität und seine Neigung zur Regression zu beherrschen.

Nach dem Odysseus und seine Gefährten dann schließlich noch die Herausforderungen auf der Insel des Windgottes sowie an Skylla und

## 5.3 Kulturwissenschaftliche Anwendungen

Charybdis hinter sich gelassen haben, werden sie schließlich in einem Sturm, den der Meeresgott Poseidon ihnen schickt, vollständig aufgerieben und vernichtet – nur Odysseus bleibt übrig und gelangt als Schiffbrüchiger auf die Insel der Nymphe Calypso. Diese Halbgöttin von wunderschöner Gestalt verliebt sich in den Helden und hält ihn für viele Jahre auf ihrer Insel fest. Dies ist zwar einerseits ein paradiesischer Zustand von Verliebtheit und Erfüllung, trotzdem sitzt Odysseus traurig am Ufer und sehnt sich nach der Heimat. Dies kann psychologisch verstanden werden als Bild für eine Gefahr, die im Individuationsprozesses droht, wenn das Ich sich in der Auseinandersetzung mit den inneren Figuren mit diesen identifiziert, hier wäre es die totale Verschmelzung mit der Anima, d. h. ein Versinken in der Innenwelt anstatt der Beziehung zu einem realen Gegenüber. Auch hier wieder zeigt sich Odysseus als Bild für ein sich individuierendes Bewusstsein, da er sich nach der realen Beziehung zu seiner Frau anstelle der Phantasiewelt der Nymphe sehnt. Während bisher nun Odysseus immer wieder von dem Meeresgott Poseidon verfolgt wurde, der – obwohl männlich – letztlich der großen Mutter (dem Meer) zugeordnet werden muss, kommt es nun im Olymp zu einer Götterversammlung, die aus Mitleid mit Odysseus entscheidet, dass er nun nach Hause fahren kann. Dies symbolisiert die Integration und Ganzheit der inneren Faktoren, der archetypischen Kräfte im eigenen Innern, für die die Götter symbolisch stehen. Odysseus kann nun auf einem Floß die Insel der Calypso verlassen, womit sich der Archetyp der Ausgesetztheit und äußersten Bedrohtheit des Helden, des sich individuierenden Ichs manifestiert. Auf diesem Wege landet er bei den Phäaken, einem freundlichen Volk, das ihm anbietet zu bleiben, wo er als Held gefeiert wird und Nausikaa, die Tochter des Königs, ihm als Ehefrau angeboten wird. Dies ist nun eine neue Anima-Figur, die jetzt freundlich, menschlich und zugewandt ist, letztlich aber immer noch eine Manifestation der Innenwelt darstellt. Es geht hier darum, nicht dem inneren Bild verhaftet zu bleiben, zwar die Beziehung zu ihr zu pflegen (Odysseus verspricht ihr, selbst zuhause jeden Tag ihrer zu gedenken und zu ihr wie zu einer Göttin zu beten), zugleich aber die reale Partnerin von der Anima zu unterscheiden und der Sehnsucht nach dem Selbst (der Heimat) treu zu bleiben. So kann Odysseus schließlich nach Ithaka zurückkehren, findet allerdings seine Frau Penelope umgeben von vielen Freiern, die, von Odysseus Tod überzeugt, um ihre Hand anhalten. Auch diese Freier können letztlich als noch unreife Selbstanteile und falsche Selbstbilder verstanden werden, von denen sich die Persönlichkeit auch reinigen muss, damit die Ankunft in der Heimat, beim Selbst, gelingen und sowohl die Beziehung zu den inneren Figuren als auch zur realen Partnerin realisiert werden kann.

Odysseus gelingt es schließlich, die Freier zu überwältigen, indem er bei einem Wettbewerb der einzige ist, der mit einem Pfeil durch einen kleinen Ring schießen kann – auch dies wieder ein Bild für die Fokussierung des Bewusstseins.

Die großen Prozesse, die aus psychologischer Perspektive also in diesem Mythos thematisiert sind, sind die Reifung und Differenzierung des Bewusstseins, die Differenzierungen des inneren Weiblichen, der Anima, vom Mutterarchetyp, sowie die Überwindung archaischer und regressiver Persönlichkeitsanteile im Sinne einer Reduzierung des Ich auf sein angemessenes Maß. Am Ende des Mythos zeigt sich aber, dass die Göttin Athene in diesem Prozess Odysseus immer unterstützt hat. Die Athene, zwar eine weibliche Göttin, allerdings eine Kopfgeburt aus dem Kopf des Zeus, ist ein Bild für die sehr bewusstseinsnahen und rational orientierten weiblichen Aspekte in der Psyche, im Grunde die oben erwähnte Sophia, die Personifikation der weiblichen Weisheit, im Grunde ein Bild für eine Vereinigung der Gegensätze. Der Mythos schließt mit einer berührenden Szene, indem sich die Göttin Athene dem Odysseus offenbart und ihn über ihre dauernde Unterstützung aufklärt:

»Da lächelte die Göttin, die helläugige Athene und streichelte ihn mit der Hand, und glich an Wuchs einer Frau, einer schönen und großen, und einer, die herrliche Werke weiß, und hob an und sagte zu ihm die geflügelten Worte: klug müsste der sein und diebisch, der dich überholen wollte in allen Listen, und träte auch ein Gott dir gegenüber, du schlimmer, gedankenbunter, unersättlich an Listen, und doch erkanntest du nicht Pallas Athene, die Tochter des Zeus, die ich dir immer in allen Mühsalen zur Seite stehe und über dich wache? Da antwortete und sagte zu ihr der viel kluge Odysseus: schwer ist es, dich zu erkennen, Göttin, für einen Sterblichen, der dir begegnet, und wäre er auch noch so kundig. Denn du verwandelst dich selber allem an« (Weiss 1922, S. 387 f.).

Der Mythos ist auch ein deutliches Bild für die immer neu auftauchenden Schwierigkeiten im Individuationsprozess, in welchem Entwicklung nur über Konflikte stattfindet, die zur Auseinandersetzung und Bewusstwerdung zwingen. Immer wieder muss sich das Ich mit den Einflüssen des Unbewussten auseinandersetzen, die aber finale Bedeutung haben, indem sie nämlich die Wandlung hin zur Ganzheit erzwingen.

### Der Archetyp des Heldenmythos

Die eben dargestellte Odyssee entspricht wie viele andere klassische Mythen und auch zahlreiche Märchen der archetypischen Grundstruktur des Heldenmythos. Jung hat sich selbst schon in seiner frühesten Publikation, in der er das Archetypenkonzept ausformte, »Wandlungen und Symbole der Libido« (Jung GW 5), mit diesem Mythos und seiner Wirkung auf die psychotischen Phantasien einer jungen Frau beschäftigt. Insbesondere diese archetypische mythische Grundstruktur der Reise des Helden ist sowohl in der Analytischen Psychologie, als auch in Nachbarwissenschaften in zahlreichen Darstellungen behandelt worden. Die universelle Struktur des Heldenmythos beinhaltet die Geburt des Helden in ärmlichen Verhältnissen, das Aufzeigen überdurchschnittlicher Kräfte und Fähigkeiten in der Jugend, einen schnellen Aufstieg zu Anerkennung und Ruhm, den erfolgreichen Kampf mit dem bösen Antagonisten, die Anfälligkeit für Übermut und Stolz (Hybris) durch den herausragenden Ruhm und die Heimkehr oder den Opfertod des Helden (Henderson in Jung et al. 1968). Der Heldenweg verbildlicht laut Jung die Bewusstseinsentwicklung des Menschen, bei welcher universale Menschheitsthematiken durchlaufen werden müssen. So symbolisiert der Heldenmythos den Individuationsprozess, den Weg der seelischen Reifung, der Entwicklung des individuellen Ich-Bewusstseins durch Auseinandersetzung mit spezifischen Herausforderungen, Konflikten, Erfahrungen und dem eigenen Unbewussten. Der Held muss während seines Abenteuers die Kraft aufbringen, sich auf das eigene Unbewusste einzulassen, und der Mut, dessen diese Reise bedarf, zeichnet ihn als Helden aus. Das Einlassen auf das Unbewusste als dunkelstem Ort der Psyche findet seine Analogie in den gefährlichen und unheimlichen Orten, zu denen die Helden während ihrer Abenteuer aufbrechen müssen. In der Nachfolge Jungs hat das Konzept der Fahrt des Helden als Archetyp vor allem durch einen Autor

# 5 Anwendung der Archetypentheorie

enorme Verbreitung erfahren, nämlich durch die Publikation des englischen Mythenforschers Joseph Campbell (1999) »Der Heros in tausend Gestalten«. In enger Anlehnung an Jungs Konzeption differenziert der Autor hier die Grundstruktur der Reise des Helden, wie sie sich in zahllosen Märchen und Mythen aus aller Welt wieder findet. Diese immer wiederkehrende Grundstruktur wird im folgenden Schaubild wiedergegeben:

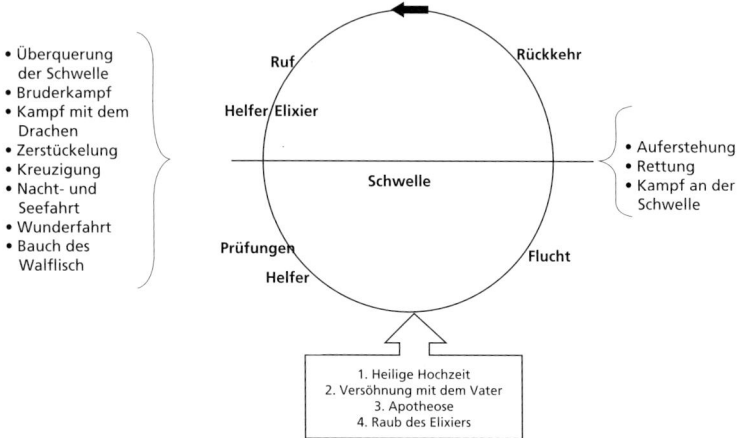

**Abb. 5.2:** »Die Reise des Helden« aus Campbell 1999

In der archetypischen Grundstruktur der Heldenreise durchläuft der Held die folgende Abfolge von Episoden bzw. Erfahrungen:

- **Konflikt und Ruf:** Den Ausgangspunkt von Heldenreisen bilden häufig Konfliktsituationen oder eine Mangelerfahrung. Zunächst erhält die Person, die später der Held wird, einen Ruf, dem er unweigerlich folgen muss. In der Regel handelt es sich um eine Herausforderung, bei der der Held und die Seinen, teilweise auch das gesamte Land oder die gesamte Menschheit, durch einen bösen Feind, ein Ungeheuer oder eine feindselige Macht bedroht werden. Aufgabe des Helden ist es, diese Bedrohung abzuwehren bzw. ein Element oder eine Substanz zu besorgen, die

die Bedrohung abwehrt oder aus der Welt schafft. Um diese Aufgabe zu erledigen, muss der Held in ein ihm fremdes Land aufbrechen. Oftmals sind diese fremden Orte mit Unheimlichkeit und Bedrohung assoziiert, Campbell nennt diese Orte »Unterwelt« oder »Nachtwelt«.

- **Weigerung**: Da Sicherheiten beim Aufbruch zu einer Heldenfahrt aufgegeben werden müssen, zögert der Held, dem Ruf zu folgen. Das Neue und Unbekannte macht Angst und es wird deutlich, wie viel Mut und Überwindung es kostet, die Reise wirklich anzutreten.
- **Aufbruch**: Der Held überwindet sein Zögern und beginnt seine Reise. Mit dem Überwinden der Schwelle betritt er die ihm fremde und andere, magische Welt. Dies ist der Beginn der Nachtmeerfahrt.
- **Übernatürliche Hilfe**: Sobald sich der Held auf den Weg macht, begegnet er alsbald einem Helfer oder Mentor, der ihn unterstützt, der seinen Horizont weitet und ihn mit der Herausforderung konfrontiert bzw. ihn auf diese vorbereitet; darüber hinaus versorgt er ihn mit einem Elixier, einem Talisman oder anderen Schutzelementen. Auf diese Weise unterstützt und gewappnet trifft der Held auf Prüfungen.
- **Prüfungen**: es treten Hindernisse auf, die als Prüfungen interpretiert werden können. Diese müssen vom Helden bestanden werden.
- **Konfrontation und Kampf mit dem Widersacher**: Häufige Motive bei diesen Prüfungen bzw. Kämpfen sind der Kampf mit dem Drachen bzw. Ungeheuer (z. B. Siegfried); die Tötung und Zerstückelung des Helden (z. B. Osiris); die Nachtmeerfahrt, d.h. eine Reise in die Finsternis, die Unterwelt oder andere extreme Orte – eine spezielle Variante ist die Verschlimmerung und ein Aufenthalt im Bauch des Walfisches (z. B. Jona). Auch bei diesen Prüfungen bzw. Kämpfen erhält der Held Unterstützung von diversen Helfern, z. B. Wesen mit zauberischer Macht oder sprechenden Tieren.
- **Transformation und Initiation des Helden**: Auf dem Höhepunkt der Reise durch die jenseitige Welt findet die Auffindung des Elixiers, d. h. also der Lösung der anfänglichen Herausforderung statt; der übermächtige und böse Gegner, der Drache, wird besiegt. Häufig gelingt dies erst, nachdem der Held in einen Zustand höchster Not und Verzweiflung, völliger Ausgesetztheit geraten ist. Er ist ein Held gerade darin, dass er auf sich allein gestellt ist. Der Held zeigt Angst und Beklemmung, und nur indem der Held alte Verhaltensmuster und Er-

fahrungen loslässt, kann er alle Kräfte mobilisieren und das Böse bezwingen. Ein häufiges zusätzliches Element ist die Befreiung der gefangenen Jungfrau und die Verbindung mit ihr in der heiligen Hochzeit. In diesem Stadium erlangt der Held den wertvollen Schatz, der die Welt des Helden retten könnte. Häufig erkennt der Held im Bezwingen des Bösen seinen wirklichen Lebenssinn, welches der eigentliche Gewinn des Schatzes ist.

- **Verweigerung der Rückkehr:** Obwohl der Held die große Prüfung in der Unterwelt bestanden hat, zögert er in die Welt des Alltags zurückzukehren. Dies erscheint oft als Flucht vor Verantwortung in der ursprünglichen Welt (so verweilt Odysseus bei Calypso, obwohl Penelope schon Jahre auf ihn wartet und von Freiern belästigt wird).
- **Verlassen der Unterwelt und Überschreiten der Schwelle:** Der Held entscheidet sich doch, die Heimreise anzutreten, und kehrt in seine gewohnte Welt zurück. An dieser Schwelle findet eine weitere Herausforderung statt, die in einer Rettung und Neubewertung des Helden nach erfolgtem Kampf an der Schwelle charakterisiert werden kann. Oft zeigt sich hier noch einmal eine Schwierigkeit, da dem Helden zunächst Unverständnis oder Unglaube entgegengebracht wird (Kampf mit den Freiern). Die Aufgabe ist hier nun, das auf der Reise Errungene in die gewohnte Realität, das Alltagsleben zu integrieren.
- **Rückkehr und »Herr der zwei Welten«:** Nach der Rückkehr an seinen Ausgangspunkt, an welchem der Held als nun neu gewordener »Herr der zwei Welten« die anfängliche Bedrohung und Herausforderung gemeistert hat, ersetzt er in der Regel den bisherigen Herrscher, König etc. Der Held kennt nun beide Welten und kann Vorbild und Förderer unerfahrener Initianden werden. Es gelingt ihm, seine neu erworbenen Erkenntnisse in der diesseitigen Realität zu integrieren, und die Gemeinschaft profitiert von seinem Wissen.

In seinem umfangreichen Werk hat Campbell diese Grundstruktur an zahlreichen Märchen und Mythen aus den unterschiedlichsten Kulturkreisen und Epochen nachgewiesen. Darüber hinaus stellt Campbell grundlegende Überlegungen zur Mythenbildung an. »In jedem mythologischen System, das im Verlauf der langen Geschichte und Vorgeschichte

## 5.3 Kulturwissenschaftliche Anwendungen

in den verschiedenen Zonen und Gegenden dieser Erde Verbreitung fand, wurden diese beiden grundlegenden Erkenntnisse – die Unvermeidbarkeit des individuellen Todes und die Dauerhaftigkeit der Gesellschaftsordnung – symbolisch miteinander verbunden und bilden so den Faktor, der die Riten und folglich die Gesellschaft im Keim prägt« (1991, S. 30). Dabei spricht Campbell den Mythen mit dieser Grundstruktur vier grundsätzliche Funktionen zu:

- **Die mystische Funktion:** Es geht hier darum, das Wachbewusstsein des Menschen und sein Alltagsverständnis mit dem »Mysterium tremendum et fascinans« des Kosmos zu versöhnen.
- **Die kosmologische Funktion:** Der Mythos liefert durch seine Erzählung und die darin durchschimmernde Grundstruktur eine Gesamtschau des Universums. Im Gegensatz zu den Wissenschaften, die versuchen eine exakte Beschreibung des Universums abzugeben, liefert der Mythos eine bedeutungsvolle und erklärende Gestalt des Geheimnisses hinter allen Dingen.
- **Die gesellschaftsbezogene Funktion:** In den Mythen haben die Völker und menschlichen Gemeinschaften in narrativer Form grundlegende soziale Ordnungen niedergelegt; durch die Tradition des Mythos wird diese Grundordnung dem einzelnen in der Sozialisation vermittelt und die Grundordnung selbst in der Geschichte des Volkes oder der Gemeinschaft immer wieder eingeprägt. In diesem Sinne erklären die Mythen im Sinne einer ethischen Funktion, wie das Leben in einer guten Gemeinschaft sinnvoll organisiert sein sollte.
- **Die pädagogische Funktion:** Der Grund für das Weitererzählen und Tradieren der Mythen ist vor allem die Erziehung des Individuums, so dass dieses im Einklang mit sich selbst, seiner Kultur und dem Makrokosmos gelangt. In diesem Sinne vermittelten die Mythen schon in den frühesten menschlichen Gemeinschaften eine Grundordnung dessen, was es ausmacht, ein menschliches Leben zu führen, und hatten in diesem Sinne eine zentrale Orientierungsfunktion für das soziale Zusammenleben.

Mit dieser Argumentation geht Campbell ein Stück weit über Jung hinaus, indem er nicht nur auf die individuelle psychologische Bedeutung des

# 5 Anwendung der Archetypentheorie

Mythos eingeht, sondern auch einen kultursoziologischen und anthropologischen Blickwinkel einnimmt, was Jung nur in Ansätzen getan hat. Die Publikation Campbells hat in den Kulturwissenschaften fast noch mehr Popularität erlangt als Jungs ursprüngliche Konzeption, was im Folgenden am Beispiel der Rezeption von Filmproduktionen verdeutlicht werden soll; allerdings hat sich Campbell immer explizit auf Jung und seine Theorie der Archetypen bezogen.

## Spielfilme – die Mythen der Spätmoderne

Mythologische Narrative auf die ihnen zugrunde liegenden archetypischen Strukturen zu untersuchen, hat sich kulturwissenschaftlich als ein äußerst fruchtbarer Ansatz erwiesen. Nun könnte man aber argumentieren, dass dies für heutige Menschen ja weniger relevant ist, weil kaum noch jemand sich mit den antiken Mythen oder archaischen Märchen beschäftigt. Im Folgenden soll gezeigt werden, dass archetypische Geschichtenstrukturen nach wie vor die kollektive Imagination bestimmen, sie aber heute andere Darstellungsformen angenommen haben, namentlich die des Films. In den letzten Jahren ist es ein populäres Thema nicht nur in der Analytischen Psychologie, sondern in der gesamten Psychotherapie und der Psychoanalyse geworden, sich mit Kinofilmen in tiefenpsychologischer Perspektive zu beschäftigen (Gerlach & Pop 2012, Döring & Möller 2008, Laszig 2013). Spielfilme können ähnlich wie Märchen und Mythen als bildlich in Szene gesetzte archetypische Narrative betrachtet werden, die gerade deshalb ein Millionenpublikum fesseln, weil sie allgemein menschliche Problemstellungen und deren Lösungswege behandeln. Wahrscheinlich sind sie heute für die allermeisten Menschen zumindest in der westlichen Kultur auch eine viel häufiger genutzte Kulturform als die klassischen Märchen und Mythen. »Der Film hat sich als besonders geeignetes Medium erwiesen, Menschheitsmythen darzustellen, Geschichten der Entwicklung von Helden, auch geschichtliche Krisen und ihre Bewältigung. Der Film übernimmt auch häufig die Funktion von Märchen, in denen mehr individuelle und familiäre Schicksale exemplarisch dargestellt werden, insbesondere auch Krisen der lebensgeschichtlichen Entwicklung, besonders der Adoleszenz.« (Hirsch 2008, S. 9).

## 5.3 Kulturwissenschaftliche Anwendungen

Jedem ist die Erfahrung bekannt, dass Filme uns emotional stark ansprechen, die Erlebnisse ihrer Charaktere uns bewegen, bis dahin, dass wir die innere Beschäftigung mit Filmhandlungen oder Filmfiguren in unseren Alltag und in unsere Beziehungen mit hinein nehmen und dies nicht selten dazu führt, dass wir bei der Auseinandersetzung mit Problemen oder inneren Themen weiterkommen oder gar einen Lösungsweg finden. Schon der antike Philosoph Aristoteles beschreibt die kathartische Wirkung, an einer Geschichte teilzuhaben – in diesem Fall bezog sich das auf das Theater. Das antike Theater war geradezu darauf ausgerichtet, eine solche Wirkung beim Zuschauer hervorzurufen und auf diese Weise zur sozialen Erziehung und zur Bewältigung schwieriger Emotionen beizutragen.

Die moderne Medienrezeptionsforschung hat sich in den letzten Jahren intensiver damit beschäftigt, warum Individuen von bestimmten Medieninhalten besonders angesprochen werden. Im Folgenden soll das Konzept der »thematischen Voreingenommenheit« erläutert werden, das sich auf Lorenzers (1986) Ansatz einer sozialwissenschaftlichen Psychoanalyse stützt, der Erinnerungen, Bedürfnisse und die unbewussten Interaktionsrepräsentationen der Subjekte als bildhaft organisierte, szenische oder Situationsarrangements beschreibt. Die die Medienrezeption bestimmenden Bedürfnisse werden als szenisch verfasste Themen betrachtet, die bei der Medienrezeption in den Medienerzählungen interpretierend wiedererkannt und zur Bearbeitung eigener Probleme sowie zur Selbstvergewisserung und Identitätskonstruktion entnommen werden. Die Rezipienten bekommen von den Medienerzählungen quasi Plots zur Strukturierung ihrer eigenen inneren (unbewussten) Themen geliefert. Die szenische Darstellung von Interaktions- und Beziehungsgefügen in Medien führt darüber hinaus zu Rollenidentifikationen der Rezipienten mit Medienfiguren, in denen in einer Form von Identitätsarbeit eine Auseinandersetzung mit medial präsentiertem möglichem Handeln, mit konsistenten Verhaltensmustern in bestimmten Situationen und der eigenen Thematik stattfindet und kulturell vermittelte Handlungs- und Bewältigungsformen in der Phantasie erprobt und gegebenenfalls ins eigene Handeln übernommen werden können. Populäre Mythen, so wird hier argumentiert, in der Form von Filmgeschichten beschreiben wichtige menschliche Bedürfnisse, praktische Erfordernisse, moralische Ziele, sie drücken menschliche

# 5 Anwendung der Archetypentheorie

Erfahrung aus, repräsentieren Gefühle und Lebensbeziehungen, sie stellen Objektivationen sozialer Erfahrung dar. Die medialen szenischen Arrangements mythischer Muster können die unbewussten und zugleich handlungsorganisierenden Praxisfiguren der Individuen als allgemeine Grundmuster von Erfahrung abbilden. Die Individuen können sich in diesen medial verarbeiteten gesellschaftlichen Erfahrungsmustern wiederspiegeln und ihre eigenen Erfahrungen darin reflektieren und bearbeiten, da sie die unbewussten Praxisfiguren in Genre- und Erzählkonventionen illustrieren und über Verweise auf andere Medientexte mit den mythischen Erzählungen verbinden. Soweit die Argumentation der modernen Medientheorie. Mit Jung könnte man hier ergänzen, dass die unbewussten Themen, mit denen die Rezipienten beschäftigt sind, archetypischen Grundstrukturen folgen, und wenn diese in den Mediengeschichten wiedererkannt werden, wird Passung erlebt und damit emotionale Involviertheit erzeugt. Darüber hinaus, wenn die Mediengeschichte das archetypische Muster vollständig abbildet, beinhaltet diese auch über die individuelle Situation hinausgehende Entwicklungspotenziale entsprechend der Dynamik des Archetyps, die auf Ganzheit abzielt. Dies macht die anhaltende Faszination auch spätmoderner Gesellschaften an Mediengeschichten verständlich. Im Grunde können wir das Interesse einer Person an einem bestimmten Film in ganz ähnlicher Weise in der Psychotherapie nutzen wie in der klassischen Vorgehensweise das Märchen oder den Mythos. Dass die modernen Filmproduktionen dieselben archetypischen Geschichtenstrukturen enthalten wie die klassischen Märchen und Mythen, soll im Folgenden anhand einer Produktanalyse verdeutlicht werden.

## Eine exemplarische Produktanalyse: James Bond – der moderne Heros

Betrachtet man die in den letzten Jahren erfolgreichsten Filmproduktionen aus dem Genre Actionfilm (z. B. die »Bourne«-Serie, »Mission Impossible«, »Stirb langsam«, »James Bond«), so fällt auf, dass alle diese Produktionen einem ähnlichen Geschichtenschema folgen, welches dem Archetyp der Heldengeschichte entspricht. Die strukturellen Eigenschaf-

## 5.3 Kulturwissenschaftliche Anwendungen

ten dieser Geschichtenstruktur sind oben schon ausführlich dargestellt worden, hier nur einige ergänzende Hinweise:

1. Die Geschichte ist bestimmt von einer Auseinandersetzung oder Gegnerschaft, die Bestimmung des Protagonisten als Held ist der Kampf gegen einen negativen Gegner mit dem Ziel, ihn zu überwinden.
2. Dieser Gegner ist – zumindest anfangs – übermächtig; gerade darin besteht ja das Heldentum, dass der Kampf aussichtslos zu sein scheint. Das Unternehmen des Helden scheint unerfüllbar, es müsste das Unmögliche möglich gemacht werden (»Mission Impossible«), um das Ziel zu erreichen.
3. Der Held ist in seinem Kampf entweder durchgängig oder zumindest phasenweise ganz auf sich allein gestellt (z. B. geht der Funkkontakt verloren, der Protagonist wird von seinem Team getrennt, die Waffen versagen usw.). Dies entspricht dem Element des Ausgesetztseins im Heldenarchetyp.
4. Neben dieser Ausgesetztheit gibt es aber auch hilfreiche Figuren, die für die Handlung wesentlichen Stellenwert erhalten; in der Spätmoderne sind dies v. a. technische Hilfen.
5. Der Held handelt nicht so sehr im eigenen Interesse als vielmehr für ein höheres Ziel, die Rettung der Allgemeinheit o. ä., opfert sich gegebenenfalls auch dafür oder nimmt zumindest die Bedrohung seines Lebens in Kauf (»für England!«).
6. Der Kampf des Helden ist für eine gute und gerechte Sache, während die Gegner Vertreter einer ungerechten, moralisch minderwertigen oder historisch überholten Sache sind.

Ein herausragendes Beispiel dafür ist die Filmserie »James Bond«, die kürzlich ihr 50-jähriges Jubiläum gefeiert hat. Analysiert man die Filme der Serie, so findet man hier durchgängig die oben dargestellte Geschichtenstruktur. Der Held James Bond, ein moderner Ritter – tadellos gekleidet mit vollendeten Umgangsformen, die Personifikation des Gentleman, galant zu den Frauen und unerschrocken im Kampf mit den Gegnern, kämpft in der Regel um nichts weniger als die Rettung der Welt. Seine Gegner haben dabei von Anfang an immer etwas Monströses, eine Missgestaltung oder geradezu märchenhafte Kräfte und Fähigkeiten (wie z. B.

der berühmte »Beißer« – das entspricht dem Ungeheuer oder Drachen des Mythos). Es gibt niemals einen Zweifel darüber, dass die Bösewichte durch und durch böse sind und in der Regel die Vernichtung der Welt planen. In allen Filmen der Serie gestaltet das Plot im Verlaufe der Handlung eine Situation, in der Bond sich den Gegnern allein gegenüber sieht, isoliert und ausgesetzt ist und sein Kampf aussichtslos zu sein scheint angesichts der Übermacht des Gegners (Ausgesetztheit). Niemals aber gibt er auf oder lässt die Hoffnung fahren. In der höchsten Not eilen ihm aber dann immer wieder Helfer zur Seite, allen voran der berühmte Leiter der technischen Abteilung »Q« (wunderbarer Helfer). Im geeigneten Moment kann er mit einem neuen technischen Hilfsmittel Bond aus seiner Lage retten und ermöglicht es ihm, im Endkampf das Böse zu besiegen. Dazu muss Bond interessanterweise häufig in höhlenartige Strukturen des Gegners hinuntersteigen (Nachtmeerfahrt). Neben der Rettung der Welt muss Bond sich in allen Filmen immer auch um eine schöne Frau kümmern (Anima), die mit Sicherheit in die Fänge des Gegners gerät, so dass Bond neben der Rettung der Welt sich auch noch um die Befreiung der schönen Frau kümmern muss (gefangene Jungfrau). Anfangs scheint das unmöglich, aber Bond macht das Unmögliche möglich, überwindet den Gegner, befreit die Frau und vereinigt sich am Ende mit ihr (heilige Hochzeit).

Auch wenn sich also das Gewand der Geschichte in der Spätmoderne gewandelt hat, es nicht mehr um Ritter und Drachen geht sondern um Agenten und Waffenhändler, die Struktur des Heldenmythos an sich hat sich nicht verändert. Psychologisch gesehen beschreibt der Archetyp der Heldengeschichte den Entwicklungsweg eines anfänglich schwachen Ichs, das sich aus den Fängen unbewusster Kräfte, z. B. von Minderwertigkeitskomplexen, in einem mühsamen Kampf befreit, um am Ende mit der gewonnenen Kraft das eigene Leben steuern zu können und beziehungsfähig zu werden. Die bösen Gegner des Helden verkörpern dabei in Personifikation die hemmenden Kräfte in der eigenen Psyche, die das Ich hindern, autonom zu sein und ungestört in der Welt zu funktionieren. Die schöne Frau dagegen kann als Personifikation der Beziehung zur eigenen Psyche bzw. der Beziehungsfähigkeit generell angesehen werden. Es ist also anzunehmen, dass gerade solche Menschen, vermutlich insbesondere junge Menschen, von diesem Mythos angezogen sind, die noch damit befasst sind, ihre Ich-Stärke zu entwickeln und sich sowohl aus den persönlichen Bindungen der Kindheit als auch der unbewussten Bindung an kindliche Bedürfnisse und Ängste zu lösen. Dieser Mythos hat auch in der Spätmoderne nichts von seiner Relevanz und Anziehungskraft für die Individuen verloren. Erfolgreiche Filmproduzenten und -regisseure verstehen es, solche Geschichtenstrukturen zu nutzen und ihnen in ihren Filmen neue Gestalt zu geben.

Man könnte vermuten, dass die Drehbuchautoren und Regisseure erfolgreicher moderner Spielfilme auf ihr intuitives Wissen um die archetypischen Geschichtenstrukturen zurückgreifen und diese in moderne Filmproduktionen einarbeiten, und weil die archetypischen Strukturen viele Menschen emotional ansprechen, erlangen diese Filme ein großes Publikum. Das ist sicherlich auch in vielen Fällen so und entspricht dem Verständnis der Analytischen Psychologie vom Künstler, der einen besonderen intuitiven Zugang zu den archetypischen Grundmustern der Seele hat und diese in künstlerischen Formen zum Ausdruck bringen kann. Erstaunlicherweise ist es aber so, dass zumindest in Hollywood die Filmindustrie schon sehr früh ganz gezielt auf psychologisches Wissen um die Strukturierung von Geschichten und den Erfolg bestimmter Geschichtenstrukturen zurückgegriffen hat, auch explizit auf Jungs Theorien zum Heldenmythos und seine psychologische Bedeutung. Der Autor Christopher Vogler ist seit Jahrzehnten einer der bekanntesten Dozenten an Hochschulen für Drehbuchautoren und Mentor für die Drehbuchschreiber der großen Produktionsfirmen in Hollywood. In seinem Handbuch für die Gestaltung von Filmgeschichten »Die Odyssee des Drehbuchschreibers« (Vogler 1997) greift er explizit auf die klassische Arbeit von Joseph Campbell »Der Heros in tausend Gestalten« zurück. Vogler zeigt, wie man dieses Grundmuster des Heldenmythos als Bauplan für die Entwicklung von Drehbüchern verwenden kann. Er exemplifiziert diese Grundstruktur an einer Reihe von modernen Spielfilmen, unter anderem »Titanic«, »Pulp Fiction«, »Der König der Löwen« und schließlich der Spielfilmserie »Krieg der Sterne«.

Der Erziehungswissenschaftler Walden (2015) verfolgt bei seiner Interpretation von so genannten Blockbusterfilmen, d. h. außerordentlich erfolgreichen Hollywoodproduktionen, ebenfalls den Ansatz, den Campbell in seiner Struktur der Heldenreise niedergelegt hatte. Seine These ist,

## 5 Anwendung der Archetypentheorie

dass die erfolgreichen Filmproduktionen aus Hollywood gerade deshalb viele Menschen ansprechen und wirtschaftlich besonders erfolgreich sind, weil sie der archetypischen Struktur der Heldenreise folgen und auf diese Weise Menschen in vieler Hinsicht eben auch unbewusst ansprechen. Anhand einer ausführlichen Interpretation vor allem des ersten Filmes in der Reihe der Star Wars-Saga kann er die implizite Verwendung der Struktur der Heldenfahrt in diesem modernen Kinofilm überzeugend nachweisen.

> Der Held in dieser Science-Fiction-Saga ist der junge Luke Skywalker, der wie jeder Held am Anfang unbedarft und naiv erscheint. Seinen Ruf erhält er durch ein Hologramm, welches von zwei Robotern vermittelt wird, die auf seinem Planeten gelandet sind auf der Flucht vor den Truppen des bösen Imperiums. In diesem Hologramm wird ihm von Prinzessin Leia eine Botschaft übermittelt an Obi-Wan Kenobi. Dieser gealterte Yedi-Ritter stellt dann für den jungen Luke den Lehrer und Mentor dar, der ihn in seine Aufgabe der Bekämpfung des Imperiums einführt und unterstützt. Bei der Zusammenstellung einer Truppe besucht Luke mit den Seinen einen Raumhafen auf dem Planeten Tatooine – dieser Ort stellt die Archetypische Schwelle dar, an der der Held nun aus seiner gewohnten Welt in die Welt des Drachenkampfes hinüber wechselt. Dort kann Luke den talentierten Raumschiffpiloten Han Solo anheuern, mit dem er von Tatooine flüchtet und in das Innere des Todessterns gelangt. Im Innern des Todessterns teilt sich die Truppe, Luke macht sich auf zur Befreiung der gefangenen Prinzessin (Jungfrau), während Obi-Wan Kenobi sich dem Kampf mit dem dunklen Lord Darth Vader, seinem ehemaligen Schüler, stellt. Dies stellt den Höhepunkt der Heldenreise dar, bei welchem zugleich der Mentor ums Leben kommt. Luke aber gelingt es, die Prinzessin zu befreien und sie flüchten gemeinsam vom Todesstern. An der Schwelle zur Beendigung der Heldenreise kämpft Luke mit den Rebellen gegen das Imperium um den Todesstern und es gelingt ihm nach den üblichen Schwierigkeiten, den Todesstern zu zerstören. Der Held und die Seinen landen auf einem benachbarten Planeten, an dem die Ehrung der Kämpfer stattfindet, was zugleich die Rückkehr in die gewohnte Alltagswelt bedeutet (ausführlich in Walden 2015).

Interessanterweise kann der Autor auch Belege dafür zitieren, dass der Regisseur George Lucas sich explizit auf den Mythenforscher Campbell bezogen hat: »Ich stellte Studien an, um von allen Mythen die Motive heraus zu destillieren, die universaler Natur sind. Ich schreibe den Erfolg (von Star Wars) vor allem der psychologischen Untermauerung zu, die es seit tausenden von Jahren gegeben hat. Die Menschen reagieren genau wie sie es immer getan haben auf die Geschichten. Ich wollte einen Film machen, der die zeitgenössische Mythologie fördern und gleichzeitig eine neue Art von Moral verkünden sollte. Niemand geht der Sache wirklich auf den Grund, wir begnügen uns immer mit irgendwelchen abstrakten Erklärungen. Keiner sagt seinen Kindern heute noch: hey, hör mal, das ist richtig und das ist falsch« (aus einem Interview des Regisseurs George Lucas mit Bill Moyers, zitiert nach Walden 2015, S. 75 ff.).

## 5.3.2 Archetypen als Analyseinstrument einer politischen Psychologie

Schon bei Jung findet sich in Ansätzen die Analyse kollektiver Prozesse im Sinne einer Sozialpsychologie – bei Jung noch als »Massenpsychologie« bezeichnet – unter Verwendung des Archetypenkonzepts (Jung GW 10). So hat Jung sich mit dem aufkommenden Nationalsozialismus und dessen Verwendung altgermanischer Mythen und Symbole in der politischen Agitation beschäftigt. Das Archetypenkonzept hat hier einen hohen Erklärungswert, kann es doch verdeutlichen, wie es politischer Propaganda mit der Verwendung archetypischer Elemente gelingt, eine große Anzahl von Menschen auch für stark irrationale Ziele emotional zu mobilisieren. Auch lassen sich politische Phänomene wie Antisemitismus oder allgemein Fremdenfeindlichkeit als eine kollektive Projektion des archetypischen Schattens auf bestimmte Bevölkerungsgruppen interpretieren.

Leider gibt es bislang in der Analytischen Psychologie nur wenige systematische Versuche, dass Archetypenkonzept in diesem Sinne einer politischen Psychologie nutzbar zu machen und politische Prozesse vor dem Hintergrund von Archetypen verständlich zu machen (Zoja 2002, 2009). Als Beispiel für die Verwendung dieser Herangehensweise soll im

Folgenden die zeitgenössische amerikanische Politik vor dem Hintergrund eines mythischen Schemas beschrieben werden. In der angelsächsischen Literatur wird schon länger ein archetypisches Narrativ, eine Version des Heldenmythos, das so genannte »American Monomyth« diskutiert (Lawrence & Jewett 2002). Dieses mythische Narrativ, so zeigen zahlreiche Autoren, durchzieht die literarische Imagination und das künstlerische Schaffen in Literatur, Dichtung und Filmproduktion in den USA seit der Zeit der Kolonisten im 17. Jahrhundert bis in heutige Filmproduktionen. Typischerweise beginnt dieses Narrativ in einer als paradiesisch geschilderten Gemeinschaft friedvoll miteinander lebender, Landwirtschaft betreibender Siedler. Diese Gemeinschaft wird als ausschließlich gut und frei von Streit und Konflikten geschildert. In diese paradiesische Gemeinschaft dringt von außen ein böser Feind ein und bedroht die Existenz des gesamten Gemeinwesens. Die staatlichen, in der Regel demokratisch dargestellten Institutionen sind dieser Bedrohung nicht gewachsen und scheitern, auch weil sie sich als inkompetent, korrupt usw. erweisen. In dieser Situation taucht eine heroische männliche Gestalt auf, die im Alleingang sich dem bedrohlichen Feind entgegenstellt und dabei die demokratischen und rechtsstaatlichen Institutionen außer Kraft setzt. Nur mit brachialer Gewalt gelingt es diesem Helden, die Bedrohung zu überwinden und den paradiesischen Anfangszustand wieder herzustellen, an dem er dann aber nicht teilnimmt, sondern wieder ins Nirgendwo verschwindet. In der Diskussion um diesen Monomythos wird detailliert aufgezeigt, wie sich dieses Narrativ aus der Erfahrung der ersten Siedler an der Grenze zur Wildnis, in der Urbarmachung der Landschaft und des Erkämpfens von Zivilisation, immer unter der Bedrohung der europäischen Kolonialmächte, herausgebildet hat. Aus den frühsten Erzählungen der Puritaner, die noch ganz mit der Auseinandersetzung mit der indianischen Urbevölkerung geprägt sind, über die typischen Westerngeschichten des 19. und beginnenden 20. Jahrhunderts bis hinein in die Filmproduktion der Hollywoodindustrie lässt sich der maßgebliche Einfluss dieses Mythos nachweisen. Interessanterweise steht der Verlauf der Geschichte in krassen Gegensatz zum offiziellen politischen Selbstverständnis Amerikas als der Heimstätte der Demokratie, legitimiert das Narrativ doch den Superhelden, aufgrund des Versagens der staatlichen Ordnungsmacht zu autoritärer Führungsmacht, rücksichtsloser Gewalt,

Selbstjustiz und hasserfüllter Rache zu greifen. Dies ist ganz offensichtlich ein narratives Schema mit archetypischem Charakter, eine Variante des Heldenmythos. Interessanterweise hat dies in den letzten zwei Jahrzehnten enormen Einfluss auf die konkrete amerikanische Politik genommen. Die Anschläge des 11. September entsprachen fatalerweise, zumindest wenn sie medial entsprechend aufbereitet und gelesen wurden, dem mythischen Narrativ des plötzlichen Einbruchs des Bösen in die friedvolle paradiesische Gemeinschaft. Die Bush-Administration hat allerdings in ihrem weiteren Vorgehen in geradezu perfider Weise auf den Monomythos zurückgegriffen: der Feind wurde als »Achse des Bösen« dämonisiert; dies legitimierte nicht nur den Einmarsch in Afghanistan und den Irak – bei Letzterem konnte der Verstoß gegen das Völkerrecht nur mit gefälschten Beweisen von angeblichen Massenvernichtungswaffen übertüncht werden – sondern den bis heute außerhalb des Völkerrechts stehenden Drohnenkrieg; die politische Rhetorik benutzte dabei konsequent die Entgegensetzung zwischen dem als böse dämonisierten Feind und dem eigenen Ziel, Freiheit und Demokratie allen Völkern dieser Welt zu bringen, entspricht also genau dem archetypischen Schema vom Kampf der Zivilisation an der Grenze zur Wildnis. Nicht nur die politische Rhetorik aber folgt weitgehend dem Monomythos, auch mediale Inszenierungen greifen auf das archetypische Schema zurück, ohne dessen Kenntnis die Form des politischen Vorgehens höchst irrational erscheint und nur schwer nachvollziehbar ist. Ein eklatantes Beispiel dafür ist die mediale Inszenierung der Ausrufung des Krieges gegen den Irak durch Präsident Bush auf einem amerikanischen Flugzeugträger. Das vom Pentagon zusammengeschnittene Filmmaterial, dass den Medien zur Verfügung gestellt wurde, suggeriert, dass der Präsident eigenhändig ein Jagdflugzeug geflogen und auf dem Flugzeugträger gelandet hat, wobei die Bildführung den Eindruck erweckt, als sei er über die Weiten des Pazifiks aus einem nicht näher definierbaren Nirgendwo gekommen. Tatsächlich, so wurde schon damals in der amerikanischen Berichterstattung offen gelegt, lag der Flugzeugträger nur wenige Kilometer vor der kalifornischen Küste, die Kameraführung war aber immer auf den weiten Pazifik gerichtet. Bush flog das Flugzeug natürlich nicht selbst, was ebenfalls herausgeschnitten wurde. Im Filmmaterial sieht man nur, wie er dem Flugzeug entsteigt, den Helm auszieht, von der jubelnden Besatzung

## 5 Anwendung der Archetypentheorie

empfangen wird und in theatralischer Pose den Beginn des Angriffs auf den Irak verkündet. Betrachtet man diese Inszenierung vor dem Hintergrund der archetypischen Folie des Heldenmythos, so wird verständlich, dass entscheidender Bestandteil der Inszenierung ist, dass der rettende Superheld von außen in die vom Bösen bedrohte Gemeinschaft hinein kommen und hier allein aus sich selbst heraus den Kampf mit dem Feind aufnehmen muss. So befremdend und geradezu lächerlich eine solche Inszenierung für den informierten Beobachter erscheinen muss, so lässt sich doch nicht leugnen, dass die politische Mobilisierungskraft gerade dieses Ereignisses enorm war. Sie verhalf den USA dazu, den Einmarsch im Irak einer durch die Traumata in Vietnam und Somalia immer noch skeptischen Bevölkerung gegenüber auch politisch zu rechtfertigen, erhielt doch der Krieg durch die Charakterisierung: »Wir, die Guten, bringen Freiheit und Demokratie zu den vom Bösen geknechteten Völkern« einen geradezu mythischen Glanz.

Dieses Beispiel kann verdeutlichen, welche enorme Wirkung die gezielte Verwendung von archetypischen Mustern und mythischen Narrativen in der Politik entfalten kann. Das hier ausgeführte Beispiel zeigt natürlich eher den potenziell destruktiven Charakter dieser Archetypen. Das Engagement Mahatma Gandhis auf dem Weg zur Unabhängigkeit Indiens von Großbritannien wäre ein Beispiel für die humane Seite der Wirkung archetypischer Strukturen. Ohne Zweifel aber lassen sich in zahlreichen politischen Strategien archetypische Strukturen nachweisen, wobei argumentiert werden kann, dass gerade diese der Politik ihre Mobilisierungskraft verleihen.

# 6 Ist die Archetypentheorie noch zeitgemäß? – Ein vorläufiges Fazit

In der Darstellung insbesondere der verschiedenen Anwendungsfelder der Archetypentheorie wurde deutlich, dass sie nicht nur im klinischen Bereich breite – und effektive – Anwendung findet, sondern auch in den Kulturwissenschaften nicht nur akzeptiert ist, sondern sogar an Aktualität gewonnen hat. In den Kulturwissenschaften, insbesondere in der Literaturwissenschaft und ihrer aktuellsten Ausformung, der Filmtheorie, ebenso wie in Bereichen der Theologie und Religionswissenschaft ist Jungs Archetypentheorie sogar sehr viel stärker rezipiert worden, als selbst vielen Jungianern bewusst ist. Das ist aber nur die eine Seite der Medaille. Der Überblick über die Forschung hat gezeigt, dass die klassische Konzeption der Transmission von Archetypen bei Jung und seinen unmittelbaren Schülern angesichts neuerer Erkenntnisse der life sciences nicht mehr haltbar ist – in diesem Sinne ist die Archetypentheorie, neudeutsch gesprochen, eine Baustelle. Zentrale Bestandteile der klassischen Konzeption wie die Idee der genetischen Übertragung von Generation zu Generation, die Idee der Universalität, aber auch der Umfang dessen, was man als archetypisch annimmt, stehen grundsätzlich infrage. Obwohl dies schon seit dem Ende der 1990er Jahre, insbesondere in der angelsächsischen Literatur (allen voran das Journal of Analytical Psychology als zentrales Diskussionsforum) zunehmend diskutiert wird, haben weder Praktiker noch die Ausbildungsstrukturen dies genügend nachvollzogen. Immer noch findet man in aktuellen jungianischen Publikationen unhinterfragt Jungs klassische Argumentation. Auch bekommt man als engagierter Beobachter der jungianischen Literatur den Eindruck, dass, wenn Autoren sich auf neuere Erkenntnisse, beispielsweise aus den Neurowissenschaften, beziehen, diese so selektiv gehandhabt werden, dass sie letztlich immer wieder die überkommenen

# 6 Ist die Archetypentheorie noch zeitgemäß? – Ein vorläufiges Fazit

Auffassungen der Archetypentheorie bestätigen. Für den Blick eines außenstehenden, über den Stand der wissenschaftlichen Erkenntnis informierten Beobachters wie beispielsweise einen Biologen, Ethnologen oder auch Psychiater muss die Archetypentheorie als ein Trümmerfeld erscheinen. Wenn derzeit nicht schlüssig und wissenschaftlich fundiert dargelegt werden kann, wie die behaupteten archetypischen Muster auf eine Weise von Generation zu Generation weitergegeben werden, dass ihre Universalität bei allen Menschen in allen Kulturen gesichert ist, dann steht die Archetypentheorie als zentraler Baustein der Analytischen Psychologie infrage.

Andererseits lässt sich mit dem Konzept sowohl klinisch als auch in der Analyse kultureller Phänomene fruchtbar arbeiten. Die Situation der Brüchigkeit der Grundlagentheorie ist auch keineswegs singulär für die Analytische Psychologie, beispielsweise werden in der Medizin viele Behandlungsmethoden effektiv eingesetzt, obwohl man über deren Wirkmechanismen nichts oder nur Spekulatives weiß. Vor diesem Hintergrund soll an dieser Stelle noch einmal ein klassisches Fallbeispiel Jungs neu betrachtet werden (in »Die Struktur der Psyche«, Jung GW 8). Es handelt sich um den Fall eines Armeeoffiziers, der mit verschiedenen hysterischen Konversionssymptomen in die Therapie kam. Einige zentrale Symptome konnten durch die Bewusstmachung bislang unbewusster Affekte aufgelöst werden. Es blieb aber ein organisch nicht erklärbarer Schmerz in der Ferse. Der Patient hatte dann einen Traum, in dem er von einer Schlange in die Ferse gebissen wurde und sofort gelähmt war. Jung stellt hier archetypische Bezüge zum Symbol des Schlangenbisses in die Ferse her. Merchant (2012) allerdings diskutiert den Fall vor dem Hintergrund der oben erwähnten Emergenztheorien und weist nach, dass man den Fall und das Traumsymbol nicht nur durch einen Bezug zu genuin archetypischen Elementen im Sinne von spontan auftretenden, bislang völlig unbewussten Wissensbeständen interpretieren kann. Der Patient hatte eine dominante und überbehütende Mutter, was dazu führte, dass er unselbständig blieb und seine Männlichkeit wenig entwickelt war. Im jungen Erwachsenenalter schwenkte er in Kompensation in seiner Orientierung völlig um und ging in die Armee, wo er seine Schwäche durch militärische Härte überspielte. Merchant argumentiert nun, dass man die Ausformung des Bildes, von einer Schlange in die Ferse gebissen zu werden, als gelungenen Ausdruck der Lähmung durch die Überbehütung der Mutter verstehen kann, was einem unbewussten, archaischen Denken über die oben erwähnten Bilderschemata entspricht. Entscheidend ist hier, dass das unbewusste Bild nicht zwangsläufig in dem Sinne archetypisch sein muss, dass es niemals zuvor in der Erfahrung des Patienten vorhanden war, es ist auch durchaus möglich, zu argumentieren, dass sich dieses Bild im unbewussten Erleben des Patienten im Laufe seiner Entwicklung in der Erfahrung mit der Mutter als Form einer archaischen Verdichtung gebildet hat.

Ein vorläufiges Fazit zu Archetypentheorie wäre also, dass wir nach wie vor in der klinischen Praxis in der oben dargestellten Weise arbeiten können und archetypische Bilder als Formen unbewusster Sinngebung an psychische Prozesse verstehen können, ohne notwendigerweise darauf rekurrieren zu müssen, dass diese Bilder aus einem Kollektiven Unbewussten kommen, das niemals Teil der Erfahrung der Person war.

Allerdings meine ich, dass wir vor dem Hintergrund der dargestellten Erkenntnisse bezüglich der Behauptung einer Universalität der Archetypen zurückhaltender sein sollten. Wie ich versucht habe darzulegen, scheinen die komplexeren Archetypen im Sinne von Ablaufstrukturen, die man in narrativer Form darstellen kann, sehr viel stärker durch Sozialisation und Enkulturation vermittelt zu werden als auf biologischem Wege. Die sozialisatorischen Vermittlungsprozesse allerdings sind störanfällig und daher muss damit gerechnet werden, dass nicht alle Menschen über das gesamte Set an archetypischen Strukturen verfügen. Dies wiederum könnte erklären, warum manche Therapieverläufe in der klinischen Praxis ungünstig sind oder gar scheitern, warum manche Patienten partout keine Symbole oder anderen Bezüge zu archetypischen Strukturen präsentieren und auch sonst von der jungianischen Behandlung nicht profitieren. Eine plausible Erklärung wäre hier, dass sie an diese archetypischen Strukturen nicht anknüpfen können, weil sie schlichtweg nicht über sie verfügen.

Meine Empfehlung an die Analytische Psychologie an dieser Stelle wäre, sich in Zukunft intensiver mit Sozialisationsprozessen als Wegen der Vermittlung archetypischer Strukturen zu befassen. Dies würde dem Archetypenkonzept auch den Anschluss an aktuelle Konzeptionen wie beispielsweise die Theorie der Meme (Blackmore 2005) ermöglichen.

# 6 Ist die Archetypentheorie noch zeitgemäß? – Ein vorläufiges Fazit

Parallel zu Genen als dem biologischen Substrat von Informationen, die von Generation zu Generation weitervererbt werden, werden Meme konzeptualisiert als Wissensbestände, die einen Ort im kollektiven Wissensbestand einer Kultur haben und sozusagen im kulturellen Gedächtnis von Generation zu Generation weitervererbt werden. Ein ähnliches Konzept gab es schon bei dem Wissenschaftstheoretiker Karl Popper Ende der 1920er Jahre in seinem so genannten 3-Welten-Konzept: Die Welt 3 umfasst, wie Popper es formuliert, »objektives Wissen«, das in einer Kultur zu einer bestimmten Zeit unabhängig von den kognitiven Zuständen der Individuen existiert (und hat damit große Ähnlichkeit zu Jungs Konzept des »objektiv Psychischen«). Dies würde eine interessante Neukonzeption des Kollektiven Unbewussten als eines kollektiven Gedächtnisses der Menschheit unabhängig von biologistischen Ansprüchen ermöglichen.

Ebenso scheint mir die Untersuchung der gänzlich unbewussten Interaktionsebene zwischen Therapeut und Patient, das so genannte interaktive Feld, eine vielversprechende Möglichkeit für ein besseres Verständnis der Prozesse, die über die Aktivierung archetypischer Muster zu therapeutischer Veränderung führen. Es gibt mittlerweile verschiedene Hinweise darauf, dass auf dieser Ebene sehr viel mehr Interaktion stattfindet und sehr viel komplexere Informationen vermittelt werden, als man bisher für möglich hielt (Gödde & Buchholz 2012, Überblick bei Roesler 2013).

Die Debatte um die Theorie der Archetypen bleibt spannend. Einerseits hat Jung hier eine überaus wichtige Entdeckung gemacht, die nicht nur die Psychologie, sondern auch andere Wissenschaften nachhaltig beeinflusst hat. Andererseits kann die Archetypentheorie zumindest in ihrer bisherigen Form so nicht aufrechterhalten werden und bedarf einer umfassenden Revision. Die Frage ist, ob sich die Analytische Psychologie und ihre Anwender gegebenenfalls auch von lieb gewordenen Konzepten verabschieden können bzw. bereit sind diese so zu verändern, dass sie ihren angemessenen Platz in den gegenwärtigen Wissenschaften finden können.

# Literaturverzeichnis

Aarne, A. & Thompson, S. (1964). *The types of the folktale. A classification and bibliography*. Helsinki: Acad. Scient. Fenn.
Ahnert, L. (2010). *Wieviel Mutter braucht ein Kind?* Heidelberg: Spektrum.
Adam, K.-U. (2000). *Therapeutisches Arbeiten mit Träumen: Theorie und Praxis der Traumarbeit*. Berlin; Heidelberg: Springer.
Alexopoulou, A. (2008). *Using »Archetypal Family Therapy« for meta-analyzing family therapy procedures applied in single parent families of depressed children*. Master theses, University of Essex, UK.
Amann, R. (2001). *Sandspiel*. Düsseldorf: Walter.
Attmanspacher, H. (Hrsg.) (1995). *Der Pauli-Jung-Dialog und seine Bedeutung für die moderne Wissenschaft*. Heidelberg. Springer.
Bächtold-Stäubli, H. (Hrsg.) (2000). *Handwörterbuch des deutschen Aberglaubens*. Berlin: Walter de Gruyter.
Bair, D. (2003). *Jung. A biography*. New York, Boston: Little, Brown & Co.
Bash, K. W. (1988). *Die analytische Psychologie im Umfeld der Wissenschaften*. Bern: Huber.
Bauer, J. (2002). *Das Gedächtnis des Körpers. Wie Beziehungen und Lebensstile unsere Gene steuern*. Frankfurt/M.: Eichborn.
Bauer, J. (2005). *Warum ich fühle, was du fühlst: intuitive Kommunikation und das Geheimnis der Spiegelneurone*. Hamburg: Hoffmann und Campe.
Bauer, J. (2006). *Prinzip Menschlichkeit. Warum wir von Natur aus kooperieren*. Hamburg: Hoffmann und Campe.
Bauer, J. (2008). *Das Kooperative Gen. Abschied vom Darwinismus*. Hamburg: Hoffmann und Campe.
Baranger, M. & Baranger, W. (2009). *The work of confluence. Listening and interpreting in the psychoanalytic field*. London: Karnac.
Bastian, A. (1881). *Der Völkergedanke im Aufbau einer Wissenschaft vom Menschen*. Berlin: Dietrich Reimer.
Baumgardt, U. (1987). *König Drosselbart und Cg Jungs Frauenbild. Kritische Gedanken zu an immer und animus*. Olten: Walter.
Betz, O. (1989). *Das Geheimnis der Zahlen*. Stuttgart: Kreuz

Belsky, J. & Pluess, M. (2009). The Nature (and Nurture?) of Plasticity in Early Human Development. *Perspectives on Psychological Science*, 4, 345–351.

Bischoff, N. (1996). *Das Kraftfeld der Mythen*. München: Piper.

Blackmore, S. (2005). *Die Macht der Meme oder die Evolution von Kultur und Geist*. Heidelberg, München: Elsevier, Spektrum Akademischer Verl.

Bly, R. (1993). *Eisenhans. Ein Buch über Männer*. München: Knaur.

Bolen, J. S. (1984). *Godesses in Everywoman*. New York: Harper.

Bolen, J. S. (1989). *Gods in Everyman*. New York: Harper and Row.

Boyd, R. D. (1991). *Personal transformations in small groups. A Jungian perspective*. London: Routledge.

Brosse, J. (1994). *Mythologie der Bäume*. Solothurn: Walter.

Brosse, J. (1992). *Magie der Pflanzen*. Olten: Walter.

Buchholz, M. (2005). *Das Unbewusste – ein Pojekt in drei Bänden*. Gießen, Psychosozial.

Buiting, K. (2005). Epigenetische Vererbung. *Medizinische Genetik*, 17, 292–295.

Campbell, J. (1999). *Der Heros in tausend Gestalten*. Frankfurt/M.: Insel.

Cassirer, E. (1955). *The philosophy of symbolic forms*. New Haven, London: Yale University Press.

Chomsky, N. (1978). *Topics in the theory of generative grammar*. Den Haag: Mouton.

Collins, F. S. (2011). *Meine Gene – mein Leben. Auf dem Weg zur personalisierten Medizin*. Heidelberg: Spektrum.

Cooper, J. C. (1986). *Illustriertes Lexikon der traditionellen Symbole*. Wiesbaden: Drei Lilien.

Dench, L. N. (2007). *Female athletes' perceptions of archetypology and typology*. Doctoral dissertation, Temple University, US.

Dicks, H. V. (1967). *Marital tensions. Clinical studies towards a Psychoanalytic theory of interaction*. London: Routledge and Kegan Paul.

Doering, S. & Möller, H. (2008). *Frankenstein und Belle de Jour: 30 Filmcharaktere und ihre psychischen Störungen*. Berlin, Heidelberg: Springer.

Dorst, B. (2014). Symbole als Grundlage der aktiven Imagination. In B. Dorst & R. T. Vogel (Hrsg.), *Aktive Imagination. Schöpferische Leben aus inneren Bildern* (S. 51–68). Stuttgart: Kohlhammer.

Dorst, B. & Vogel, R. T. (2014). *Aktive Imagination. Schöpferische Leben aus inneren Bildern*. Stuttgart: Kohlhammer.

Drewermann, E. (1984). *Tiefenpsychologie und Exegese*. München: dtv.

Drewermann, E. (2003). *Das Johannes Evangelium*. Düsseldorf: Patmos.

Eisenstädter, J. (1912). *Elementargedanke und Übertragungstheorie in der Völkerkunde*. Stuttgart: Strecker & Schröder.

Ekman, P., Friesen, W., O'Sullivan, M. & Chan, A. (1987). Universals and cultural differences in the judgment of facial expressions of emotions. *Journal of Personality and Social Psychology*, 53, 712–717.

Edinger, E. (1994). *The eternal drama. The inner meaning of Greek mythology.* Boston, London: Shambala.

Eibl-Eibesfeldt, I. (1987). *Grundriß der vergleichenden Verhaltensforschung*: München: Piper.

Eschenbach, U. (1986). *Die Behandlung in der Analytischen Psychologie.* Stuttgart: Bonz.

Fach, W. (2011). Phenomenological Aspects of Complementarity and Entanglement in Exceptional Human Experiences. *Axiomathes, 21* (2), 233–247.

Fine, C. (2010). *Delusions of gender: The real science behind sex differences.* New York: Norton.

Foulkes, S. (1967). *Therapeutic group analysis.* London. Allan and Unwin.

Freud, S. (1933). Neue Folge der Vorlesungen zur Einführung in die Psychoanalyse. *GW 15.* Frankfurt/M.: Fischer.

Freud, S. (1939): Der Mann Moses und die Monotheistische Religion. *GW 16.* Frankfurt/M.: Fischer.

Freud, S. & Jung, C. G. (1974). *Briefwechsel.* Hrsg. V. W. McGuire u. W. Sauerländer. Frankfurt/M.: Fischer.

Frick, E. (1996). *Durch Verwundung heilen. Zur Psychoanalyse des Heilungsarchetyps.* Göttingen, Zürich: Vandenhoeck und Ruprecht.

Gallese, V. (2003). The roots of empathy: The shared manifold hypothesis and the neural basis of intersubjectivity. *Psychopathology, 36,* 171–180.

Gerlach, A. & Pop, C. (Hrsg.) (2012). *Filmräume – Leinwandträume. Psychoanalytische Filminterpretationen.* Gießen: Psychosozial.

Hampe, B. (2005). *From Perception to Meaning: Image Schemas in Cognitive Linguistics.* New York: Mouton de Gruyter.

Gödde, G. & Buchholz, M. B. (2011). *Unbewusstes.* Gießen: Psychosozial.

Goodmann, F. (1992). *Trance – der uralte Weg zum religiösen Erleben. Rituelle Körperhaltungen und ekstatische Erlebnisse.* Gütersloh: Gütersloher.

Grof, S. (1978). *Topographie des Unbewussten: LSD im Dienst der tiefenpsychologischen Forschung.* Stuttgart: Klett-Cotta.

Haule, J. R. (2010). *Jung in the 21st century.* Vol. 1: Evolution and archetype. London: Routledge.

Heisig, D. (1996). *Die Anima. Der Archetyp des Lebendigen.* Zürich: Walter.

Henderson, J. (1991). C. G. Jung's psychology: additions and extensions. *Journal of Analytical Psychology, 36,* 429–442.

Hendricks-Jansen, H. (1996). *Catching ourselves in the act: Situated activity, interactive emergence, evolution and human thought.* Cambridge, MA: MIT Press.

Hillman, J. (1971): *The myth of analysis.* Evanston: Northwestern University Press. Dt.: *Die Heilung erfinden.* München: Kösel.

Hillman, J. (1975). *Revisioning Psychology.* New York: Harper & Row.

Hillman, J. (1979). *The dream and the underworld.* New York: Harper & Row. Dt.: *Am Anfang war das Bild.* München: Kösel.

Hillman, J. (1981a). Anima I. *Gorgo*, 5, 45–81.
Hillman, J. (1981b): Anima II. *Gorgo*, 6, 56–89.
Hillman, J. (1983). *Archetypal Psychology: A brief account*. Dallas: Spring.
Hillman, J. (2002). *Charakter und Bestimmung*. München: Arkana.
Hogenson, G. B. (2001). The Baldwin Effect: a neglected influence on C. G. Jung's evolutionary thinking. *Journal of Analytical Psychology*, 46 (4), 591–611.
Hogenson, G. B. (2004). Archetypes: emergence and the psyche's deep structure. In J. Cambray & L. Carter (Eds.), *Analytical Psychology: Contemporary Perspectives in Jungian Psychology* (pp. 32–55). New York: Brunner-Routledge.
Henderson, M. (1998). *Star Wars – Magie und Mythos: die fantastischen Welten des George Lucas und ihre Ursprünge*. Köln: vgs.
Hofmann, L. & Roesler, C. (2010). Der Archetyp des verwundeten Heilers. *Transpersonale Psychologie und Psychotherapie*, 16 (1), 75–90.
Hudson, P. A. (2005). *Measurement of the dominant goddess archetypes: Development of the Hudson Archetypal Goddess Scale* (HAGS). Dissertation, Oklahoma State University.
Huston, H. (1992). *Direct and indirect tests of archetypal memory*. Master's thesis in psychology, Texas A&M University, College Station.
Huston, H. L., Rosen, D. H. & Smith, S. M. (1999). Evolutionary memory. In D. H. Rosen & M. C. Luebbert (Eds.), *Evolution of the Psyche* (pp. 139–149). Westport: Praeger.
Jacobi, J. (1986). *Die Psychologie von C. G. Jung: Eine Einführung in das Gesamtwerk*. Frankfurt/M.: Fischer.
Jacobi, J. ( 1965). *Der Weg der Individuation*. Zürich: Rascher.
Jacoby, M. (1993). *Übertragung und Beziehung in der Jungschen Praxis*. Düsseldorf: Walter.
Johnson, M. H. & Morton, J. (1991). *Biology and cognitive development: the case of face recognition*. Oxford: Blackwell.
Jones, R. (2007). *Jung, Psychology, Postmodernity*. Hove: Routledge.
Jung, C. G., Franz, M.-L. v., Henderson, J. L., Jacobi, J. & Jaffé, A. (1968). *Der Mensch und seine Symbole*. Olten: Walter.
Jung, C. G. (1919). Instinct and the unconscious. *The British Journal of Psychology*, 10 (1), 15–23.
Jung, C. G. (1971 ff.). *Gesammelte Werke in 20 Bänden*. Walter: Olten. (Zitiert als GW mit Bandnummer).
Jung, E. (1967). *Anima und Animus*. Zürich: Rascher.
Kandel, E. R. (2007). *Auf der Suche nach dem Gedächtnis: die Entstehung einer neuen Wissenschaft des Geistes*. München: Pantheon.
Kern, H. (1999). *Labyrinthe*. München: Prestel.
Kast, V. (1979). Weibliche Werte im Umbruch – Konsequenzen für die Partnerschaft. *Analytische Psychologie*, 10, 133–151.
Kast, V. (1984). *Paare. Beziehungsfantasien oder wie Götter sich in Menschen spiegeln*. Stuttgart: Kreuz.

Kast V. (1990). *Die Dynamik der Symbole. Grundlagen der Jungschen Psychotherapie*. Olten: Walter.
Kast, V. (1999a). *Der Schatten in uns. Die subversive Lebenskraft*. Zürich, Düsseldorf: Walter.
Kast, V. (1999b): *Die Dynamik der Symbole: Grundlagen der Jungschen Psychotherapie*. Düsseldorf: Walter.
Kast, V. (2012). *Imagination*. Ostfildern: Patmos.
Kluckhohn, C. (1960). Recurrent themes in myth and mythmaking. In H. A. Murray (Ed.), *Myth and mythmaking* (pp. 46–60). New York: Braziler.
Knox, J. (2001). Memories, fantasies, archetypes: an exploration of some connections between cognitive science and analytical psychology. *Journal of Analytical Psychology, 46* (4), 613–635.
Knox, J. (2003). *Archetype, attachment, analysis. Jungian psychology and the emergent mind*. Hove: Brunner-Routledge.
Knox, J. (2004). From archetypes to reflective function. *Journal of Analytical Psychology, 49*, 1–19.
Knox, J. (2009). Mirror neurons and embodied simulation in the development of archetypes and self-agency. *Journal of Analytical Psychology, 54*, 307–323.
Kirsch, T. (2007). *C. G. Jung und seine Nachfolger: die internationale Entwicklung der Analytischen Psychologie*. Gießen: Psychosozial.
Kut, E., Schaffner, N., Wittwer, A., Candia, V., Brockmann, M., Storck, C. & Folkers, G. (2007). Changes in self-perceived role identity modulate pain perception. *Pain, 131*, 191–201.
Laszig, P. (2013): *Blade Runner, Matrix und Avatare. Psychoanalytische Betrachtungen virtueller Wesen und Welten im Film*. Berlin: Springer.
Lawrence, J. S. & Jewett, R. (2002). *The myth of the American superhero*. Grand Rapids: W. B. Eerdmans.
Lesmeister, R. (Hrsg.) (2002). *Ideengeschichtliche Ursprünge und Perspektiven der Psychologie von C. G. Jung*. Basel: Karger.
Levi-Strauss, C. (1976). *Structural Anthropology*. New York: Basic Books.
Lorenzer, A. (1986). Tiefenhermeneutische Kulturanalyse. In H.-D. König (Hrsg.), *Kultur-Analysen* (S. 86–134). Frankfurt/M.: Suhrkamp.
Maloney, A. (1999). Preference ratings of images representing archetypal themes: an empirical study of the concept of archetypes. *Journal of Analytical Psychology, 44*, 101–116.
Marcus, G. (2004). *The birth of the mind: How a tiny number of genes creates the complexities of human thought*. New York: Basic Books.
Masters, R. E. L. & Houston, J. (1966). *The variety of psychedelic experience*. New York: Dell.
Merchant, J. (2012). *Shamans and analysts. New Insights on the wounded healer*. London: Routledge.
Moore, T. (1996). *The Re-enchantment of everyday life*. New York: HarperCollins.

Moore, R. & Gillette, D. (1992). *König, Krieger, Magier, Liebhaber. Die Stärken des Mannes.* München: Kösel

Müller, L. & Müller, A. (Hrsg.) (2003). *Wörterbuch der analytischen Psychologie.* Düsseldorf: Walter.

Metzger, W. (1954). *Psychologie. Die Entwicklung ihrer Grundannahmen seit der Einführung des Experiments.* Darmstadt: Steinkopff.

Neumann, E. (1968). *Ursprungsgeschichte des Bewusstseins.* München: Kindler.

Neumann, E. (1974). *Die große Mutter. Eine Phänomenologie der weiblichen Gestaltungen des Unbewussten.* Zürich: Walter.

Obleser, H. (1997). *Parzival auf der Suche nach dem Gral: tiefenpsychologischer Aspekte der Gralslegende.* Leinfelden-Echterdingen: Bonz.

Obrist, W. (1990). *Archetypen: Natur- und Kulturwissenschaften bestätigen C. G. Jung.* Olten, Walter.

Österreicher-Mollwo, M. (1990). *Herder Lexikon Symbole.* Freiburg: Herder.

Petzold, H. G., Orth, I. & Sieper, J. (2014). *Mythen, Macht und Psychotherapie.* Bielefeld: Aisthesis.

Oxidine, S. A. (2001). *Healing into death: How does individuation as described by C. G. Jung unfold in adults age 65 and over who perceive themselves to be nearing death?* Doctoral Dissertation, California Institute of Integral Studies, US.

Papadopoulos, R. (1996). Archetypal Family Therapy. In L. S. Dodson & T. L. Gibson (Eds.), *Psyche and family. Jungian applications to family therapy* (pp. 18–37). Wilmette, IL: Chiron.

Pearson, C. S. (1991). *Awakening the heroes within.* San Francisco: Harper. Dt.: (1993): *Die Geburt des Helden in uns.* München: Knaur.

Pearson, C. S. & Marr, H. K. (2003). *PMAI Manual: A guide to interpreting the Pearson-Marr Archetype Indicator instrument.* Gainesville, FL: CAPT.

Pearson, C. S. & Marr, H. K. (2007). *What story are you living. A workbook and guide to interpreting results from the PMAI.* Gainesville, FL: CAPT.

Pederson-Schaefer, K. (2002). *Women's midlife transition experiences: Archetypes and the influence of Western cultural values.* Doctoral dissertation, The Wright Institute, US.

Pietikainen, P. (1998). Archetypes as symbolic forms. *Journal of Analytical Psychology, 43* (3), 325–343.

Prendergast, L. (2005). *Transformation to meaning in late midlife men.* Doctoral dissertation, Fielding Graduate Institute, US.

Propp, V. (1975). *Morphologie des Märchens.* Frankfurt/M.: Suhrkamp.

Rauwald, M. (2013). *Vererbte Wunden. Transgenerationelle Weitergabe traumatischer Erfahrungen.* Weinheim: Beltz.

Riedel, I. (1985a). *Formen: Kreis, Kreuz, Dreieck, Quadrat, Spirale.* Stuttgart: Kreuz.

Riedel, I. (1985b). *Farben in Religion, Gesellschaft, Kunst und Psychotherapie.* Stuttgart: Kreuz.

Riedel, I. (1989). *Die weise Frau in uralt-neuen Erfahrungen.* Olten, Freiburg: Walter.

Rittner, S. (2006). Trance und Ritual in Psychotherapie und Forschung. In H. Jungaberle, R. Verres & F. DuBois (Hrsg.), *Rituale erneuern. Ritualdynamik und Grenzerfahrung aus interdisziplinärer Perspektive* (S. 165–192). Gießen: Psychosozial.

Rizzolati, G. & Craighero, L. (2004). The mirror-neuron system. *Annual Review of Neuroscience, 27,* 169–192.

Roesler, C. (2005). Narrative Biographieforschung und archetypische Geschichtenmuster. In I. Meier, G. Mattanza & M. Schlegel (Hrsg.), *Seele und Forschung. Ein Brückenschlag in der Psychotherapie* (S. 214–233). Basel: Karger.

Roesler, C. (2010). *Analytische Psychologie heute. Der aktuelle Forschungsstand zur Psychologie C. G. Jungs.* Basel, Freiburg: Karger.

Roesler, C. (2011). The meaning of conflict in couples. A Jungian approach to couples therapy. In S. Wirth, I. Meier & J. Hill (Eds.), *Trust and Betrayal: Dawnings of Consciousness* (pp. 117–130). New Orleans, LA: Spring.

Roesler, C. (2013). Das gemeinsame Unbewußte – Unbewußte Austausch- und Synchronisierungsprozesse in der Psychotherapie und in nahen Beziehungen. *Analytische Psychologie, 44* (4), 464–483.

Roesler, C. & Giebeler, D. (2015). Synchronizität: sinnvolle Koinzidenzen. In G. Mayer, M. Schetsche, I. Schmied-Knittel & D. Vaitl (Hrsg.): *An den Grenzen der Erkenntnis. Handbuch der wissenschaftlichen Anomalistik* (S. 243–255). Stuttgart: Schattauer.

Rohr, R. (1995). *Der wilde Mann. Geistliche Reden zur Männerbefreiung.* 18. Aufl. München: Claudius.

Rosen, D. H., Smith, S. M., Huston, H. L. & Gonzalez, G. (1991). Empirical study of associations between symbols and their meaning: evidence of collective unconscious (archetypal) memory. *Journal of Analytical Psychology, 36,* 211–228.

Rudolf, G. (2000). *Psychotherapeutische Medizin und Psychosomatik.* Stuttgart: Thieme.

Samuels, A. (1989). *Jung und seine Nachfolger.* Stuttgart: Klett Cotta.

Samuels, A., Shorter, B. & Plaut, F. (1989). *Wörterbuch Jungscher Psychologie.* München: Kösel.

Sanford, J. A. (1991). *Unsere unsichtbaren Partner.* Interlaken: Ansata.

Scharff, D. E. & Scharff, J. S. (2014). *Das interpersonelle Unbewusste. Perspektiven einer beziehungsorientierten Psychoanalyse.* Gießen: Psychosozial.

Saunders, P. & Skarr, P. (2001). Archetypes, complexes and self-organisation. *Journal of Analytical Psychology, 46* (2), 305–323.

Schellenbaum, P. (1994). *Aggression zwischen Liebenden.* Hamburg: Hoffmann und Campe.

Schellenbaum, P. (1995). *Nimm deine Couch und geh: Heilung mit Spontanritualen.* München: dtv.

Schwartz-Salant, N. (1995). On the interactive field as the analytic object. In M. Stein (Ed.), *The interactive field in analysis* (pp. 38–57). Wilmette, IL: Chiron.

Schwartz-Salant, N. (1998). *The mystery of human relationship*. London: Routledge.

Seifert, T. (1975). Analytische Psychologie im Rahmen empirischer Forschung. *Analytische Psychologie*, 6 (22), 507–523.

Seligman, M. E. & Hager, J. L. (1972). *Biological boundaries of learning*. Appleton: Century-Crofts.

Shamdasani, S. (2003). *Jung and the making of modern psychology: The dream of a science*. Cambridge: Cambridge University Press.

Shelburne, W. A. (1988). *Mythos and logos in the thought of Carl Jung. The theory of the collective unconscious in scientific perspective*. Albany, NY: State University of New York Press.

Singer, T. & Kimbles, J. (2004). Emerging theory of cultural complexes. In J. Cambray & L. Carter (Eds.), *Analytical Psychology: Contemporary Perspectives in Jungian Psychology* (pp. 176–203). New York: Brunner-Routledge.

Spitz, R. (1965). *Vom Säugling zum Kleinkind*. Stuttgart: Klett-Cotta.

Stadler, M. & Kruse, P. (1990). The Self-Organisation Perspective in Cognition Research: Historical Remarks and New Experimental Approaches. In H. Haken & M. Stadler (Eds.), *Synergetics of cognition* (pp. 32–53). Berlin: Springer.

Sotirova-Kohli, M., Roesler, C., Opwis, K., Smith, S., Rosen, D. & Djonov, V. (2013). Symbol/Meaning Paired-Associate Recall: An »Archetypal Memory« Advantage?. *Behavioural Science*, 3 (4), 541–561.

Staufenberg, A. (2011). *Zur Psychoanalyse der ADHS: Manual und Katamnese*. Frankfurt/M.: Brandes & Apsel.

Steffen, U. (1989). *Drachenkampf – der Mythos vom Bösen*. Stuttgart: Kreuz.

Stein. M. (Ed.) (1995). *The interactive field in analysis*. Wilmette: Chiron.

Stein, M. (2000). *C. G. Jungs Landkarte der Seele: eine Einführung*. Düsseldorf, Zürich: Walter.

Stevens, A. (1983). *Archetype: A natural history of the Self*. New York: William Morrow

Stevens, A. (2003). *Archetype revisited: An updated natural history of the Self*. Toronto: Inner City Books.

Stevens, A. & Price, J. (1996). *Evolutionary Psychiatry*. London: Routledge.

Strauß, B., Buchheim, A. & Kächele, H. (Hrsg.) (2002). *Klinische Bindungsforschung*. Stuttgart: Schattauer.

Tinbergen, N. (1978). *Laborversuche und Schriften zur Ethologie*. München: Piper.

Teichert, W. (1986). *Gärten – paradiesische Kulturen*. Stuttgart: Kreuz.

The Archive for Research in Archetypal Symbolism (2011). *Das Buch der Symbole. Betrachtungen zu archetypischen Bildern*. Köln: Taschen.

Tresan, D. I. (1996). Jungian metapsychology and neurobiological theory. *Journal of Analytical Psychology*, 41, 399–436.

Turnbull, O. & Solms, M. (2005). Gedächtnis und Phantasie. In V. Green (Hrsg.), *Emotionale Entwicklung in Psychoanalyse, Bindungstheorie und Neurowissenschaften* (S. 69–114). Frankfurt/M.: Brandes & Apsel.
Twillman, N. M. (2000). Archetypes and weight loss. *The NF Journal, 7* (5), 10–12.
Vezzoli C. (2009). Introduction to papers from the conference on »Neuroscience and Analytical Psychology: Archetypes, Intentionality, Action and Symbols«. *Journal of Analytical Psychology, 54*, 303–305.
Vogler, C. (1997). *Die Odyssee des Drehbuchschreibers. Über die mythologischen Grundmuster des amerikanischen Erfolgskinos.* Frankfurt/M.: Zweitausendeins.
von Beit, H. (1952–57). *Symbolik des Märchens.* Bern: Francke.
von Franz, M.-L. (1986). *Psychologische Märcheninterpretation.* München: Kösel.
von Franz, M.-L. (1991). *Der Schatten und das Böse im Märchen.* München: Knaur.
von Franz, M.-L. (1992): *Der ewige Jüngling.* München: Kösel.
von Franz, M.-L. (1997): *Das Weibliche im Märchen.* Leinfelden-Echterdingen: Bonz.
von Gontard, A. (2007). *Theorie und Praxis der Sandspieltherapie.* Stuttgart: Kohlhammer.
Walden, T. (2015). *Hollywoodpädagogik.* München: Kopaed.
Wehr, G. (1998). *Heilige Hochzeit – Symbol und Erfahrung menschlicher Reifung.* München: Diederichs.
Weiss, E.R. (Hrsg.) (1922): *Homers Odyssee. Griechisch – Deutsch.* In der Übersetzung von Johann Heinrich Voss. Berlin, Leipzig: Tempel.
Zerling, C. & Bauer, W. (2003). *Lexikon der Tiersymbolik.* München: Kösel.
Zoja, L. (ed.) (2002): *Jungian reflections on September 11. A global nightmare.* Einsiedeln: Daimon.
Zoja, L. (2009). *Violence in history, culture and the psyche.* New Orleans, LA: Spring.

# Stichwortverzeichnis

## A

abaissment du niveau mental 181
Abwehrmechanismus 159
Aktive Imagination 16
Alchemie 31
Amplifikation 23, 132
Angeborener Auslösemechanismus 65
Anima 36
Animus 36
Archetypische Psychologie 66
Archetypische Übertragung 159
Assoziationismus 132
Assoziationsstudien 21

## B

Behaviorismus 17
Bewusstmachung 145
Beziehungsfunktion 149
Bindungsforschung 60

## D

Deintegration und Reintegration 74
Depression 11
Deutung 152
Developmental Systems Theory 107

## E

Einheitswirklichkeit 30
Emergenz 113
Enantiodromie 172
Epigenetik 105
Eranos-Tagungen 62
Eros 44
Ethnologie 23
Ethologie 64
Evolutionäre Psychologie 65
Extraversion 169

## F

Familientherapie 59

## G

Ganzheit 28
Gedächtnis 121
Gegenübertragung 163
Geist-Materie-Zusammenhang 66
Gene 106
Gen-Expression 106
Gestaltpsychologie 111
Gott 23
Gottesbild 45
Große Mutter 41

# Stichwortverzeichnis

**H**

Heldenfahrt 179
Heldenmythos 54
Hiob 139
Humangenetik 103

**I**

Identität 133
Imagination 67
Individuation 47
Individuationsprozess 16
Inflation 20
Initiation 18
Initiationsritus 147
Instinkt 17
Interaktives Feld 125
Interpersonelle Unbewusste 58
Introversion 169

**K**

koenästhetischen Wahrnehmung 59
Kollektiv 137
Kollektive Bewegung 138
Kollektives Unbewusstes 16
Kollusion 58
Komplex 55, 156
Konnexionismus 132
Konstruktion 136, 139
Konvergenzprinzip 112
Konversion 136
Krankheit 136
Kreuz 18
Krise 137

**L**

Lamarckismus 63
Lebensgeschichte 136

Lebenshälfte 31
Lebensmittekrise 32
Leitbildspiegelung 160
Libido 27
Lieblingsmärchen 147

**M**

Mana-Persönlichkeit 41
Mandala, 25
Märchen 23, 147
Massenpsychologie 199
Mythologie 23
Mythos 23

**N**

Nachtmeerfahrt 179
Narrativ 27
Narrative Zukunftsentwürfe 138
Narzisstisch verwundeter Mensch 149
Neurobiologie 119
Neurowissenschaft 132

**O**

Objektbeziehung 120
Objektive Psyche 76
Opfer 150

**P**

Paartherapie 160
participation mystique 127
pattern of behaviour 65
Persona 33
Phantasie 29
Platos Ideenkonzept 66
Polarität 20
Projektion 35

Psychische Energie  16
Psychoanalyse  56
Psychoid  66
Psychopathologie  20
Psychose  144
Psychotiker  20
Psychotraumata  60
Puer aeternus  51

**Q**

Quantenphysik  30

**R**

Regression  182
Religionsgeschichte  23
Renaissance  77
Ritual  26

**S**

Schamanismus  162
Schatten  34
Science Fiction  138
Seelenbild  36
Selbst  44
Selbstorganisationsprinzip  113
Selbstverwirklichung  137
Selbstwerdung  180
Selbstwert  35
Sinn  110
Sinnstiftung  143
Sozialisation  124
Sozialpsychologie  199

Spiegelneurone  116
Strukturalen Anthropologie  103
Symbol  17
Symbolisches Material  152
Symbolisierung  67
Synchronizität  64

**T**

Transgenerationelle Weitergabe  60
Transzendental  20
Transzendente Funktion  147
Traum  145
Traumdeutung  16
Trickster  50

**U**

Übergangsraum  165
Übertragung  46, 152
Universalität  70
unus mundus  66, 127
Urszene  56

**V**

Verdrängte  34
Verwundeter Heiler  161
Vision  29

**W**

Wandlung  157
Wiedergeburt  49

# Personenverzeichnis

**B**

Baumgart, Ursula 70
Bischof, Norbert 72
Bleuler, Eugen 130
Bly, Robert 78
Bolen, Jean S. 51
Buchholz, Michael 59

**C**

Campbell, Joseph 188

**E**

Edinger, Edward 51

**F**

Fordham, Michael 56
Freud, Sigmund 16

**H**

Hillman, James 39, 134

**J**

Jacobi, Jolande 43
Jones, Raya 63

**K**

Kast, Verena 70
Kerenyi, Karl 49
Klein, Melanie 56
Knox, Jean 114

**L**

Levy-Strauss, Claude 26, 103

**M**

Moore, Thomas 78

**N**

Neumann, Erich 42

**P**

Pauli, Wolfgang 29
Portmann, Adolf 62

**R**

Richter, Horst Eberhard 60
Riedel, Ingrid 51
Rohr, Richard 78

## S

Schellenbaum, Peter  23, 131
Shamdasani, Sonu  52
Spitz, René  59
Stern, Daniel  125
Stevens, Anthony  57
Stierlin, Helm  59

## V

von Beit, Hedwig  177
von Franz, Marie-Louise  27

## W

Winnicott, Donald  56

Ralf T. Vogel

## C. G. Jung für die Praxis

Zur Integration jungianischer Methoden in psychotherapeutische Behandlungen

2., überarb. und erw. Auflage 2016. 220 Seiten. Kart.
€ 34,–
ISBN 978-3-17-026852-4

Psychotherapie

Jungianische Methoden erleben in der angewandten Psychotherapie eine Renaissance: Imaginationstechniken gehören zum Standardrepertoire vieler psychodynamisch ausgebildeter Kollegen, die Einbeziehung von Märchen gilt besonders bei „schwierigen" Patienten als wichtige Methode, und jungianische Traumbetrachtungen erweitern klassische Konzepte um unverzichtbare Aspekte. Trotzdem können oder wollen sich nicht alle Therapeuten einer Ausbildung in jungianischer Psychoanalyse unterziehen. Ein Kompromiss ist die fundierte Integration jungianischen Denkens und der daraus abgeleiteten Methoden in die bisherige therapeutische Arbeit. Dem soll dieses Buch dienen. Die zweite Auflage wurde überarbeitet und in einigen Aspekten erweitert.

Leseproben und weitere Informationen unter www.kohlhammer.de

W. Kohlhammer GmbH
70549 Stuttgart

Ralf T. Vogel

**Das Dunkle
im Menschen**

Das Schattenkonzept der
Analytischen Psychologie

2015. 86 Seiten, 16 Abb. Kart.
€ 19,99
ISBN 978-3-17-028408-1

Lindauer Beiträge zur Psychotherapie und Psychosomatik

Ausgehend von C. G. Jungs zunächst biographisch erfahrenen und dann wissenschaftlich weiterentwickelten Auffassungen des Ungeliebten, Abgewehrten und Nicht-Gelebten im Menschen, werden moderne Schattenkonzepte vorgestellt und individual- bzw. sozialpsychologisch angewandt. Anschließend werden psychotherapierelevante Methoden entwickelt, sich dem anzunähern, „was das Subjekt nicht anerkennt und was sich ihm doch immer wieder – direkt oder indirekt – aufdrängt" (Jung). In diesen praktischen Konsequenzen zeigt sich die Nähe der Schattenkonzeption zu Fragen moderner Philosophien und Psychologien.

Leseproben und weitere Informationen unter www.kohlhammer.de

W. Kohlhammer GmbH
70549 Stuttgart